한국어로 내려온
New Bible

새로운
성 경

제67권

5부 | 총10부

하얀마음

하나님 말씀 중에서

1. 사랑의 하나님

- 세상을 창조하신 하나님은 모두를 사랑하신다. 인간만 특별히 더 사랑하지 않고, 우주 만물을 다 똑같이 사랑하신다. 그러니 하나님이 창조하신 천지 만물과 화친하고, 미물까지도 소중히 대하라.

- 하나님은 특정 종파나 민족만을 더 사랑하지 않으신다. 자기 자신만 구원받겠다는 욕심을 버리고, 자기 종파만 구원받는다는 편협한 교리에서 벗어나야 한다. 종파를 초월해서, 모두를 사랑하라.

- 원수까지 사랑하라 했으니, 이 세상에 사랑하지 못할 자가 누가 있겠는가? 종파가 다르다고 해서 부모 형제와 원수처럼 지내는 자는 인간의 근본을 모르는 자다. 가장 가까운 가족부터 사랑할 때 남도 진심으로 사랑할 수 있다.

- 한 사람을 원수같이 생각하던 마음에서 사랑하는 마음으로 돌리면, 자기 자신의 마음이 가장 기쁘고 행복하다. 하나님께서는 인간의 마음속에 무거움이 없이 기쁘고 행복한 삶을 살기를 바라신다.

- 이웃을 "내 몸처럼" 사랑하라 했으니, 마지막 한 장 남은 천국의 티켓도 이웃에게 양보하라. 자기 중심적인 신앙에서 벗어나서 남을 위해 살아야 한다.

- 독초도, 약초도, 이단도 사탄도 천사도 다 필요하기에 존재한다. 독초일지라도 극소량을 사용해서 생명을 살릴 수 있고, 약초라 하더라도 남용하면 생명을 잃을 수 있다.

- 세상 모든 것을 명약으로 활용하는 것은 인간의 지혜에 달렸다. 어떤 것이든 어떤 사람이든 적재적소에 꼭 필요한 명약으로 승화시키라.

- 사탄도 이단도 천사도 모두 하나님의 주관하에 존재한다. 진정한 하나님의 백성은 사탄과 마귀까지도 감화시켜서 천사로 거듭나게 한다.

2. 기도

- 하나님은 인간의 생각까지 모두를 다 알고 계신다. 우리의 소원도 이미 알고 계시기에, 소원의 기도를 할 필요가 없다. 우리가 받을 자격이 되면 내려 주신다.

- 죄를 짓고 아무리 회개를 해도 용서받지 못한다. 도둑질한 자는 용서해 달라고 기도하고, 도둑맞은 자는 도둑을 잡게 해 달라고 기도하면, 공의의 하나님은 누구의 편에 서시겠는가?

- 자기가 잘못한 것은 그 사람에게 직접 갚고 용서를 구하라. 그가 용서하면 하나님도 용서하신다. 땅에서 매면 하늘에서도 매이고, 땅에서 풀리면 하늘에서도 풀리는 이치다.

- "회당에서 기도하지 말고 골방에서 기도하라" 했다. 눈에 보이는 골방이 아니라, 골방과 같이 고요한 마음이다. 잡념을 버리고 하나님을 향해 마음을 집중하며, 사랑하고 용서하는 아름다운 생각만 나오도록 하라.

- "두드리면 열릴 것이다." 하는 것은 육의 소원을 위해 두드리라는 것이 아니라, 진리의 깨달음을 얻기 위해 두드리라는 것이다.

- 기도하는 방법: 생활 속에서 수시로 기도하는 삶을 살아야 한다.

- "저의 죄를 용서하여 주옵소서." 하는 회개의 기도를 하라.
- 범사에 "하나님! 감사합니다." 하라. 현재 가진 것에 감사하며, 과욕하지 말라. 자기 노력 이상의 것을 더 갖고자 기도하는 것은 도둑놈심보다. 공의의 하나님은 각자 노력한 만큼 주신다.
- "하나님 뜻대로 살아가겠나이다." 하며 마음의 각오를 다지라.

- 기도는 하나님의 말씀을 받아서 "행하는 것"이다. 하나님이 계심을 굳건히 믿고, 하늘을 향하여 한 점 부끄럼 없이 사는 삶 자체가 가장 위대한 기도이며, 삶이 곧 예배다.

3. 지도자

- 똑같이 사랑한다는 말을 해도, 순수하게 하는 말은 천사의 말이지만, 사기 쳐서 재산을 가로채려고 하는 말은 사탄의 말이다.

- 종교 지도자가 아무리 훌륭한 설교를 해도, 신도의 재물을 거둬서 더 큰 교회를 짓고 자기의 부귀영화를 바라며 설교하면 사탄의 가르침이 된다.

- "저희 교회는 만원사례요, 믿음은 다 같으니 이웃의 개척 교회에 가서 예배를 드리시오." 하며, 이웃 교회의 부흥을 먼저 생각하여 제 신도를 보내는 종교 지도자가 있다면 그를 따르라. 그가 하나님의 사랑을 실천하는 자다.

- "부자가 천국에 들어가는 것은 낙타가 바늘구멍을 통과하는 것보다 더 힘들다" 하였거늘, 지금의 교회에서는 부자가 되기만을 기도하고 소원하니, 이는 곧 천국을 포기하고 지옥 행 열차의 티켓을 사는 것과 같다.

- 예수는 빈손이었다. 종교 지도자가 예수보다 더 호화롭고 편안하게 살아간다면 잘못된 것이다. 부귀영화와 명예를 바라는 자는 절대로 갈 수 없는 좁고 협착한 길이 종교 지도자의 길이다.

- 종교 지도자는 유리로 비춰 봐 한 점의 부끄러움이 없이 살아야 한다. 의식주도 직접 일해서 해결하고, 예수의 가르침과 행함을 그대로 따라야 한다.

- 종말은 없다. 지금의 잘못 가는 종교 집단에게만 종말이 있다. 보이지 않는 하나님은 보이는 육의 종말은 관여하지 않으신다. 환경 파괴로 인간이 스스로 멸망을 자초하는 것이다. 종파끼리 싸우기 전에, 무너진 인성을 바로잡고 지구의 몸살을 해결하는 데 뜻을 모으는 게 급선무다.

4. 성전이란

- 이 세상 자체가 하나님께서 만드신 성전이다. 자연보다 더 아름다운 성전이 있는가? 보이는 건물이 성전이 아니라, 성스러운 마음가짐이 성전이다.

- 반석 위에 교회를 지으라 했다. 지상의 단단한 돌은 인간이 쪼갤 수 있으나, 마음속의 굳은 결의는 세상 무엇으로도 쪼갤 수 없다. 바르고 굳건한 믿음으로 성경의 가르침을 실천하는 것이 마음의 반석 위에 교회를 짓는 것이다.

- 손으로 지은 건물의 교회에 모여서 복음을 전하는 것이 아니라, 교회를 개인과 가정에 심어 주어야 한다. 무너지고 부서지는 건물을 짓지 말고, 마음속에 영원히 불변하는 참진리의 교회를 지으라.

5. 십계명

- 십계명은 인간이 죽어서 반드시 통과해야만 하는 열 개의 관문이다.

- 부모를 공경하지 아니한 자는 "네 부모를 공경하라." 하는 제5계명의 관문이 열리지 않으니 구원받을 수 없다.
- 살인, 간음, 거짓, 우상 등의 나머지 계명도 마찬가지다.

- 십계명은 하나님의 친필이다. 모기소리만 한 하나님의 음성이라도 들어 보겠다고 여기저기 찾아 헤매지 말고, 십계명부터 암송하고 지키라.

- 십계명은 영혼을 구원하는 양식이며, 십계명을 지키는 것이 구원을 받는 길이다. 인간이기에 지키고자 노력하고 또 노력한다면 지킬 수 있다.

- 십계명을 지키고 천사처럼 아름답게 살아가는 그 마음 하나면 세상에 이루어지지 않는 것이 없다.

6. 보물

- 하나님은 재물이 아니라 우리의 마음을 받으신다. 사랑을 실천하며 천사처럼 변하는 마음이 하나님께 바치는 보물이다.

- 보이지 않는 하나님께 재물을 바치려 하지 말고, 너희를 길러 준 부모에게 용돈드리고, 찾아뵙고, 효성을 다하라. 그것이 하나님께 효도하는 것이다.

- 하늘에는 선과 악의 창고가 있다. 자기 창고에 선이 많으면 천국으로 구원을 받고, 악이 많으면 심판받아 지옥으로 간다. 그것이 바로 "선한 일을 행한 자는 생명의 부활로, 악한 일을 행한 자는 심판의 부활로" 나오는 것이다.

- "선악과를 따먹지 말라"는 것은 양심을 지키라는 것이다. 선과 악을 구분할 수 있는 양심을 최초에 인간에게 주셨다. 선한 열매는 취하고, 악한 열매는 버리며, 양심에 비추어 부끄럼 없는 삶을 살아가라.

- 가장 작은 거짓말을 하지 않고, 가장 작은 죄를 짓지 않으며, 가장 작은 선행을 하고, 가장 작은 악행을 멀리하는 것이 율법의 일점 일획도 빠뜨리지 말고 다 지키는 삶을 사는 것이다.

7. 우상

- 박물관에 있는 불상은 하나의 예술품이다. 그 조각품에 대고 제 소원을 빌 때 우상숭배가 된다. 십자가라 하여도 그 앞에서 소원을 빈다면 우상숭배하는 것이며, 하나님께 소원을 빈다면 하나님을 우상으로 전락시키는 것이다.

- 지금 기복신앙에 젖어 있는 모든 사람이 우상 앞에 절을 하고 있다. 조각품을 우상이라며 파괴하지 말고, 네 마음속에 있는 욕심의 우상을 무너트리라.

- 생수를 약초가 먹으면 약을 만들고 독사가 먹으면 독을 만든다. 같은 성경을 봐도 선한 지도자는 신도를 천사로 만드는 데 활용한다. 그러나 욕심이 가득한 지도자는 재물을 거두어들여 제가 부귀영화를 누리는 데 악용한다. 그가 바로 성경을 우상숭배의 도구로 전락시키는 거짓 선지자다.

- 성경을 한 획도 빼거나 더하지 말라는 것은, 그 가르침을 빠트리지 말고 온전히 지키라는 것이다. 성경 속에서 자기에게 유리한 구절만 보는 것은, 자기에게 불리한 구절들을 빼 버리는 것이다. 믿음이 제일이요, 행함은 구원과는 관계없다는 것은 자신에게 유리한 쪽으로 성경을 악용하는 것이다.

- 진정한 종교 지도자는 종파에 관계없이 어떤 종파든 어떤 책이든 접하고 보고 깨우쳐 견문을 넓히도록 인도한다. 참진리를 모르고 자신이 없는 자가 남을 이단이라며 배척하고, 신도들의 눈과 귀를 가린다.

8. 예수

- 예수의 재림은 없다. 예수가 다시 온다 해도, 과연 누가 그를 예수라고 믿겠는가? 예수와 같은 삶의 행함이 곧 예수의 재림이다. 각자 모두가 "재림 예수"가 되는, 차원 높은 믿음으로 가야 한다.

- 예수는 "주여 주여 하지 말고, 아버지의 뜻대로 행하라"고 했다. 예수가 전한 하나님의 뜻이 곧 "길이요, 진리요, 생명"이며, 그 가르침이 예수의 보혈처럼 소중한 것이다. 예수를 믿는 것은, 예수의 가르침을 믿고 따르는 것이다.

- 예수는 낮은 자로서 만백성을 섬기고자 했다. 만나는 모든 사람을 다 하나님이라 생각하라. 돈을 벌수록 겸손하고, 높은 지위를 얻을수록 낮아지라.

- 예수는 종파를 만들지 않았다. 인간이 만든 종교와 인간의 교리를 따르지 말고, 예수를 통해 전한 하나님의 참진리를 연구하고 따르라.

- 예수가 2천 년 전에 만백성을 위해 죽었으니, 지금 이 땅에는 예수의 가르침대로 사는 천사만 존재해야 한다. 예수가 죽어 가면서 바란 것은 만백성이 천사가 되어 예수의 자리를 채워 주는 것이지, 지금과 같이 재물을 바치면서 중언부언 제 소원만을 비는 백성들을 바란 것이 아니다.

9. 구원

- 천사가 사는 천국에는 천사만 갈 수 있으니, 천사 같은 마음을 길러야 한다.

- "천국 열쇠를 네게 주리니 땅에서 무엇이든지 매면 하늘에서도 매일 것이라" 했다. 땅에서 천사같이 사는 자가 하늘에서도 천사가 되어 천국에 들어간다. 모든 사람에게 천사같다는 말을 듣는 삶을 살아야 한다.

- 천사의 곱고 아름다운 마음은 부모를 공경하고 어른을 어른으로 대접하는 데에서 출발한다. 효도하는 자는 형제와 화목하게 지내기에 가정이 화목해지고, 이웃과 화목해지고, 국가가 화목해지고, 온 인류가 화목해진다.

- 그러므로 지상의 아름다운 소왕국은 가정에서부터 이루어야 한다.

- 선택된 14만 명만 구원받는 것이 아니라, 천사처럼 변하고자 하는 14만 명을 기초로 온 인류가 천사처럼 거듭나는 영적인 개혁이 시작되는 것이다.

- 천 년에 걸쳐서 하늘에서 이루어진 것같이 이 세상을 낙원으로 만들어, 만백성이 지상의 천국에서 살다가 죽어서 그대로 하늘의 천국으로 들어가는, 영원한 지상 낙원을 건설하는 것이 하나님의 계획이다.

- **이것이 구약과 신약에 이어 "새로운 성경"으로 역사하시는 하나님의 창조의 완성이다.**

- 지금의 믿음으로 구원받을 수 있다면 그 길을 가라. 그러나 자신이 없다면 하나님께서 직접 내리신 160권의 "새로운 성경"을 읽고 구원의 길을 보라!

하나님 머리말씀

이 새로운 성경을 읽는 너희 모두는
이 율법에 따라 행하면 영원히 구원받을 것이니라.

너희 인간이 수년, 수십 년, 평생
성서를 공부하고 기도하는 것은
하늘나라 나의 곁으로 오고 싶은 소망일진대,

몇천 년 전의 너희 인성과 생각이
지금의 너희와는 판이하게 다르니,

꺾여 가고 병들어 가는 너희를 고칠 수 있는 길은,
오늘 내가 선지자에게 내리는 새로운 성경과 같이
너희가 변화되는 것뿐이니라.

나의 예수가 태어난 것처럼
내가 아들 선지자를 선택하여
나의 새로운 성경을 온 세계에 전하고자 하니,

묵은 것은 버리고 새로운 것은 취하여,
너희 모두는
'여호와 하나님! 저의 죄를 용서하여 주옵소서.'
하는 기도문으로 기도하고, 죄를 뉘우치라.

이 새로운 성경은
수천 년간 내려온 성서를 요약한 것이니,
너희는 이 책을 정독하여 쉽게 깨달음을 얻고,
이대로 실천하여 하늘에 오르라.

대역자 머리말

■ 하나님의 율법을 지키는 선지자로 선택을 받도다.

저는 남들처럼 그저 열심히 살아온 평범한 사람이었습니다. 그러나 50대 중반에 사업에 실패하여 많은 부채에 시달렸으며, 건강도 악화되어 눈이 잘 안 보이고, 걷기도 어렵고, 두통이 심해서 잠을 이룰 수 없는 고통의 나날을 보냈습니다. 그때 제가 선택할 수 있는 것은 육의 삶을 끝내는 길뿐이었습니다.

죽기 직전에 그동안에 죄를 지은 이들에게 용서를 빌고 인생을 끝내기로 작정하였습니다. 어려서부터 지은 죄를 빌고 빌다 보니 끝이 없었고, 죽음으로도 그 많은 죄를 용서받을 길이 없다는 생각에 하염없이 눈물이 흘렀습니다. 그 순간 '재래식 화장실의 구더기는 죄를 짓지 않는데, 나는 인간으로서 구더기만도 못한 삶을 살았구나.' 하는 생각이 들면서 괴로움에 몸부림칠 때, 갑자기 하나님의 음성이 들렸습니다.

"나는 여호와 하나님이니라. 너는 십계명을 암송하고 내가 내려 주는 메시지를 받아 책으로 만들어 만백성을 구하라." 하시며, 제 눈을 손으로 문지르게 하시고, 아픈 머리와 다리를 손으로 두드리게 하셨습니다. 그러고 나니 눈도 잘 보이고 걸을 수 있었으며 머리의 통증도 말끔히 낫게 되었습니다. 그때부터 십계명을 암송하고 나면 들려주시는 말씀을 기록하였고, 1999년 8월부터 2004년 7월까지 권당 288쪽, 총 160권을 받아서 "새로운 성경"이라는 책으로 펴내게 되었습니다.

그러한 저에게 죽기보다도 힘든 길이 시작되었습니다. 모든 교인들이 저에게 사탄이요, 이단이요, 악마요, 마지막 시대에 온 거짓 선지자라 하면서 공격하였고, 저를 짐승을 보듯이 대하는가 하면, 편협한 종교 지도자들의 선동으로 신도들이 이 책을 직접 읽어 보고 평가할 기회마저 막아 버렸습니다. 그래서 하나님의 말씀을 세상에 내는 데 많은 어려움을 겪으며, 피를 토하는 심정으로 책을 전하고 있습니다.

그러나 아무리 인간의 힘으로 막으려 해도, 하나님의 뜻이 세상에 전해지는 위대한 역사는 계속될 것입니다. 책으로 전해지는 "하나님의 말씀"은 세상 끝날까지 항상 우리와 함께하실 것입니다. 사람은 죽어도, 책에 기록된 말씀은 영원히 남으니까요.

■ 따뜻한 실천

하나님께서는 어려운 사람들에게 삶의 터전을 마련해 주고, 미래를 열어 주는 것을 기뻐하십니다. 어려운 이웃이 스스로 자립할 수 있도록 이끌어 주는 것이 진정으로 이웃을 돕는 것이라고 말씀하셨습니다. 그래서 일자리가 없는 제자들에게 작은 사업장을 만들어 주는 "달란트 사업"을 하고 있습니다. 식당, 반찬 가게 등을 차려 주고, 기존의 어려운 사업장이 자립할 수 있도록 돕고 있습니다(커피숍, 미용실, 의상실 등).

하나님께서는 교회에 나와서 모든 시간과 재물을 쏟기를 원하지 않으시고, 그 시간과 재물을 교육에 투자하여 스스로 미래를 열어 가기를 원하십니다. 그래서 제때 공부하지 못한 제자들에게 학업을 이어 가도록 하였습니다. 중화요리 주방장을 하며 초등학교 검정고시부터 공부하여 2012년에 방통대를 졸업한 36세 남성, 만학도들의 2년제 중학교에 입학해서 2007년에 명지대학을 졸업한 38세 여성, 중학교 검정고시를 시작으로 숭의여자대학을 졸업한 47세 여성 등이 있습니다. 그밖에도 많은 제자들에게 나이를 초월하여 배우고 깨우쳐서 사회 속의 당당한 일원이 되도록 인도하고 있습니다.

학자금 대출로 힘겨워하는 젊은이들을 위해 "따뜻한 바람 장학회"를 발족하여(2016년 12월) 대출받은 학자금 전액을 매월 갚아 주고 있습니다. 또한, 다문화 가정을 위해 "다문화 가족 랜드"를 조성하여, 각종 시설을 무료로 활용하도록 하고 있습니다.

이러한 따뜻한 실천이 아직은 미약합니다. 그러나 책의 수입이 늘고, 저와 뜻을 같이하는 분들이 늘어나면 계속 확대할 것입니다. 지도자로서 신도의 재물을 헌금으로 거둬들여 착복하는 것이 아니라, 하나님께서 기뻐하시는 일에 사용하도록 중매 역할만 하며 살아가고자 합니다. 이런 제가 과연 사탄이고 이단인가요? 하나님께서 기뻐하시는 일이라면, 저에게 사탄이라 하든 거짓 선지자라 하든 굽히지 않고 실천해 나갈 것입니다.

끝으로, 일상의 삶 속에서 "지금 내가 하는 행동이 과연 하나님께서 기뻐하실까, 슬퍼하실까?" 생각하고, 매사에 하나님께서 기뻐하시는 길을 택하기 바랍니다. 교회에 모여서 집단적으로 예배 드리는 것이 아니라, 개인이나 가정 단위로 새로운 성경을 읽어 스스로 깨우치고 그대로 행하면 충분합니다. 그것이 마음속에 성전을 짓고, 신령과 진정으로 예배 드리는 길입니다. 그러면 천국의 문에 들어서게 됩니다.

2017.2.1.

하나님 말씀 대역자 김용철

차 례

- 하나님 말씀 중에서 ... 3
- 하나님 머리말씀 ... 9
- 대역자 머리말 ... 10
- 차 례 ... 12
- 십 계 명 ... 14

2003년 2월 ... 15

월요일

4,921 _ 2003년 2월 10일 19시 28분.......... 15
4,922 _ 2003년 2월 10일 20시 48분.......... 16
4,923 _ 2003년 2월 10일 20시 52분.......... 18
4,924 _ 2003년 2월 10일 20시 58분.......... 19
4,925 _ 2003년 2월 10일 21시 06분.......... 21

화요일

4,926 _ 2003년 2월 11일 00시 22분.......... 23
4,927 _ 2003년 2월 11일 00시 27분.......... 25
4,928 _ 2003년 2월 11일 00시 33분.......... 27
4,929 _ 2003년 2월 11일 00시 38분.......... 29
4,930 _ 2003년 2월 11일 00시 43분.......... 31
4,931 _ 2003년 2월 11일 00시 51분.......... 32
4,932 _ 2003년 2월 11일 00시 58분.......... 34
4,933 _ 2003년 2월 11일 01시 06분.......... 36
4,934 _ 2003년 2월 11일 01시 15분.......... 38
4,935 _ 2003년 2월 11일 07시 13분.......... 40
4,936 _ 2003년 2월 11일 07시 18분.......... 41
4,937 _ 2003년 2월 11일 08시 36분.......... 43
4,938 _ 2003년 2월 11일 08시 43분.......... 46
4,939 _ 2003년 2월 11일 08시 49분.......... 47
4,940 _ 2003년 2월 11일 08시 58분.......... 50

화요일

4,941 _ 2003년 2월 11일 09시 54분.......... 52
4,942 _ 2003년 2월 11일 09시 58분.......... 54
4,943 _ 2003년 2월 11일 10시 08분.......... 55
4,944 _ 2003년 2월 11일 12시 21분.......... 57
(강론을 마치며)

수요일

4,945 _ 2003년 2월 12일 08시 08분.......... 59
4,946 _ 2003년 2월 12일 08시 17분.......... 61
4,947 _ 2003년 2월 12일 08시 33분.......... 62
4,948 _ 2003년 2월 12일 08시 40분.......... 65
4,949 _ 2003년 2월 12일 08시 50분.......... 66
4,950 _ 2003년 2월 12일 08시 56분.......... 69
4,951 _ 2003년 2월 12일 16시 54분.......... 71
4,952 _ 2003년 2월 12일 16시 59분.......... 73
4,953 _ 2003년 2월 12일 17시 10분.......... 74
4,954 _ 2003년 2월 12일 17시 35분.......... 77
4,955 _ 2003년 2월 12일 17시 42분.......... 80
4,956 _ 2003년 2월 12일 17시 58분.......... 81
4,957 _ 2003년 2월 12일 18시 19분.......... 83
4,958 _ 2003년 2월 12일 18시 23분.......... 85
4,959 _ 2003년 2월 12일 23시 15분.......... 86

수요일
4,960 _ 2003년 2월 12일 23시 17분.......... *88*
4,961 _ 2003년 2월 12일 23시 22분.......... *88*
4,962 _ 2003년 2월 12일 23시 28분.......... *90*
4,963 _ 2003년 2월 12일 23시 44분.......... *92*
4,964 _ 2003년 2월 12일 23시 53분.......... *96*

목요일
4,965 _ 2003년 2월 13일 06시 49분.......... *98*
4,966 _ 2003년 2월 13일 06시 55분.......... *99*
4,967 _ 2003년 2월 13일 07시 02분......... *101*
4,968 _ 2003년 2월 13일 07시 08분......... *103*
4,969 _ 2003년 2월 13일 09시 21분......... *104*
4,970 _ 2003년 2월 13일 09시 29분......... *107*
4,971 _ 2003년 2월 13일 10시 12분......... *109*
4,972 _ 2003년 2월 13일 10시 19분......... *111*
4,973 _ 2003년 2월 13일 10시 28분......... *113*
4,974 _ 2003년 2월 13일 10시 37분......... *116*
4,975 _ 2003년 2월 13일 10시 41분......... *117*
4,976 _ 2003년 2월 13일 10시 48분......... *119*
4,977 _ 2003년 2월 13일 14시 13분......... *121*
4,978 _ 2003년 2월 13일 14시 23분......... *123*
4,979 _ 2003년 2월 13일 14시 32분......... *125*

목요일
4,980 _ 2003년 2월 13일 14시 44분......... *128*
4,981 _ 2003년 2월 13일 19시 08분......... *129*
4,982 _ 2003년 2월 13일 19시 23분......... *133*
4,983 _ 2003년 2월 13일 19시 31분......... *135*
4,984 _ 2003년 2월 13일 19시 43분......... *137*
4,985 _ 2003년 2월 13일 19시 47분......... *139*
4,986 _ 2003년 2월 13일 19시 57분......... *140*

금요일
4,987 _ 2003년 2월 14일 00시 34분......... *143*
4,988 _ 2003년 2월 14일 00시 40분......... *145*
4,989 _ 2003년 2월 14일 00시 47분......... *147*
4,990 _ 2003년 2월 14일 00시 51분......... *149*
4,991 _ 2003년 2월 14일 00시 56분......... *150*
4,992 _ 2003년 2월 14일 01시 03분......... *152*

부 록 ... 154
【하나님께서 가르쳐 주신 운동】 *154*

간 행 사 ... 155

십 계 명

이 책은 십계명을 암송하고 나면 내려 주시는 "하나님의 음성"을 듣고 그대로 받아쓴 기록입니다. 하나님께서 십계명을 모세에게 내려 주셨지만, 그것은 만백성에게 내려 주신 것입니다. 마찬가지로 이 책의 모든 말씀도 저에게 내려 주셨지만, 만백성 각자에게 들려주시는 말씀입니다. 여러분도 이 책을 접할 때마다 십계명을 암송하고 나서 정독해 주시기 바랍니다.

제일은, 너는 나 외에는 다른 신들을 네게 있게 말지니라.
제이는, 너를 위하여 새긴 우상을 만들지 말고, 또 위로 하늘에 있는 것이나, 아래로 땅에 있는 것이나, 땅 아래 물 속에 있는 것의 아무 형상이든지 만들지 말며, 그것들에게 절하지 말며, 그것들을 섬기지 말라.
제삼은, 너는 너의 하나님 여호와의 이름을 망령되이 일컫지 말라.
제사는, 안식일을 기억하여 거룩히 지키라.
제오는, 네 부모를 공경하라.
제육은, 살인하지 말지니라.
제칠은, 간음하지 말지니라.
제팔은, 도적질하지 말지니라.
제구는, 네 이웃에 대하여 거짓 증거하지 말지니라.
제십은, 네 이웃의 집을 탐내지 말지니라.

나 여호와가 존재함을 믿는 그 자체가 구원의 길에 들어서는 기본이요, 근본이며, 나의 새로운 성경을 가슴에 안고 정독하는 자, 반석 위에 서서 하늘에 오르는 찬란한 빛을 보게 되는 영광을 얻게 됨이니라. 진정 나를 따르고 믿는 자는 감히 사탄이나 마귀도 근접하지 못하느니라.

〈하나님 말씀〉

2003년 2월

4,921 번째 하나님 말씀

2003년 2월 10일 19시 28분

1 사랑하는 나의 아들아!
2 "네, 아버님! 말씀하옵소서."
3 내가 이 세상 만백성을 다스리며 언어를 하나로 만듦이니, 동양의 작은 나라 너희들의 말로써, 그 글자로써 세상을 다 통일하며 덮는다 내가 그리 말하였음이니라.
4 나의 법전 48권을 너희들이 각 나라의 언어로써 번역하여 세상에 전하되,
5 그 후부터는 오로지 동양의 작은 나라의 문자요, 그 글로써 세상에 전하는 그와 같은 역사를 이루라 내가 너희들에게 말하였음이니,
6 너희들은 이와 같이 너희들의 문자로써 글로써 세상을 덮는다는 그 의미를 어찌 아는가?
7 너희들의 문자요, 글로 이 세상을 다 덮으며 통일하는 것은 과연 무엇인가?
8 너희들이 만든 그 글로써 내가 그와 같은 역사를 이룬다 생각하는가?
9 이제는 너희들이 하나 더 깨우쳐 생각해야 할 것이니라.
10 이 동양의 작은 나라의 문자와 언어는 하늘나라의 것이라는 것을 너희들이 깨우쳐야 할 것이며,
11 이는 하늘나라의 것이며, 하늘의 것이요, 나 여호와가 주관하는 것이기에 이를 가지고 세상을 다 통일한다는 것을 너희들은 알아야 할 것이니라.
12 이 세상의 언어를 하나로 통일하여 만드는 것은,
13 이것은 인간인 너희들의 것이 아니요, 너희들의 소유물이 아니요, 하늘나라 것이며
14 나 여호와의 뜻이며 내가 주관하는 말과 글임을 너희들은 알아야 할 것이니라.
15 그리하여 내가 제3의 시대의 역사를 이루며 내가 지금 너희들의 문자로 기록하여 세상에 법전이라 하여 책으로 만들며,
16 새로운 성경이라 하여 너희들이 하늘에 오르는 길을 깨우치며 바른 진리를 얻어 나에게 올 수 있도록 그리 역사하는 것이며,
17 그리하여 이 또한 마지막이기에 너희들이 역사하는 것이며, 두 번 다시 이러한 길은 없을 것이니라.
18 그러니 하늘나라의 언어요, 문자를 갖고 너희들이 지금 세상에 나가 만백성을 통일하는 그와 같은 역사를 이루고 있다는 것을 너희들은 알아야 할 것이니,
19 이제 너희들이 그저 만들어진 문자요, 언어를 가지고 나 여호와가 나의 아들에게 이 동양의 작은 나라의 글을 가지고 공부하고 깨우쳐서 이를 가지고 세상에 통일어로 만든다 생각하지 말라.
20 동양의 작은 나라의 문자요, 그 언어는 바로 하늘나라의 문자요, 언어임을

너희들은 알아야 할 것이니라.
21 그러니 이를 가지고 깨우치고 공부하
는 백성 너희들이 얼마나 위대하며,
선택됨이 얼마나 소중하며, 너희들이
영광된 백성인지 아는가?
22 세상에 하늘나라의 문자요, 언어를 가
지고 생활하며, 이를 가지고 소통하
며, 이를 가지고 전하며 깨우침을 얻
는다는 그 자체가 너희들이 하늘나라
의 것을 쓰고 있는 선택된 백성임을
알라.
23 그리하여 동양의 작은 나라의 백성이
선택되었다 내가 그리 말함이니라.
24 너희들이 얼마나 선택된 백성이던가?
25 지금 이와 같이 작은 동양의 나라의
언어요, 문자를 가지고 세상을 통일한
다 내가 그리 말하니,
26 이것은 너희들 것이 아니요, 너희들이
만든 것이 아니요, 나 여호와가 만든
것이며,
27 하늘의 뜻에 의해 이루어지며, 하늘의
문자요, 하늘의 언어임을 알라.
28 그러니 너희들이 소중히 다룰 것이며,
두려움을 알 것이며, 무서움을 알라.
29 이제 동양의 작은 나라의 문자요, 언
어를 함부로 구사하지 말라.
30 아름다운 언어요, 그리고 고귀한 언어
요, 사랑하는 언어요, 사랑하는 단어
로써 너희들이 그리 쓰도록 하라.
31 하늘의 글을 쓰고 있는 너희들이 그
글을 가지고 욕되며, 사기 치며, 거짓
하며, 남을 불구덩이에 몰아넣으며,
남을 폐하게 하며, 남을 폐인으로 만
드는 그와 같은 문자요, 언어로써 쓰
지 말며,
32 남을 억울하게 만드는 데 그 도구로
쓰지 말며,
33 남을 쓰러트리는 데 나의 언어를 쓰지
말며,
34 남을 세상에 존재치 못하도록 그리고
사악한 자로 만드는 것, 남에게 피해
주는 것, 사기 치는 것, 거짓 하는 것,
간음하는 것, 도적질하는 것,
35 그리고 도적질하고 하지 아니했다고
변명하는 것, 간음하고 하지 아니했다
변명을 하는 것에 나의 문자요, 나의
언어를 쓰지 말라.
36 그것을 내가 용서하지 않을 것이며 그
를 더 이상 보지 아니할 것이니라.
37 이 무서움을 너희들이 알라.
38 하늘의 글이요, 하늘의 언어요, 하늘
의 뜻을 함부로 사용하는 그 죄가 얼
마나 무서운가를 알며,
39 이제 나의 법전을 읽고 깨우친 너희들
은 동양의 작은 이 나라의 문자를 소
중히 생각하며, 깊이 깨달아 쓰도록
그리하라.
40 그것이 너희들이 나에게 은혜를 받으
며 영광의 길에 오를 수 있는 기본임
을 알라.

4,922 번째 하나님 말씀

2003년 2월 10일 20시 48분

1 사랑하는 나의 아들아!
2 "네, 아버님! 말씀하옵소서."
3 너희들이 지금 오만하고 자만하기가
하늘을 찌를 정도로 그렇게 되어 있
음이니라.
4 그중에서도 믿음의 길을 가는 자, 종

교 집단이요, 지도자라는 자들이 나
여호와의 이름을 팔아 세상 넓고 하늘
높은 줄 모르며 지금 치솟고 치솟아
있음이니,
5 그들이 하는 행위가 어떠하던가?
6 그들은 나의 종이요, 만백성의 종의
자세로 살아가라 했으며, 가장 낮은
자로 살아가는 것이 종교 지도자의 가
는 길이며 해야 할 길이라 하였음이니
라.
7 과연 지금의 모든 종교 집단이 가장
낮은 자세로써 사는가?
8 그리고 나의 피조물 만백성의 종이요,
나 여호와의 종으로서 과연 그들이 살
아가는가?
9 그들이 지금 하고 있는 행위요, 자세
가 더 이상 올라갈 수 없으며 더 이상
찌를 수 없이 지금 높이 올라가 있음
이니라.
10 그들은 나 여호와요, 신에 가까운, 나
를 능가하는 그와 같은 행위로써 지
금 방자하기 이를 데 없으니,
11 과연 너희들은 그것 하나를 보더라도
그 종교 지도자들을 바른 지도자라 말
하는가?
12 그러면서 너희들은 종교 지도자를 보
고 믿음의 길을 가는 것이 아니요, 그
들이 가르치는 성서의 나의 뜻을 듣고
깨우쳐 오르고자 한다 그리함이니,
13 너희들은 어찌하여 그들이 내가 명한
만백성의 종이요, 나의 백성으로 선택
된 가장 낮은 자로서, 그를 행하지 아
니하고 실천하지 아니하고 사는 그들
을 어찌 그리 관대하게 봐 주며 그리
여기는가?
14 그와 같은 너희들이 있기에 죄를 지어
도 죄인 줄 모르며 오만 방자해도 오
만 방자한 줄을 모르며,
15 거짓말을 하며 아무것도 모르고 가르
쳐도 그저 '믿습니다, 맞습니다, 아멘,
할렐루야!' 소리 지르는 그 어리석은
백성 너희들이 있기에 그들이 존재하
며,
16 그들이 오늘과 같은 사악한 뿌리를 내
리고 있음을 알아야 할 것이니라.
17 이제 너희들은 나의 십계명을 지키고
살지 못한다 말을 하나, 내가 성경에
기록하여 전한 그 내용 한 구절 한 구
절을 한번 정확하게 정독하여 보라.
18 그렇다면 종교 지도자가 어찌 가야 하
며 믿음의 길을 가는 만백성 너희들
이 어찌 가야 하는가를 나의 성경에
정확히 기록하였으며 깨우쳐 주었음
이니,
19 그를 보고 그리 행하지 않는 자, 너희
들이 믿지 말며, 따라서는 아니 됨이
니라.
20 너희들이 아무리 뭐라 한다 해도 종교
지도자는 한 점의 부끄러움이 없이 바
로 서는 자가 종교 지도자이거늘,
21 어찌하여 너희들은 나의 성경을 그대
로 가르치지도 아니하며 그대로 전하
지도 아니하며 그대로 행하지도 못하
는 종교 지도자를 그리도 따르며 미
쳐 날뛰는가?
22 너희들이 바른 정신이 있는 백성인가?
23 너희들이 지금 어디에다 정신을 두고
살며, 어디에서 구원의 길을 위해서
달려간다 하는가?
24 너희들의 육의 삶의 구원이 아니요,

영원히 사는 영혼의 구원의 길을 가고
있는데, 어디에다 정신을 팔고 있으며
무슨 생각을 하며 어떠한 길로 가고
있는가?
25 너희들 스스로 돌아다보며 깨우치는
그와 같은 삶을 얻도록 그리하라.
26 너희들은 지금 살아가는 것이 제정신
이 아니니라.
27 믿음의 길이라 가는 자, 하늘에 올라
와 구원을 받았다 하는 자, 그 자체도
제정신이 아닌 자들이 부르짖듯이,
28 나의 아들 예수의 보혈로써 구원을
받았다 소리 지르는 것, 너희 손으로
지은 그 죄의 온상에 오는 것이 구원
을 받는 기초요, 근본이라 말하는 것,
29 그것이 다 제정신을 가지고 하는 짓
이 아님을 알라.
30 제정신이 아닌 자가 믿음의 길을 갈
때 무엇을 알며, 깨우침의 길을 갈 때
무엇을 알겠는가?
31 제정신이 아닌 자가 무엇을 가르치며
무엇을 인도하겠는가?
32 지금 가르치는 모든 종교 집단이요,
종교 지도자도 제정신이 아니며,
33 '구원을 받았다', '믿습니다!', '아멘!',
'할렐루야!' 소리 지르며 광란의 찬송
을 부르는 너희들도 다 제정신이 아
니니라.
34 제정신이 아닌 상태에서 제정신이 아
닌 자들이 지금 이 세상을 지배하며
이끌어 가고 있음이니,
35 그리하여 이것이 거꾸로 가고 있는
형국이며,
36 천국으로 올라가는 길이요, 나 여호와
에게 오는 길이 아니라 지옥으로 가는
길을 달려가고 있음이니라.
37 너희들이 다 거꾸로 되어 있으며 다
뒤집혀 있으며 제정신이 아니니, 그리
가는 것이 당연함을 알라.

4,923 번째 하나님 말씀

2003년 2월 10일 20시 52분

1 사랑하는 나의 아들아!
2 "네, 아버님! 말씀하옵소서."
3 하늘에 오르는 길이요, 믿음이라 하는
그 길은 무엇과도 견줄 수 없으며, 무
엇과도 바꿀 것이 없으며, 무엇과도
그를 대비해서 말할 수 있는 것이 아
니니라.
4 인간사 살아가면서 이념에 대한 논쟁
을 벌이는 것도 아니요,
5 믿음의 길을 가는 것은 감히 그러한
것들로 믿음의 가는 길을 바라볼 수
없으며 참진리의 가르침을 바라볼 수
없는 것이요,
6 그리고 거기에 견주어 생각할 수 없는
것이 믿음의 길을 가는 선택된 그 삶
이니라.
7 믿음이라는 것이 사상을 논하는 것도
아니요, 이상을 논하는 것도 아니요,
어떠한 옳고 그름의 인간 세상의 이론
을 항변함도 아니라는 것을 너희들은
알아야 할 것이니라.
8 또한, 믿음이라는 길, 하늘에 오르는
참진리요, 나 여호와의 뜻이란,
9 인간 너희들이 머리를 짜 가지고 있는
모든 지식이요, 너희들이 말하는 상식
이라는 그 모두를 다 동원해서 생각한
다 해도 그 참진리의 믿음에는 견주어

생각할 수 없음을 너희들이 알아야 할 것이니라.

10 이 세상의 어떠한 것도 참믿음의 길을 가는 거기에는 비할 수 없음이니라.

11 인간으로서 박사요, 성인이요, 모든 가르치는 지도자로서, 선생으로서 어떤 학식을 가지고 가르친다 해도,

12 그 또한 어떠한 것도 믿음이요, 참진리의 역사에는 견줄 수가 없으며,

13 거기에 버금가며 거기에 같이 갈 수 있는 것이 없음을 알라.

14 아무리 과학의 변화가 역사를 이루며, 지금 못 이루는 것이 없다 그리 말해도,

15 최첨단 과학의 변화도 나의 참진리요, 믿음이라는 그것에는 감히 견주어 볼 수 없으며 같이 생각할 수 없는 것이 그 믿음임을 알라.

16 너희들의 영혼을 살리는 길이요, 영원히 사는 그와 같은 영혼의 삶을 위한 것이 믿음의 길이니,

17 너희들이 지금 육에서 이루어지는 어떠한 형태의 그것으로써 너희들의 영혼을 구하는 길과 바꿀 수 없음을 알아야 할 것이니라.

18 그리하여 나 여호와에게 오는 길이요, 나 여호와로부터 구원을 받기 위하여 나를 찾으며 가는 그 믿음의 행위가 그만큼 중요하고 소중하며,

19 아무것도 그에 견주어 바꿀 수 없는 것이 믿음이라는 것을 알아야 할 것이니라.

20 너희들이 잠깐 살아가는 세상에 나와 정해져 있는 목적의식의 삶과 죽음을 향하여 가는 그와 같은 삶의 테두리에서 있는 것이 아니요, 그 모두를 초월하며 그 모두를 벗어나 너희들이 가는 길이 바로 영원히 살아가는 길이며 영혼을 살리는 길을 가는 것이니, 이는 세상에 어떠한 것도 견주어 바꿀 수 없는 것임을 알라.

21 그러니 너희들이 믿음의 길을 가는 자세가 어떠해야 하며, 믿음을 향하는 자가 과연 어떠한 형태로 가야 할 것이며, 너희들이 믿고 가는 그것이 얼마나 위대한 참진리이며 나 여호와의 뜻이어야만 되는가를 알라.

22 나 여호와의 뜻이 아니요, 내가 이루는 길이 아니라면, 너희들은 결국 지옥의 길로 가고 있음을 알아야 할 것이니라.

4,924 번째 하나님 말씀

2003년 2월 10일 20시 58분

1 사랑하는 나의 아들아!

2 "네, 아버님! 말씀하옵소서."

3 너희들이 모두를 다 털어 말한다 해도, 너희들이 가지고 있는 그 모두를 다 던지며 너희들의 생명까지도 다 던진다 해도, 나로부터 그 진리의 깨달음이요, 그 길을 가는 것보다 더 소중한 것이 없음이니라.

4 나로부터 내리는 나의 진리요, 내가 원하는 참진리의 그 뜻은 너희들이 이 세상 살아가는 그 모두가 다 거기서부터 시작되는 것이며,

5 진리의 뜻을 벗어나서 이루어질 수 없으며 존재할 수 없다 내가 너희들에게 말하여 주었음이니라.

6 그리하여 너희들이 진리의 길을 가며
진리를 터득해서 나에게 오르고자 하
는 그것만이 구원의 길이요,
7 그리고 그 진리의 뜻을 따라가는 그것
보다 더 소중하고 위대한 것은 세상에
없다 그리 말하였음이니라.
8 이는 곧 참진리요, 나 여호와의 뜻이
며, 내가 이루고자 하는 것이기에,
9 이와 같은 나의 참진리요, 내가 이루
고자 하는 그 길에 거역하고 거부하고
는 너희들이 존재할 수 없으며, 살아
갈 수 없으며, 견딜 수 없다 함을 알아
야 할 것이니라.
10 그 모두의 역사하는 것은 나의 뜻에
따라 모두가 이루어지고 지워짐을 잊
어서는 아니 될 것이니라.
11 이 세상의 그 무엇도 나의 뜻을 거역
하며 내가 이루고자 하는 그 뜻을 순
종치 아니하며, 그 기초나 기본 위에
서 이루어지지 아니하는 것이 없기에,
12 나를 거역하면 아무것도 이루어질 것
이 없으며 그는 나와 관계없는 것이라
내가 말하지 아니하였던가?
13 지금 믿음의 길을 가고 있는 그 백성
이 어찌 가고 있는가?
14 '내 교회만이 최고요, 내 손으로 지은
성전이 최고요, 내 것만이 최고요.' 그
리하여 너희들은 '나'와 '너'는 다르다
는 그와 같은 생각 속에 젖어 있으며,
15 너희들은 '하나'라는 개념을 가지고
살지 못하는 것이니라.
16 그와 같이 살아가는 것이 사탄의 자식
이요, 악마요, 사악한 자임을 알라.
17 '내 교회만이 최고요, 내 성전만이 최
고요, 나만이 최고요' 그와 같은 생각
을 하고 가는 자, 그들이 바로 세상에
파벌을 만들며 구분을 하여 하나로 만
들 수 없는 것이니,
18 너희들은 사랑을 베풀 수 없으며, 나
의 뜻을 이루는 그 길을 역행하는 자
들이니,
19 너희들이 사탄이요, 사악한 자들이니
라.
20 이제 너희들이 진정한 종교 집단으로
서, 나의 뜻에 따라 만백성을 하늘에
오르는 길로 인도하는 집단으로 그리
변하고 그와 같은 역사를 이루고자 한
다면,
21 너희들은 모두를 다 뛰어넘는 그와 같
은 변화를 역사하지 아니하고는 절대
로 깨달을 수 없으며, 나의 백성으로
서 영원히 존재할 수 없음을 너희들은
알아야 할 것이니라.
22 너희들은 그러면서 그리 말하느니라.
23 내가 지키라는 것은 지키지 아니하며
내가 명하라는 것은 명하지 아니하고
사는 너희들이,
24 말로써 모두는 나 여호와의 뜻이요,
나의 아들 예수의 뜻이라 그리 말하
며, 그 가르침대로 살아간다 그리 말
하느니라.
25 그러나 너희들은 나의 뜻과 예수가 전
하고자 하는 그 뜻대로 살아가는 것이
하나도 없음을 알라.
26 그 성서의 모든 내용을 하나하나 구분
하여 들여다보면 너희들이 얼마나 잘
못 가고 있는가를 알 수 있음이니라.
27 너희들은 이제 나의 성경을 다시 뒤져
그를 읽고 깨우치며,
28 거기에 기록된 내용에 살을 붙여 너희

마음대로 해석하지 말며, 그대로 받아
들이는 그와 같은 진실함이 있지 않고
는 변화될 수 없을 것이니라.
29 그리하여 성경에 있는 그대로 깨우쳐
그대로 행하고자 하는 마음을 갖는
자, 너희들은 나의 법전을 접하게 될
것이며,
30 그리하여 나의 법전을 접하여 정독하
고 난 다음에 성서에 기록되어 있는
깨달음이 무엇인지 알게 될 것이니라.
31 그리하여 내가 나의 법전을 읽지 않은
자는 심판받을 자격이 없으며 심판받
을 수 없다 말하였음이니라.
32 내가 너희들을 심판하는 것이 나의 법
전이요, 나의 법전을 읽지 않은 자는
심판을 받을 자격도 없다 그리 말한
것은,
33 너희들이 하늘에 오르는 길이요, 참진
리요, 기본이 무엇이며 근본이 무엇이
며, 어찌 살아가는 것이며,
34 어떤 시련과 고통 속에서 깨우침을 얻
어 가는 것이 진정한 참진리의 길인가
를 너희들이 모르기 때문에 심판을 받
을 만한 자격도 없다는 그 뜻이 여기
있음을 알라.
35 이 무서운 뜻을 내가 나의 새로운 성
경인 나의 법전에 수없이 전하여 너희
들에게 내리건만,
36 너희들이 이를 보지 아니하며 듣지 않
으려 하며 믿지 아니하며, 그저 지나
가는 사탄의 장난이라 생각하는 자가
이 세상을 덮고 있으나,
37 그 무서운 죄를 너희들이 알 날이 머
지않았음이니 그리 알라.
38 그때 가서 몸부림치고 후회하고 나를
부르려 해도, 너희들은 입이 떨어지지
아니하며 나 여호와를 부를 수도 없으
며, 나의 백성이요, 나의 아들딸이라
그리 말할 수도 없으며,
39 예수가 내려가 너희들을 깨우치고자
그를 가르쳤으며, 나의 새로운 법전이
요, 새로운 성경이 내려가 너희들이
살아가며 하늘에 오르는 길을 하나하
나 상세히 깨우치고 가르쳐 주었으니,
40 또 너희들과 똑같은 육신을 가진 나의
아들이 천사처럼 변화되는 그 삶을 살
아가고 있으니,
41 거기에 대한 핑계요, 이유도 댈 수 없
는 것이 너희들이니,
42 그저 지은 죄 그대로 너희들이 치러야
한다는 것을 잊지 말라.

4,925 번째 하나님 말씀

2003년 2월 10일 21시 06분

1 사랑하는 나의 아들아!
2 "네, 아버님! 말씀하옵소서."
3 내가 나의 법전에 기록하여 전하기를,
너희들에게 이리 전하였느니라.
4 믿음의 길을 가는 것이요, 구원의 길
을 가는 것은 너희들 스스로 먼저 바
로 서며, 너희들부터 구원을 받는 길
을 가라 그리 말하였느니라.
5 너희들이 바로 서며 바로 가는 그 믿
음의 길을 가지 못하면 너희 자신이
무너지며,
6 그 길을 모르는 자는 정답을 만백성에
게 가르칠 수 없다 내가 하였음이니,
7 너희 스스로 정답을 알아야 할 것이
며, 그 정답을 가지고 많은 백성을 구

원할 자격이 있다 그리 말하였느니라.
8 그리하여 너희들에게 바로 서라 했던
것이 나 여호와의 뜻임을 알라.
9 지금 잘못된 믿음의 길을 가고 있는
자, 저 자신이 어떠한 길을 가고 있으
며 제가 하고 있는 일이 과연 사탄의
사업인지 나 여호와의 사업인지 그 자
체도 모르며, 그것도 구분할 줄 모르
는 백성이
10 저희들을 따라서 행하는 것만이, 저희
들을 따라서 '믿습니다', '맞습니다',
'할렐루야!' 하며 눈물의 찬송을 부르
며,
11 종교 지도자가 바치라는 대로 그저 재
물을 갖다 바치며,
12 있는 것, 없는 것, 남의 돈을 얻어서까
지, 남의 돈을 훔쳐서라도, 남의 것을
도적질해서라도 더 많이 바치는 것이
너희들의 마음이 편안하며, 그것이 구
원을 받는다 생각하는 그와 같은 백성,
13 그것이 참진리의 길을 가는 신도들이
할 행동인가?
14 너희들이 무엇을 알고 가는가?
15 저 자신이 아무것도 모르며, 무엇이
참진리이며 나 여호와의 뜻인지도 모
르면서 다른 사람들을 위하여 만백성
을 구한다 하여 구원의 길이라 부르짖
으며 저희들을 따라오라 소리 지르는
자,
16 그와 같은 자들이 얼마나 불행하고 어
리석은 자인지 아는가?
17 저 자신도 모르면서 남에게 저희들이
가는 길만이 구원을 받는 길이라 하여
저를 따르라 그저 강요하는 자, 그와
같이 설법하고 다니는 자,
18 그것이 얼마나 무서운 죄인가를 너희
스스로 모르고 있음이니라.
19 너희 자신도 모르면서, 진정한 하늘에
오르는 길이 아니요, 참진리가 아닌
길을 가지고 그 길이 구원을 받는 길
이라 부르짖으며,
20 나의 사랑하는 백성에게 그리 강요하
며 남들을 그리 끌어들이는 그와 같이
짓는 죄가 너희들 스스로 지은 죄보다
도 얼마나 더 무서운 것인가를 알아야
할 것이니라.
21 너희가 정녕 아무것도 모르면서 그와
같이 살아간다면 그 죄가 무서움이니
라.
22 너희들 스스로 정녕 아무것도 모르며
어떠한 길을 가는 것이 구원의 길인지
도 모르면서, 너희들의 이웃과 남에게
그저 따라오라 그리 강요하는 그와 같
은 짓을 하지 말라.
23 그것이 이웃에게 얼마나 큰 고통을 주
며 시련을 주는 것인가?
24 그와 같은 너희들의 말을 듣고 잘못
발을 들여놓은 자, 영원히 죽음의 길
이요,
25 다시 태어남이 아니라 지옥 불로 가
그 고통의 세월을 살아가니,
26 그와 같이 그들을 지옥으로 몰아넣는
그와 같은 행위를 함이니 그것이 얼마
나 무서운 것인가를 알라.
27 너희들이 아무것도 모르면서 이웃까
지 고통으로 몰아넣지 말며,
28 이웃을 네 몸과 같이 사랑하며 아름다
운 마음으로 살아가는 그와 같은 것도
모르며 무엇이 구원의 길인지도 모르
면서,

29 네 이웃에 있는 자들까지 너를 따르라 강요하며 그리 복음을 전한다 하여 그를 끌어들이지 말라.
30 그들이 그저 살아가는 대로 놔두는 것이 그들이 구원의 길을 받는 길이며, 나를 볼 수 있는 것이니라.
31 잘 살아가는 백성까지 지옥으로 끌고 인도하는 그와 같은 흉악한 짓을 하지 말라.
32 너희들의 그 죄가 얼마나 무서운 줄 아는가?
33 너희들이 이제 아무것도 모르는 자, 깨우침이 더 높은 자, 그 백성들을 구원의 길로 인도한다 그리 소리 지르며 그리 아우성치지 말라.
34 너희 자신도 모르는 자, 네가 정녕 구원을 받고자 한다면 남을 구원하기 전에 너부터 스스로 먼저 구원의 참빛을 보도록 그리하라.
35 그리하여 나의 법전대로 지키고 살라 하는 것을 그대로 지키고 사는 그와 같은 네 삶을 잘 다스려 나가며, 네 앞가림부터 그리하도록 하라.
36 제 주변 정리요, 제 앞가림도 하지 못하는 자가 남에게 강요하며 따라오라 그리 소리 지르며 악쓰지 말라.
37 세상을 오염시키는 그와 같은 행위를 하지 말라.
38 그 죄가 얼마나 무섭고 두려운 것인가를 너희들이 머지않아 알게 될 것이니, 그때 가서 너희들이 그를 다 어찌 감당하려 하는가?
39 네가 지은 죄 그것으로써 너는 벌을 받으며 너 스스로 그 대가를 치르라.
40 네가 남까지 지옥으로 인도하는 그 죄가 살인하는 것이요, 사람을 죽이는 것이니,
41 그 죄가 얼마나 무섭고 두려운가를 너희들이 아직은 모르기 때문에, 너희들을 따르며 너희 집단에 오는 것만이 구원을 받는다 하니,
42 그리 남에게 강요하며 남을 이끌어 가며, 그리하여 그들을 고통으로 인도하는 그와 같은 사악한 행위를 하지 말라, 이 어리석은 백성들아!
43 너 자신이요, 네 앞길부터 먼저 보며 너 자신부터 다스리는 삶을 살라.

4,926 번째 하나님 말씀

2003년 2월 11일 0시 22분

1 사랑하는 나의 아들아!
2 "네, 아버님! 말씀하옵소서."
3 사랑이란 무엇을 의미하는가?
4 '너희들은 원수를 사랑하라.' 그리 말하였으며 그와 같은 마음을 갖는 것이 깨우침의 길이라 하였음이니라.
5 그러나 사랑이라는 것은 하나서부터 열까지 너희들이 살아가는 모든 생활의 기본이요, 기초요, 근본의 역사가 됨을 알아야 할 것이니라.
6 너희들이 정녕 사랑하는 사람이 있으며 아끼는 사람이 있다 할 때, 인생을 살아가면서 그 사람이 실망하지 않도록, 그 사람이 원망하지 않도록, 그리고 사랑하는 사람에게 부끄럽지 않은 자세로 살아가는 그 모두가 다 사랑으로써 이루어지는 것이니라.
7 사랑이라는 것이 그와 같이 소중하고 위대한 것이요,

8 남에게 베풀고 나눠 주는 것만이 사랑
이 아님이니라.
9 정녕 사랑하는 사람이요, 사랑을 할
줄 아는 사람은 그 사람이 실망하지
않도록, 그 사람이 마음 아파하지 않
도록 당당한 모습으로 삶을 살아가고
자 노력하는 것, 그것이 사랑하는 사
람을 가진 사람의 삶의 자세임을 내가
너에게 일찍이 깨우쳐 주지 아니하였
던가?
10 그리하여 사랑이란 그리 위대하고 소
중한 것이니라.
11 그와 같이 너희들의 모든 생활 속에서
그 사랑의 힘이 그리 위대하고 크기
에, 내가 믿음과 소망과 사랑 그 모두
중에 가장 중요한 것은 사랑이라 너희
들에게 그리 가르쳐 주었음이니라.
12 너희들은 그와 같은 나의 뜻을 깊이
새겨, 진정한 사랑이요, 아름다운 사
랑을 하는 그와 같은 자세로써 살아가
는 삶이 바로 사랑을 하는 자요, 사랑
을 아는 것이며 사랑이 소중함을 아는
것이니라.
13 그와 같이 큰 사랑으로써 나 여호와를
사랑하며 나를 따른다면 너희들은 나
에게 누가 되지 아니하며, 나 여호와
에게 부끄럽지 않은 삶을 살아가는 그
모두가 바로 사랑하는 마음으로 살아
가는 것이니라.
14 그와 같은 마음속에서 살아가는 것이
천사와 같은 마음이요, 창조주와 같은
마음이니,
15 그와 같은 마음으로 살아가는 것이 너
희가 가야 할 길임을 알라.
16 너희들이 살아가는 그 속에서 사랑이
라는 그 단어가 모두를 초월하며,
17 나의 백성을 잠에서 깨우치며, 사악한
속에서 그들을 구원하며 깨우치는 것
이 바로 사랑이라는 것을 너희들은 알
아야 할 것이니라.
18 나를 따르는 백성, 나의 아들을 따르
는 백성, 너희들이 나의 법전을 읽고
깨우쳐 그것이 하늘에 오르는 길이라
깨달아 만백성에게 전하며 그들에게
일깨워 주고자 하며 알려 주고자 하는
것,
19 그 모두가 사랑으로부터 이루어지는
역사임을 알아야 할 것이니라.
20 너희들이 사랑이라는 것을 모르면 세
상의 변화를 모르며 세상의 역사가 이
루어지는 것을 모르며 세상사에 아름
다운 것을 알 수가 없음이니라.
21 그리하여 만백성을 사랑하는 그 속에
서 봉사하는 마음이요, 희생하는 마음
이요, 그와 같은 삶의 마음을 가지고
있는 것이 사랑의 마음을 가지고 있는
것이니라.
22 그리하여 그 진실한 사랑이 얼마나 아
름다운 것인가를 알 때, 너희 스스로
변화의 역사를 이룰 수 있으며,
23 하늘의 나 여호와가 너희들을 사랑하
는 마음도 또한 알게 될 것이니라.
24 지금의 모든 종교 집단이요, 저희들만
이 위대하며 최고라 그리 부르짖고 살
아가는 그들이 정녕 세상의 사랑을 아
는가?
25 세상의 사랑을 모르는 것이니라.
26 우물 안 개구리처럼 저희들만이 최고
요, 저희들이 소유하는 것만이 최고
요, 저희들만이 가장 위대하다는 그와

같은 생각 속에서 살아가는 백성,
27 그들은 저희들이 죽을 때까지 살아간
다 해도 진정한 사랑이요, 아름다운
사랑이라는 것을 모르고 살아감이니,
28 그들이 사랑을 모르는 것은 그를 거역
하는 삶이니, 죄를 짓는 것이요,
29 공익을 위해서 살아가는 마음 자세가
되어 있지 아니함을 알아야 할 것이니
라.
30 정녕 사랑을 나누는 백성은 그 모두가
다 공익을 위한 삶이요, 남을 위해서
생각하는 그와 같은 삶이요,
31 문을 닫고 폐쇄적인 그와 같은 삶을
살아가는 것이 아니니라.
32 너희들이 사랑의 눈으로 보면 너희들
이 가진 것이 소중한 것이 없으며 귀
한 것이 없음이니라.
33 너희들을 불러 써 주는 것, 너희들이
가진 것을 쓰고자 달라 하는 것, 그리
고 너희들을 필요로 하는 것, 그러한
것이 다 사랑으로 보이며 그것이 소중
한 것으로 보임이니라.
34 남을 위해 봉사하는 것, 남을 위해 할
수 있는 것, 그리고 남들이 추하고 더
럽게 살아가는 그 모습도 그를 다 사
랑으로 생각하며 사랑으로 본다면, 그
속에서 사랑하는 마음을 찾을 수 있음
을 너희들은 알아야 할 것이니라.
35 남이 보기 흉하며 남이 보아서 즐거워
하지 아니하며 그리고 남이 보아서 고
개를 돌리는 그와 같은 모든 것에도
사랑하는 눈으로 보면 그 아름다움이
있으며, 사랑의 깊이가 있음을 너희들
은 알아야 할 것이니라.
36 너희들이 남으로부터 한 대를 맞으며
남으로부터 구타를 당하며 남으로부
터 육체적인 가해를 당했을 때, '오른
빰을 맞으면 왼 빰을 내 놓으라'는 그
것이 무엇인 줄 아는가?
37 오른 빰을 맞으면 왼 빰을 내 놓을 수
있는 그와 같은 마음이 아니라,
38 그를 사랑으로 볼 수 있는 마음이요,
너를 때린 자의 그 손이 아프지 않을
까 생각하는 마음으로 변화하는 역사
가 이루어지는 것이니라.
39 너의 빰에 힘을 가한 자, 너의 빰에 상
처를 낸 자, '그 손은 더 아플 것이며,
얼마나 저릴까?' 그러한 생각으로 볼
수 있는 것이 사랑하는 마음이요,
40 사랑하는 마음은 또한 그와 같이 보이
느니라.
41 그리하여 오른 빰을 맞으면 왼 빰을
내놓으라는 그 뜻이 거기에 있음이니
라.
42 그 모두가 사랑으로 보일 수 있는 마
음이요,
43 사랑에 눈을 뜨게 되면 그 모두가 사
랑으로 너희들의 몸에 와 닿는 것을
알라.
44 그리 내가 너희들에게 전함이니라.

4,927 번째 하나님 말씀

2003년 2월 11일 0시 27분

1 사랑하는 나의 아들아!
2 "네, 아버님! 말씀하옵소서."
3 구약과 신약을 내려보낸 것은 너희들
이 삶을 아름답게 살며 인간 본연의
자세로 살아 나에게 구원을 받게 하고
자 그리 살라 하여 내려보낸 것이니라.

4 그리하여 내가 모세의 시대에 그 구약
의 역사를 이루었으며, 나의 아들 예
수의 시대에 신약이라는 것을 그리 이
루었으나,
5 너희들은 그 성경을 보고 깨우쳐 아름
다운 마음으로 변하는 것이 아니요,
6 그 성경을 악용하여, 너희 손으로 지
은 성전을 만들어 나의 피조물 만백성
에게 그곳에 와 기도하고 경배하는 자
만이 구원을 받을 수 있으며 생명이
새로 태어남을 얻을 수 있다 그리 가
르치고 있음이니라.
7 지금 사랑하는 나의 백성이 생명보다
도 너희 손으로 지은 그 성전을 더 소
중히 생각하며 더 귀하게 생각하게 하
는 것이 너희들의 지금의 삶이니,
8 그와 같은 마음으로 굳어진 그 자세는
과연 무엇이던가?
9 성전이라는 곳에서 너희들이 그리도
갈구하는 재물을 거둬들일 수 있으며,
재물을 모을 수 있으며, 거기에 모인
백성 앞에 너희들이 제왕적인 행위를
할 수 있으며, 그와 같은 대우를 받고
살아갈 수 있는 그 성전이기에,
10 너희들이 나의 사랑하는 백성의 그 생
명이요, 구원의 길보다도 너희 손으로
지은 성전을 더 소중히 생각하며 그리
관리하고 있는 것이 지금 너희들의 마
음이니,
11 과연 그곳에 사랑이 있으며, 그게 종
교 지도자로서 과연 할 수 있는 생각
이며 할 수 있는 행동이라 너희들은
생각하는가?
12 그리하여 너희들은 어떠한 희생이 따
르든, 나의 진리를 따르든 안 따르든
그것을 따지기 전에, 더 큰 성전, 더
아름다운 성전을 짓는 데 모두를 다
바치며,
13 그리고 얼마나 크게 아름답게 지었느
냐에 따라서 또한 남으로부터 칭송을
받으니, 그것을 너희들이 성공한 비결
이라 하며 그리 또 따지느니라.
14 어떠한 사람이 참진리를 어찌 가르쳤
느냐가 소중하며, 그가 얼마나 위대하
게 가르쳤느냐에 따라서 그가 귀한 선
생이요, 잘못 가르친 자는 잘못된 선
생이라 그리 평가하는 것이 아니라,
15 아무리 아름다운 뜻으로써 아무리 사
랑을 실천하며 나의 성경을 그대로 깨
우치고자 하는 그와 같은 종교 지도자
가 있다 하여도,
16 너희들은 서열을 매기며 서열을 따지
는 것도 얼마나 많은 신도를 거느리고
있으며, 얼마나 큰 성전을 가지고 있
으며, 얼마나 호화로운 성전을 가지고
있으며,
17 타고 다니는 차량이라는 그 기계가
얼마나 값진 것이며, 걸친 옷이 얼마
나 값진 것인가를 따져서 그를 성공한
자요, 위대한 자라 서열을 그것으로써
매기는 그와 같은 추하고 더러운 행위
를 하는 것이 너희들이니,
18 나의 사랑하는 백성의 그 귀중한 생명
이요, 구원을 받고자 하는 그것보다도
너희 손으로 지은 성전을 더 소중히
사랑하는 그와 같은 너희들을 단죄하
며 바로잡고자 지금 내가 새로운 성경
을 세상에 내려보내며,
19 나의 아들을 통하여 내가 법전이라는
심판의 이 책을 내려보내는 뜻이 여기

에 있음을 너희들은 알아야 할 것이니
라.
20 너희들은 정녕 손으로 지은 성전을 더
소중히 섬기며, 또 그를 섬기라 가르
침이니,
21 모든 종교 집단에 속해 있는 신도들이
너희가 지은 그 성전의 위대함을 위해
그를 섬기다 지치며, 너희들 종파의
이름을 지키기 위해 지쳐 있으며, 거
기에 더 맹종하고 맹신하며 그리 살아
가고 있음이니,
22 그를 바로잡고자 하는 것이 나의 뜻임
이니라.
23 너희들은 나의 사랑하는 백성을 사랑
함이 아니요,
24 그 믿음을 나의 백성을 위해 기도하고
경배하는 것이 아니요,
25 너희 손으로 지은 성전이라는 것이 나
의 백성, 사랑하는 나의 아들딸을 섬
기는 것이 아니라,
26 나의 사랑하는 백성, 나의 아들딸들이
교회를 섬기는 그와 같은 꼴로써 지금
이끌어 가고 가르치고 있음이니,
27 이것이 얼마나 사악한 죄를 짓는 짓이
며, 너희들이 얼마나 흉악한 행위를
하고 있는가?
28 지금의 모든 종교 집단들은 교회라는
것이 나의 사랑하는 백성을 섬기고 받
드는 것이 아니요, 그들을 보호하려고
있는 것이 아니요,
29 백성들이 교회라는 것을 섬기고 그를
받드는 그와 같은 형국으로 지금 되어
있음이니,
30 하늘에서 이를 내려다보는 나 여호와
의 아픈 마음을 너희들이 과연 아는가?
31 이제는 내가 너희들을 더 기다릴 수
없으며 더 용서할 수 없어, 이제 내가
그들을 단죄하기 시작하였으며,
32 그 뿌리를 뽑아 버리고자 하는 것이
나 여호와의 뜻이니 그리 알라.
33 이 엄연한 무서운 현실이요, 사실 앞
에 아직도 깨우치지 못하며, 백성이
교회라는 그 성전을 섬기는 이와 같이
거꾸로 되어 있는 형국의 이 말할 수
없는 잘못된 세상에서,
34 구원의 길이요, 하늘에 오르는 길이
너희들 것만이 소중하다 그리하며 만
백성과 차별화를 두고 살아가는 것이
니,
35 나의 근본인 사랑이라는 그 말을 할
자격도 없는 자들이 너희들임을 알라.

4,928 번째 하나님 말씀

2003년 2월 11일 0시 33분

1 사랑하는 나의 아들아!
2 "네, 아버님! 말씀하옵소서."
3 너희들이 누가 물을 때 너희 자신의
의사를 표현하지 못하며 '예'라 대답
하는 것은, 생사의 모든 권한을 쥐고
있는 독재자가 앞에서 물을 때 그리
대답할 것이니라.
4 무자비한 독재자 앞에서나 그저 묻는
대로 짐승처럼 훈련하여 길든 백성처
럼 '예'라 대답하는 것이요,
5 너희들이 서로 인격을 존중하며 사람
의 생명의 가치를 존중하는 지금의 세
상에서 그와 같은 역사는 있을 수 없
으며 그와 같은 행동은 할 수 없을 것
이니라.

6 그저 묻는 대로 '예'라 대답하는 것은
판단력이 없으며 사고력이 없는 어린
아이들과 같은 자들이 그리 대답할 것
이며,
7 독재자 앞에서 명예를 찬탈당하며 죽
음이 두려워 그와 같은 위치에 있는
자들이 묻는 대로 그저 아무 생각 없
이 '예'라 대답하는 것이 아니겠는가?
8 그러나 지금 종교 집단 너희들이 가고
있는 그 행위는 무엇이던가?
9 종교 지도자 너희들이 물었을 때, '맞
습니까?' 하면 무조건 '맞습니다.' 하
며 '믿습니까?' 하면 '믿습니다.' 하며
무조건 '할렐루야!' 그리 찾으며,
10 묻는 대로 부르는 대로 대답하는 것이
너희들이 지금 가는 그와 같은 형국이
니,
11 그와 같은 믿음의 길을 나의 신도라
하며 나의 백성이라 하여 너희들이 가
는 그 모습이 먹이를 가지고 훈련하여
길들인 짐승이 가는 것이며, 짐승의
생각과 조금도 다름이 없으니,
12 짐승이 생각하는 그 생각의 단계를 벗
어나지 못하고 판단력이 없이 살아가
는 그와 같은 너희들의 형국을 보는
나 여호와의 마음이 얼마나 아프겠는
가?
13 너희들도 육의 세상에서 자식이 잘못
되었을 때, 자식이 너희들을 실망하게
할 때, 너희들의 그 아픈 마음이 이루
말할 수 없거늘,
14 영원히 살 수 있는 나의 아들이요, 나
의 딸이며 나에게 오를 수 있는 너희
들이 어찌하여 판단력이 없으며 길든
짐승과 같은 형국으로써 죽음 앞에서
모두를 다 포기한 백성처럼, 아무런
능력이 없으며 희망이 없는 백성처럼
그저 묻는 대로 대답하는가?
15 '맞습니까?' 하면 맞다 하며 '믿습니
까?' 하면 믿는다 하며 그저 말하느니
라.
16 살인자를 위대하다 말해도 너희들은
'맞습니다', '믿습니다' 그리 대답하며,
그리고 '맞습니까?' 물으면 '맞습니다'
하고 대답하는 그와 같은 형국으로 지
금 믿음의 길을 가고 있음이니,
17 너희들이 지금 얼마나 우매하고 어리
석은 길을 가는가?
18 이와 같은 집단이요, 이와 같은 가르
침이요, 이와 같은 깨달음은 세상에
없음을 너희들은 알아야 할 것이니라.
19 그리하여 거기다 또한 뭐라 말하는가?
20 창조주 나 여호와만이 지도자를 체벌
할 수 있으며, 나의 백성이요, 신도들
은 벌할 수 없다 그리 말함이니,
21 그들이 얼마나 위협적으로 너희들을
끌고 가며 인도하고 가는가?
22 그리하여 너희들이 묻는 대로 그저
'예, 맞습니다.' 그리 대답하는 것이 지
금의 믿음이니,
23 그들은 지옥 불로 가면서도 '천국으로
가는 길입니다', '맞습니다', 믿습니다'
하며 그리 따라가고 있으니,
24 지금 너희들이 가는 길은 하늘을 향하
여 가는 길이 아니라 죽음이요, 지옥
의 그 길을 향하여 달려가고 있음을
이제는 깨우치고 알 때가 되었음이니
라.
25 내가 나의 법전에 이와 같이 상세히
기록하여 너희들에게 전하며 나 여호

와의 뜻을 전하거늘,
26 이를 접하고 보지 않는 자, 그리고 깨
우치지 못하는 백성, 너희들은 영원히
구원의 길을 올 수 없음을 알아야 할
것이니라.
27 선한 일을 하는 자는 천사의 삶을 사
는 것이요,
28 악한 일을 하는 것은 악한 악마의 세
상이요, 사악한 세상에서 사는 그 이
치는 간단한 것이니,
29 너희들이 어찌 마음을 가지고 살며 어
찌 깨우치고 사느냐에 달렸으며,
30 옳고 그른 것을 분별할 수 없으며 그
를 대답할 수가 없으며 그를 시시비비
할 수 없는 것은 죽은 목숨이요, 산 목
숨이 아니니라.
31 너희들이 사탄이요, 마귀가 이끄는 대
로 그저 대답하는 그와 같은 삶이니,
거기서 헤어 나오는 그와 같은 용기를
갖지 아니하면 너희들은 나에게 오를
수 없음을 알라.

4,929 번째 하나님 말씀

2003년 2월 11일 0시 38분

1 사랑하는 나의 아들아!
2 "네, 아버님! 말씀하옵소서."
3 나 여호와가 사랑하는 너의 생명을 연
장해 주었으며, 너를 이 세상에 더 살
게 하여 네가 160권의 법전을 만들어
만백성을 구하는 그 역사를 이루는 것
은,
4 너를 어찌하여 내가 그리했다 생각하
는가?
5 너는 내가 내리는 나의 160권의 법전
을 만들어 만백성을 구하는 그와 같음
을 위해서 내가 네 생명을 연장해 주
었다 너는 그리 믿고 있을 것이며, 또
한 내가 너에게 그리 말하였음이니라.
6 그러나 너는 여기서 하나를 더 깨우치
고 가야 함을 알라.
7 네가 살아 있는 것이며 네가 존재하는
것은 나의 법전을 만들어 세상의 만백
성을 구하는 그 대명도 중요하나,
8 너의 제자들을 위하여 네가 있다는 것
을 잊지 말라.
9 너의 제자들을 위하여 내가 너의 생명
을 연장했으며, 만백성을 위하여 내가
너를 존재하게 해 이 세상에 내려보냈
음이니,
10 너는 나로부터 연장받은 그 생명의 삶
이, 나 여호와가 너의 생명을 연장해
준 그 뜻을 깊이 깨우치라.
11 이는 내가 너를 보살펴 네가 살아가는
그 생명을 연장해 주고자 하여 내가
연장해 준 것도 아니요,
12 네가 나의 피조물 만백성을 구하고자
160권의 법전을 만들어 가는 이 역사
를 위해서만이 내가 네 생명을 연장해
준 것이 아님을 알라.
13 네가 160권의 법전을 만드는 것보다
도, 내가 사랑하는 나의 백성이요, 너
를 따르는 그 제자들이요, 나의 법전
을 읽고 깨우친 그들을 내가 사랑하고
아끼기에,
14 너를 통하여 법전을 내려보내 그들을
구하고자 하는 것이 나의 뜻이니,
15 너의 생명이 연장된 것은 너의 제자들
이요, 만백성을 위해서 내가 네 생명
을 연장해 주었음이니,

16 너는 네 주인이 너의 제자들이요, 만
백성 그들이 네 생명의 주인임을 너는
알라.
17 그리하여 내가 너에게 일렀음이니, 너
는 가장 낮은 자요, 만백성의 종이요,
나의 종이요, 너보다 낮은 자가 없다
말한 뜻을 너는 이제 깊이 깨우칠 때
가 되었으며,
18 네가 내 말뜻을 알아들을 때가 되었음
이니라.
19 그 모든 이치를 알라.
20 내가 너의 생명을 더 연장해 주며 더
살도록 하였으며 너를 존재하도록 한
것은,
21 너를 따르는 제자들이요, 나의 법전을
읽고 깨우친 백성이요, 그리고 만백성
을 사랑하기에, 그들을 위하여 내가
너의 생명을 연장해 준 것임을 너는
그리 알아야 할 것이니라.
22 나 여호와는 창조주로서, 내가 너의
생명을 연장해 준 것은 나의 성령을
받아 제3의 시대에 새로운 역사를 이
루고자 하는 것도 나 여호와의 뜻이며,
23 내가 너의 생명을 연장해 준 것을 너
스스로 그리 생각하나,
24 나 여호와가 그와 같은 뜻보다도, 만
백성을 구하고자 그들을 사랑하기에
내가 너를 연장해 주었으니,
25 너의 생명의 주인은 너의 제자들이요,
만백성임을 너는 잊어서는 아니 될 것
이며,
26 네가 그와 같은 마음을 가지고 이 세
상을 살아갈 때, 너의 제자들이 스승
이요, 만백성이 네 스승이요,
27 너는 만백성의 종이요, 나 여호와의
종이라 네가 그리 생각하고 살아가야
할 것이니 그 뜻을 잊지 말라, 사랑하
는 나의 아들아!
28 아래로는 네가 만백성을 지도하는 자
로서 만백성의 종이요, 위로는 나 여
호와의 뜻을 받들어 행하는 나의 종이
요, 만백성을 하늘에 인도하는 그와
같은 역사를 이루는 것이 너이니,
29 다만, 너 자신이 그리 생각하라.
30 내가 너에게 생명을 연장해 준 것은
내가 뭐라 말하였느냐?
31 "네, 아버님!
32 모든 저의 제자들이요, 법전을 읽고
깨우치는 백성이요, 아버님께서 창조
하신 만백성을 위하여, 그들을 사랑하
시며 그들을 구원하시고자 하여 저의
생명을 연장해 주셨으니,
33 저의 생명은 그들이 주인이며,
34 그들이 저의 주인이며, 저는 그들의
종이라는 아버님의 말씀을 가슴 깊이
새기며 그와 같은 삶을 살아가겠사옵
나이다.
35 지금까지 방자하고 오만했던 저의 삶
을 용서해 주옵시고,
36 이와 같은 깨달음을 주시는 아버지의
명에 따라 그와 같은 낮은 자로서 반
드시 살아갈 것이며,
37 곱고 아름다운 자세로써 그와 같이 살
아가겠사옵나이다.
38 제 생명의 주인은 저의 제자들이요,
법전을 읽고 깨우친 백성들이요, 아버
님의 뜻에 따라 사는 백성이요,
39 아버님이 창조하신 만백성이 저의 주
인이라는 생각을 잊지 않고 살아가도
록 그리하겠사옵나이다."

4,930 번째 하나님 말씀

2003년 2월 11일 0시 43분

1 사랑하는 나의 아들아!

2 "네, 아버님! 말씀하옵소서."

3 서로 사랑한다는 그 단어가 얼마나 소중하며 고귀한 것인가를 내가 너에게 가르쳐 주었음이니라.

4 사랑이라는 것은 상대성이 있기에 그를 모두 이해하고 용서하며 가는 마음이요,

5 그리고 사랑하는 마음은 상대성이 있기에 그 상대를 위하여 최선을 다하는 삶을 사는 것이 아름다운 사랑이라 내가 너에게 말하였느니라.

6 그리하여 사랑하는 자는 사랑하는 사람의 마음을 아프지 아니하도록 곱고 바르게 살아가는 것이 진실로 사랑하는 마음이라 내가 그리 말하였느니라.

7 나 여호와를 사랑하며 살아가는 마음처럼, 나를 경배하고 따르는 마음처럼,

8 너희들이 서로 사랑하며 소중히 생각하며 살아가는 그와 같은 백성으로서 살아가는 것이 나로부터 선택된 아들딸 너희들이 살아가는 모습이어야 함이니라.

9 너희들이 사랑하는 마음을 갖고 사는 나의 선택된 아들딸이라면,

10 너희들이 살아가는 그 생활 속에 한 점의 부끄러움이 있어서는 아니 됨이니,

11 한 점의 부끄러움을 행할 수 있는 것은 사랑할 줄 모르며 사랑을 모름이니라.

12 그러면 너희들이 이 세상 그 누구도 진실하게 사랑하는 자가 아님이니라.

13 나 여호와를 사랑하는 마음을 가지고 있을 때는 한 점의 부끄러움이 있는 삶을 감히 살 수 없으며,

14 너희들이 서로 한 인간을 사랑하는 마음이 있다면, 그 한 사람, 한 인간을 위해서도 한 점의 부끄러움이 있는 삶을 살아서는 아니 되는 것이 아니던가?

15 서로 존경하며 믿고 살아갈 수 있는 것이 그 사랑이거늘,

16 인간 대 인간이 진실한 사랑이 있다면, 그 사람의 마음을 울리지 아니하며 그 사람의 마음을 아프지 아니하게 하기 위해서라도 얼마나 바른 삶을 살아야 하겠는가?

17 그것이 사랑하는 사람의 자세인 줄 알아야 할 것이니라.

18 너희들이 말로 사랑해서는 아니 됨이니라.

19 하나서부터 백까지 이루어지는 모든 삶이 사랑의 바탕에서 이루어지지 아니하는 것이 없음이니,

20 모두를 다 사랑으로 시작하고 사랑으로 보는 마음으로 살라.

21 장미꽃 한 송이보다도, 너희들이 소중하게 여기는 그 보석보다도 더 소중한 것이 무엇인 줄 아는가?

22 너희들이 사랑하는 마음을 갖고 사는 것이니라.

23 그리고 세상의 모두를 사랑하는 그 마음이 한 송이 아름다운 꽃보다 더 위대한 사랑이며,

24 보석이요, 보화보다도 더 소중한 것이 사랑임을 알아야 할 것이니라.

25 너희들은 오늘부터 사랑이라는 것이

얼마나 위대한 것인가를 깨우치며, 그 위대한 사랑을 너희 스스로 깨우쳐 찾도록 그리하라.

26 사랑하는 자, 아름다운 생각을 할 수 있으며,

27 사랑하는 자 아름다운 마음속에서 아름다운 삶을 살아갈 수 있음이니라.

28 그러니 사랑이 얼마나 소중한 것인가를 나의 법전의 이 대목을 읽고 깨우쳐, 너희들 스스로 그 사랑의 위대함을 찾도록 그리하며, 사랑을 느끼며 살 수 있도록 그리하라.

4,931 번째 하나님 말씀

2003년 2월 11일 0시 51분

1 사랑하는 나의 아들아!

2 "네, 아버님! 말씀하옵소서."

3 내가 너희들에게 깨우쳐 이르기를 '나'를 버리며 '나'를 지우는 자가 되라 하였음이니라.

4 '나는 죽은 자요, 나는 구르는 돌과 같다'는 마음을 가지고 살라 하였음이니라.

5 내가 너희들에게 그리 일깨워 준 이유는, 너희들이 살아가면서 천 가지 만 가지 부닥치는 그 작고 큰 죄를 짓는 것은 '나' 자신이요, '나'로부터 시작함이기 때문이니라.

6 '나'를 먼저 생각하며 '나'를 앞세우며 '나'를 먼저 계산에 두기 때문에, '나'로부터 모든 죄가 이루어지기 때문이니라.

7 '나'만을 먼저 생각하는 그와 같은 마음에서 죄가 시작되고 죄가 이루어지는 것이니,

8 내가 그리하여 마음을 비우며 '나'를 생각지 말라 하였음이니라.

9 너희들이 믿음의 길이요, 하늘에 오르는 길이요, 나에게 축복받는 그 영광의 길이요, 내 품에 오고자 하나,

10 그 길을 가지 못하며 나에게 오르지 못하는 것이 무엇이며, 너희들이 바른 믿음이요, 참진리의 길을 가지 못하는 것이 무엇인지 아는가?

11 '나'만의 사랑 때문이니라.

12 '나'를 너무 소중히 생각하며 '나'를 사랑하기에, 너희들이 '나'만의 사랑을 하기 때문에 그 길을 가지 못하며 아름다운 진리의 길을 못 보는 것이니라.

13 너희들은 인간 사회에 살아가면서 너희들이 살아가는 그 법도를 알아야 할 것이니라.

14 너희들은 천국과 지옥을 무엇이라 생각하며 어찌 구분하는가?

15 지옥과 천국이라는 것이 멀리 있는 것이 아니며 너희들과 멀고도 먼 그와 같은 관계가 아니며,

16 너희들과 항상 같이 있음을 알아야 할 것이니라.

17 너희들이 선행을 하며, 아름다운 마음을 가지고 살며, 남을 돕고 살며, 그와 같이 사랑을 베푸는 행위를 하고 사는 그 아름다움을 행하는 속에서 얻어지는 그 기쁨이요,

18 남에게 베풀며 선행을 하면서 얻어지는 그 마음의 기쁨은 지옥에 가서 견디라 해도 그 마음은 지옥에서 견디지 못하며, 지옥에서 그 마음을 받아 주지 못하며, 지옥에 가 설 자리가 없음

이니라.
19 그러니 너희들이 선행을 하고 베풀고
사는 그 기쁨을 얻는 것은 지옥에는
감히 갈 수가 없느니라.
20 그리고 지옥에서는 그 누구도 그를 받
아들일 수가 없는 것이니라.
21 이것이 너희들이 살아가는 이치이니
라.
22 그러나 악을 행하며 악 속에서 얻어지
는 그 기쁨은, 악을 행하며 사악한 짓
을 하면서 그 사악한 속에서 얻어지는
그 모든 기쁨은 절대로 천국의 문에
들어설 수 없음을 알아야 할 것이니
라.
23 선한 것을 행하는 그 기쁨만이 너희들
이 천국에 오를 수 있는 길이요, 그 기
쁨은 감히 지옥에서 그들이 받아 주지
못하며 지옥에서는 견디어 설 자리가
없으며, 설 수도 없는 것이 선행을 해
서 얻는 그 영광된 기쁨이니라.
24 그리고 살아가면서 아무리 권력이요,
재물이 세상에 더 없는 사람이라 하여
살아간다 하여도,
25 악한 짓을 하는 자는 그 악으로 하여
금 얻어지는 기쁨은 결코 천국의 문에
들어설 수 없으며, 나에게 올 수 없으
며, 그는 지옥으로 가는 것이 당연한
이치임을 너희들은 알아야 할 것이니
라.
26 사랑하는 나의 아들아, 이제 이와 같
은 모든 이치의 뜻을 알아야 할 것이
니라.
27 너희들이 선행을 하는 그 향기가 바로
무엇이더냐?
28 지상과 하늘을 기쁘게 하는 것이며,
29 너희들이 선행을 하는 그 모든 향기를
너희는 맡을 수 없으나, 너희들이 선
하게 하는 행위 속에 모든 천 가지, 만
가지 갖가지 꽃이 있듯이, 선행을 할
때마다 그 향기가 다 다름이니라.
30 그리하여 너희들이 선행을 하는 그 아
름다운 향기는 너희들이 살아가는 이
지상과 하늘나라 나 여호와를 기쁘게
하는 것이니라.
31 악함을 행하는 것은 무엇이던가?
32 악함을 행하는 것은 썩은 냄새를 풍기
는 것이니라.
33 그리하여 그 악함을 행하면 그 썩은
냄새를 너희들은 맡지 못하나, 그 썩
은 냄새가 지상과 하늘을 다 오염시키
는 것이니라.
34 다만, 너희들이 선과 악이 이루어지는
그 악의 악취와 선의 향기를 맡지 못
함이니라.
35 수천수만 가지 꽃에서 향기가 나듯이,
수천수만 가지 행하고 사는 그 선행의
향기가 그와 같이 가지각색이며 많음
을 알라.
36 죄짓는 너희들은 그 죄에 따라서 그
썩은 냄새의 악취가 또한 그와 같이
셀 수 없이 수만 가지가 있음을 너희
들은 알아야 할 것이니라.
37 너희들이 지금 선행을 하여 그 향기를
맡으며 악한 짓을 하여 그 악취를 맡
는 그와 같은 깨달음이 있으며 그를
맡는다면,
38 너희들은 지금까지 이와 같은 형국으
로는 살지 아니하였을 것이며, 오늘과
같은 형태로 가지 아니하였을 것이니
라.

39 지금까지 존재하는 이 생활 속에서 악
이 무엇이며 선이 무엇인가를 모르며,
40 남의 눈을 속여 남이 보지 않는 속에
서 악을 행하면서 즐거움이요, 쾌락을
얻는 그와 같은 삶은 정녕 두렵고 무
서워서 살 수가 없을 것이니라.
41 너희들이 선의 향기와 악의 악취를 정
녕 맡을 수 있으며 볼 수 있다면, 너희
들은 참진리의 길을 찾았을 것이며,
그 길을 위하여 모두를 다 바쳤을 것
이며,
42 그 참진리의 길을 깨우치기 위하여 모
두를 다 바치고 살아갔을 것이니라.
43 그리하여 너희들은 구약과 신약의 그
성경이 선한 향기와 악한 냄새를 맡는
그와 같은 가르침이었거늘, 너희들이
그를 바라보고 깨우치지 못하였기에,
44 내가 지금 마지막 시대요, 제3의 시대
를 열어 새로운 성경인 나의 법전에
상세히 기록하여 가장 낮은 진리를 너
희들에게 가르쳐 줌이니, 이것이 무엇
이던가?
45 너희들이 나의 법전을 읽고 깨우쳤을
때, 하늘에 오르는 참진리요, 나 여호
와의 뜻을 알았을 때, 너희들이 살아
가는 그 선함과 악함의 행위에서 나는
향기와 악취를 구분하고 알 수 있음이
니,
46 그리하여 나의 법전을 읽으라 내가 너
희들에게 전함이니,
47 이를 명심하여 지키도록 그리하라, 나
의 사랑하는 아들딸들아!

4,932 번째 하나님 말씀

2003년 2월 11일 0시 58분

1 사랑하는 나의 아들아!
2 "네, 아버님! 말씀하옵소서."
3 나의 사랑하는 백성 너희들이 선행을
베풀며 사는 것은 나 여호와를 기쁘게
함이니라.
4 내가 구약 시대에 모세를 통하여 이루
고자 한 그 역사를 이루지 못하고, 우
상을 만들어 광란의 짓을 했던 그 백
성을 보면서 나 여호와의 아팠던 마음
이요, 내 가슴의 그 아픔을 과연 누가
알겠는가?
5 그리고 내가 새로운 시대에 신약 시대
를 열어 나의 아들 예수를 세상에 내
보내, 만백성 너희들이 선행을 베풀며
아름답게 사는 삶을 나 여호와가 보고
자 하였으나, 나의 아들을 또 그와 같
이 처참히 죽였으며,
6 그리하여 내가 나의 아들을 그 죽음의
길에서 살릴 수 있는 비상의 극약으로
써 극단의 처방을 하지 아니하고, 그
를 죽게 했던 그를 바라보는 나 여호
와의 찢어지고 아픈 그 가슴의 상처를
너희들은 어찌 생각하는가?
7 너희들이 지금 선을 행하는 그것이 바
로 내 마음을 즐겁게 하며 그 모든 상
처를 치료하는 길이라는 것을 어찌 알
지 못하는가?
8 사랑하는 나의 아들을 따르는 제자들
이요, 나의 법전을 읽고 깨우치는 만
백성 너희들은 선행을 하고 살며, 악
에 치우치지 말라.
9 그것이 내가 구약의 시대요, 신약의

시대요, 에덴동산의 시대요, 노아의
방주의 그 많은 백성을 죽여 가면서까
지 새로운 역사를 이루려 했던 나 여
호와의 천 갈래 만 갈래 찢어지고 두
근거리는 그 아픈 가슴을 지금까지도
내가 다스리지 못하며 진정하지 못하
고 있다면 너희들은 알겠는가?
10 지금 너희들을 통하여 나 여호와의 기
쁨이요, 내가 그 마음을 다 잊고 상처
를 지울 수 있는 가장 소중한 극약이
라는 것을 너희들은 잊어서는 아니 될
것이니라.
11 너희들만이라도 선을 행하며 살아가
주기를 바라는 것이 나 여호와이니라.
12 너희들이 선행을 하는 것이 나 여호와
의 가장 큰 기쁨이니라.
13 그러나 선을 행하지 아니하며 악을 행
하고 사는 것은 나를 저버리는 것이
며, 나를 욕되게 하는 것이며,
14 나를 능멸하게 되며, 사탄이요, 악마
를 즐겁게 하는 것이며, 그들을 기쁘
게 하는 것이니라.
15 사랑하는 나의 아들딸들아!
16 나의 백성이면 창조주가 나 여호와며
너희들의 어버이가 나이니라.
17 너희들은 어찌하여 나와 관계없는 그
와 같은 사탄을 위하여 사탄의 즐거움
을 위해 살아가고자 하는가?
18 나 여호와를 생각하며 창조주 나를 기
쁘게 하는, 영원히 그와 같은 삶을 살
수는 없는가?
19 너희들이 나 여호와를 기쁘게 하며 나
여호와의 아픈 마음을 달래 주는 선을
베풀고 사는 것은 영원히 나의 낙원에
와 살 수 있는 천국에 들어오는 길이
거늘,
20 악을 기쁘게 하는 것은 천국에 오는
것이 아니요, 너희들이 그리 갈망하는
영혼의 구원이요, 새로운 생명이 태어
나는 그 축복을 받음도 아니요,
21 지옥 불 속으로 달려가는 것을 어찌하
여 그리 구분하지 못하는가?
22 어리석은 백성 너희들은 그리 생각할
것이니라.
23 너희들이 천국에 오지 못하면 차라리
악한 자가 되어 지옥에 가 그 지옥 세
계에서 그 사악한 자들 속에서 사악한
자들을 지배하며 그들과 더불어 살면
될 것이라 하며, 사악한 자들이 그것
으로 위안을 얻고자 그리 생각할 것이
니라.
24 너희들이 살아가면서 선한 행위를 하
든 악한 행위를 하든 그 모두가 갈라
짐이니,
25 선한 것은 천국으로 오며 악한 것은
지옥으로 가나,
26 천국은 나 여호와가 관장하고 통제하
며 지옥은 사탄이요, 악마가 통제하여
너희들에게 지옥 속에서 얻는 기쁨을
줄 수 있으며 지옥 속에서 허덕이며
악한 자들끼리 허덕이는 삶에서 더불
어 살 수 있다 생각하나, 이는 착각임
을 알라.
27 내가 천국과 지옥으로 분리하나,
28 천국과 지옥 모두를 관장하며 통제하
고 다스리는 것은 나 여호와이니,
29 너희들이 나에게 죄를 짓고 거기 와서
악의 무리 속에서 지배자같이 또 지금
처럼 사악한 행위로 살며 악 속에서
더불어 살아간다는 생각은 꿈에도 말

라.
30 그 모두를 나 여호와가 통제하며 다스
림이니,
31 지옥 불로 간 너희들은 용서받을 수
없으며 용서하지 아니함이니라.
32 사탄의 세계에서 악한 그 즐거움을 얻
으려는 그와 같은 착각을 하지 말라.
33 그 모두는 이루어질 수 없으며 그 모
두는 생각하지도 말라.
34 지옥과 천국을 나 여호와가 다스림이
니, 천국을 다스리며,
35 그 반대의 지옥에 가 있는 자, 너희들
이 숨도 쉴 수 없는 그와 같은 무서운
형벌로써 내가 엄히 다스림이니,
36 사악한 자들이 모여 사악한 행위로 살
면 되겠지 하는 그와 같은 생각을 버
리라.
37 그와 같은 생각을 하고 지금 바른길을
가지 아니한다면 너희들은 그 고통이
어떤 것인가를 알게 될 것이니라.

4,933 번째 하나님 말씀

2003년 2월 11일 01시 06분

1 사랑하는 나의 아들아!
2 "네, 아버님! 말씀하옵소서."
3 너를 따르는 제자들이요, 나의 법전을
읽고 깨우친 백성이요, 만백성 너희들
은 들어 깨우쳐야 할 것이니라.
4 너희들은 지금 육의 세상에 살아가는
이 삶이 그저 흘러가는 육의 세상의
삶이라 그리 생각하고 살아갈 것이니
라.
5 그러나 그리 생각해서는 아니 될 것이
니라.
6 너희들이 지금 육의 세상에서 살아가
는 이 삶은 지옥과 천국의 그 어느 길
을 선택하는 것이냐는 연습의 과정임
을 알아야 할 것이니라.
7 너희들이 죽어서 지옥에 갔을 때 영원
히 천국에 올 수 없으며, 그와 같이 무
서운 그 한계의 길에서 내가 너희들에
게 지금 육의 세상에 살면서 연습의
훈련 과정을 시키는 것임을 알아야 할
것이니라.
8 이는 바로 나 여호와의 뜻이니라.
9 지금 여기서 그 훈련의 과정을 잘못
깨우치는 자, 영원히 나에게 오를 수
없음을 알라.'
10 너희는 지금 이 세상에서 내가 내려
준 모든 것을 취하며 살아가는 삶을
삶이니라.
11 이것이 세속의 삶이요, 육을 가진 너
희들의 삶이니라.
12 육을 가지고 있는 이 삶에서 선을 베
풀며, 진정한 나 여호와의 진리요, 그
참된 믿음의 길을 가고 있는 백성, 그
리고 악과 선이 부딪치는 그 속에서
악을 저버리고 선을 선택하여 살아가
는 자들은 나 여호와의 천국에 올 수
있는 삶을 지금 살아가는 것이니라.
13 너희들이 지금 이 지상에서 사는 이것
이 바로 천국의 지상에서 사는 것이니
라.
14 선한 일을 행하는 자는 똑같은 지상에
서 사나, 이 지상의 천국에서 사는 이
치를 알라.
15 아름다운 자, 선한 마음을 가지고 사
는 자는 똑같이 살아가되 이 지상이
천국의 지상인 것이니라.

16 그리하여 육의 삶이 지상의 천국의 삶
임을 알아야 할 것이니라.
17 참진리를 모르며, 선을 베풀지 아니하
며, 사악한 짓을 마다하지 아니하며,
남을 시기하고 질투하고 음해하며, 거
짓 하며, 그와 같이 남을 넘어트리며
살아가는 너희들의 바로 그 사악한 마
음은 무엇이더냐?
18 지옥으로 가는 삶을 사는 것이니, 지
금 바로 이 세상에서 지옥의 삶을 사
는 것이니라.
19 지금 이 세상의 삶을 살고 있으나, 이
세상의 지옥에서 사는 자가 바로 사악
한 짓, 악한 짓을 하고 사는 자들이니
라.
20 너희들이 사는 이 세상의 똑같은 자연
이요, 내가 만들어 준 아름다운 이 성
전에서 살아갈 때, 선함을 행하며 살
아가는 것은 이 지상의 천국에 사는
자들이요, 악한 짓을 하는 것은 지상
의 지옥에서 살아가는 자들임을 알라.
21 이것이 바로 너희들이 훈련에 돌입하
였으며, 지옥에 가고 안 가고, 하늘에
오르고 못 오르고, 천국에 오고 못 오
는 그 훈련을 지금 육의 삶에서 하고
있음을 알라.
22 이 무서운 이치를 깨우쳐 살도록 그리
하라.
23 그저 육의 삶이 하루하루 흘러가면 되
는 것이 아님이니라.
24 선행을 하는 것은 이 지상의 천국의
한 부분에서 사는 것이요, 악함을 행
하는 것은 이 세상의 지옥의 한 부분
에서 삶을 사는 것이니라.
25 내가 만든 하나의 이 지상의 낙원이
선하게 사는 자는 지상의 천국에 사는
것이며, 악한 자는 지옥의 세상에서
산다는 것을 너희들은 잊지 말라.
26 이 무서운 사실을 내가 기록하여 전하
거늘,
27 이러고도 아직도 깨우치지 못하며, 너
희들이 어떤 길을 선택하고 살아야 하
는가를 깨닫지 못한다면,
28 이 모두는 너희의 과제며 너희들의 몫
임을 알라.
29 행함에 따라서 그 육이 천국의 세상에
서 사느냐, 지옥의 세상에서 사느냐
하는 것은 지금 여기서 훈련의 과정을
잘 마쳐,
30 여기에서 두려움을 알며, 무서움을 알
며, 천국의 세상으로 올라갈 수 있도
록 지옥의 세상에서 뛰쳐나오는 자,
31 이 지상의 똑같은 나의 성전에 살되,
너희들이 사는 곳은 지옥인가 천국인
가 너희 스스로 점수를 매겨 보라.
32 선한 일을 많이 하고 사는 것은 일단
이 지상의 천국에서 육신이 사는 것이
요, 악한 짓을 많이 하는 것은 이 아름
다운 지상의 지옥의 일부분에서 지금
지옥의 생활을 한다는 것을 알라.
33 육을 가지고 천국과 지옥을 살아가는
그와 같은 삶에서 너희들이 지금 나로
부터 훈련을 받고 연습하는 것은,
34 다음에 사후 세계의 진정한 영혼이 사
는 그 천국과 지옥을 구분하는 훈련의
기간이며, 너희들에게 연습을 시킴이
니,
35 그 연습 기간에 소홀히 하고 게을리하
여, 악이 무엇인지 모르며 선이 무엇
인지 모르고 무분별한 그와 같은 백성

으로 살지 말라.
36 지금 내가 모든 종교 집단의 문을 닫으며 그들을 단죄하는 것이 무엇인 줄 아는가?
37 나 여호와처럼 분별할 수 있는 사랑하는 나의 백성을 분별치 못하게 하는 것이 그들이니,
38 그들로 하여금 지금 이 지상의 아름다운 세상에서 지상의 지옥으로 살아가는 것이 믿음의 길을 가는 그 신도들이요, 종교 집단이요, 종교 지도자들이 그리하고 있음이니,
39 그를 단죄하고자 하는 것이 나 여호와의 뜻이니라.

4,934 번째 하나님 말씀

2003년 2월 11일 01시 15분

1 사랑하는 나의 아들아!
2 "네, 아버님! 말씀하옵소서."
3 내가 사랑하는 너의 제자들이요, 나의 성전에 와 나의 강론을 듣는 백성, 그리고 만백성에게 너는 전해야 할 것이니라.
4 너희들이 살아가는 이 지상의 아름다움이요, 내가 만든 이 성전에 너희들이 살아가고 있음이니,
5 지금의 삶과 행함을 한번 점검해 보라 내가 그리 말하였음이니라.
6 너희들이 지금 똑같은 삶을 살되, 선하고 아름다움을 행하는 것은 이 지상의 천국에서 사는 자들이요, 악한 자는 지상의 지옥에서 산다 그리 말하였음이니,
7 너희들은 지금 어느 세상에서 살고 있는가를 스스로 엄격히 점검해 보고 두드려 봐야 함을 내가 깨우쳐 줌이니, 이를 행하도록 그리하라.
8 너희들이 이리 행하지 아니하면 영원히 구원을 받을 수 없음을 알라.
9 너희들이 천국의 세상에서 살지 못하며 지옥의 세상에서 살고 있다면,
10 그곳에서 바로 천국의 세상으로 나오도록 그리 노력하는 훈련을 해야 할 것이며,
11 그리 노력하여 나오지 아니한다면 지옥의 세상에 떨어져 영원히 사는 그 지옥에서 나올 수 없음을 알라.
12 지금 내가 나의 아들을 통하여 너희들에게 다시 가르침이니,
13 지금 이 지상에 살면서 지옥에서 사는 자, 천국의 세상으로 나오는 그 훈련이요, 그 역사를 이루지 못한다면,
14 너희들은 죽어 나에게 심판을 받을 때, 너희들이 정녕 지옥에서 도저히 구원할 수 없으며, 나올 수 없으며, 용서받을 수 없으며,
15 영원히 지은 그 죗값을 치르고 사는 것이 너희들이 죽어 와 나에게 심판을 받는 그 순간에 이루어지는 것이니라.
16 그러니 내가 너희들을 얼마나 사랑하면 너희들에게 이 무서운 기회를 주었겠는가?
17 지금 너희들이 지옥의 세상이요, 이 지상의 지옥에서 산다면, 거기에서 뛰쳐나오며 거기에서 너희 자신이 나와야 하며,
18 거기에서 나와 구원의 길이요, 지상의 천국에 와서 살도록 하라.
19 너희들의 육이 지옥의 세상에서 사는

것을 육을 천국으로 끌어올려 살 수
있는 것은 여기에서만이 할 수 있음이
니라.
20 너희들이 육을 가지고 있는 지금의 세
상에서 악의 구렁에서 뛰쳐나와 육을
가지고 있는 천국의 세상에서 사는 자
는 바로 죽어서 나에게 구원을 받는
자며, 지옥이 아니라 천국으로 갈 수
있는 것이니,
21 여기서 이 소중하며 귀중한 시간을 소
홀히 하지 말라.
22 오늘의 삶을 두려워할 것이며 무서워
하라.
23 너희들은 백 년도 안 되는 삶 속에서
인간 세속에 육의 향락을 위하여 사는
육을 가진 이 지옥의 세상에서 뛰쳐나
올 수 있으며 헤어날 수 있으며 도망
나올 수 있거늘,
24 여기서 기회가 있을 때 너희들이 지옥
의 세상에 사는 이곳에서 뛰쳐나와 육
의 세상의 천국에 오른다면,
25 그것은 죽어 와 나에게 심판을 받아서
지옥에 갔을 때 영원히 구원할 수 없
는 것을 지금 구원을 받는 것이니라.
26 너희들이 죽어 나에게 와 심판을 받고
나면 영원히 나올 수 없으며 용서받을
수 없으며 헤어날 수 없는 그 고통스
러운 지옥에서 나오지 못함이니,
27 지금 육의 세상의 지옥에서 나와 육의
세상의 천국에 올라오라.
28 그것이 얼마나 소중하고 위대한 것이
며 얼마나 중요한 것인가를 너희들은
모르나니,
29 너희들에게 그와 같은 기회를 주었으
며, 그와 같이 훈련의 기한을 주었으
며, 너희들이 악에서 뛰쳐나올 수 있
는 이 영광의 기회를 준 나 여호와가
너희들을 얼마나 사랑하고 아끼는가?
30 그와 같은 기회를 준 것은, 내가 하늘
의 비밀이요, 하늘의 뜻을 마지막 시
대에 나 여호와가 임했기에, 나의 사
랑하는 아들을 통하여 나의 법전에 이
리 기록하여 이를 상세히 전하거늘,
31 이 무서운 것을 모르며 깨닫지 못하는
너희들이 어찌 되는지 알겠는가?
32 너희들은 내 앞에 와 나를 원망하지
못하며, 나에게 항변하지 못하며, 나
에게 핑계 댈 수 없음을 알아야 할 것
이니라.
33 그리하여 너희들이 이를 깨닫지 못하
여, 내가 나의 아들을 통해 밤과 낮을
가리지 아니하며 너희들이 보고 깨우
칠 수 있는 나의 법전을 세상에 내려
보내거늘,
34 어찌하여 너희들은 바로 보고 깨우치
지는 못할망정, 그리고 만백성을 인도
하지는 못할망정,
35 나의 아들을 사탄이요, 마지막 시대에
오는 거짓 선지자요, 나의 법전이 지
옥 불로 너희들을 이끌고 능멸하는 것
이라 그리 매도하고 가르치며, 나의
피조물 만백성의 눈을 막고 귀를 막아
그들이 구원의 길을 오고자 하는 것도
막는가?
36 그들이 마지막 육이 살아 있을 때 지
옥에서 헤어날 그 기회를 어찌하여 그
들에게 주지 못하며, 막으며, 그들이
보지 못하게 하는가?
37 사랑하는 나의 아들딸들아, 너희들은
들어야 할 것이니라.

38 너희들의 육의 삶이 지금의 육의 세상
의 지옥에서 뿌리쳐 나와 이 세상의
지상의 천국으로 육이 살았을 때 올라
오지 못한다면 영원히 나올 수 없으며
구원을 받을 수 없음을 알라.
39 누구도 구원해 줄 수 없으며, 나 여호
와도 구원해 줄 수가 없음이니라.
40 공의의 하나님이요, 모두를 엄정히 다
루는 나 여호와는 너희들을 구원해 줄
수 없으니,
41 지금 바로 지상에서 내가 훈련시키며
연습시키는 이곳에서 지옥에서 뛰쳐
나오도록 그리하라, 사랑하는 나의 백
성들아!
42 너희들은 어차피 한번은 겪어야 할 길
이니라.
43 육의 세상에 있는 지금 그 사악한 것
을 뿌리치며,
44 그 육의 세상의 지옥에서 육의 세상의
천국으로 와 나의 품에 안기도록 그리
하라.
45 천기요, 하늘의 비밀을 너희들을 사랑
하기에 이리 전하거늘, 어찌하여 이를
깨닫지 못하며,
46 나 여호와의 은혜요, 내가 내리는 축
복과 사랑에 감사하는 마음을 모르고
어찌 그리도 어리석고 불쌍한 그 길을
달려가며 그와 같은 삶을 사는가!
47 사랑하는 나의 백성들아, 눈을 뜨라.
48 그리고 나의 아들을 통하여 내리는 나
의 강론을 들으라.
49 귀를 씻고 들으라.
50 그리고 나의 법전을 눈을 비벼 밤을
새워 읽고 또 읽고 정독해서 내가 원
하는 그 뜻을 깨우치며,
51 혼자 기도하고 경배하는 것을 내가 들
어준다는 것을 들으라.
52 장삿속 같은 정당의 연설장이요, 아비
규환같이 이루어진 너희들의 그 성전
에서 기도하는 것은 개구리가 우는 소
리만도 못하다 내가 했으니, 이를 깨
우치라, 사랑하는 나의 아들딸들아!

4,935 번째 하나님 말씀

2003년 2월 11일 07시 13분

1 사랑하는 나의 아들아!
2 "네, 아버님! 말씀하옵소서."
3 너희들이 육의 세상에 살아가는 삶에
서 생각 하나 바꾸면 그것이 바로 천
국과 지옥의 갈림길에 서 있는 것이니
라.
4 그 마음이요, 생각 하나를 다스리는
것에 달렸으며,
5 지옥이라는 그 영원히 견딜 수 없는
고통으로 가는 길과, 또 천국이요, 너
희들이 그리도 갈구하는 나의 품에 올
수 있는 그와 같은 영광의 길은 마음
하나요, 생각 하나 다스리기에 달렸으
며, 거기에 따라 움직이는 것이니라.
6 그러니 너희들의 마음 자세가 얼마나
소중한 것인가?
7 또한 그 마음에 따라 행동하고 자신을
자제하며 다스릴 수 있는 것, 그것이
지상의 삶이요, 이 세상에서 살아가는
가장 중요한 것이거늘,
8 그와 같은 마음이요, 생각을 다스리지
못하며 영원히 헤어날 수 없는 지옥
불에 가 고통을 당하는 길을 선택할
것인가,

9 그와 같은 길이 아니요, 육의 세상에
서 마음을 바로잡고 바로 다스려 영
광의 하늘에 오르는 길이요, 천국의
문을 들어설 수 있는 그 영광을 얻을
것인가?
10 이것은 너희들의 마음에 달렸음이니
라.
11 그러니 지금 지상에서 사는 그 육의
세상에서, 천국의 세상에 사는 삶을
사느냐 지옥의 세상에서 사느냐 그것
이 가장 중요하다 하였음이니,
12 그 모두를 다스리고 선택하는 것은 마
음 하나 먹기에 달렸음이니라.
13 지금의 육에 어떠한 고통과 어떠한 시
련이 있다 하여도, 너희들이 지옥 불
에 가 영원히 사는 그 고통만은 못함
이니,
14 너희들이 지금의 지상의 세상에서의
삶을 바로 살아야 할 것이니라.
15 너희들이 지상의 천국의 세상에 사는
그 길에서 살아야 할 것이며, 지상의
악의 세상에서 살아서는 아니 됨이니,
16 지금 악의 세상에서 허덕이는 것이 나
의 피조물 만백성 너희들이니라.
17 그러니 여기서 자신 있게 용기 있게
뛰쳐나오는 자가 나에게 오르는 그 영
광을 얻음이니라.
18 지금 육의 세상에 있는 이때 너희들이
바로잡지 못하며 자신을 다스려 놓지
아니한다면, 영원히 영원히 다스릴 수
가 없으며, 너희들은 나에게 올 수 없
으나,
19 그것 또한 마음 하나 먹기에 달린 것
이니, 이를 깨달아 행하도록 그리하라.
20 너희들이 지금 육의 세상에서 악을 다
스리며 선을 선택하며, 이 지상의 악
의 세상에서 천국의 세상으로 오는 것
은 아무것도 아님이니라.
21 너희들이 잘못 살아와 나에게 받는 그
벌에 비하면 그 고통은 아무것도 아니
니라.
22 너희들이 바로 서고 용기 있는 삶을
살도록 그리하여야 할 것이니 잊지 말
라.

4,936 번째 하나님 말씀

2003년 2월 11일 07시 18분

1 사랑하는 나의 아들아!
2 "네, 아버님! 말씀하옵소서."
3 너희들은 똑같이 이 세상 세속에서 살
아감이니라.
4 그러니 지금 너희들처럼 나의 법전을
읽고 깨우치며 나의 아들의 강론을 들
어 변하고 또 변하는 것은 너희들 스
스로 검증받는 것이 아니던가?
5 이 세상에서 검증받아 지상의 천국의
세상에 살고자 발버둥치는 자와 지상
의 지옥에서 사는 백성,
6 이 지상의 지옥에서 탈출하는 백성과
거기서 탈출하지 못하는 그 백성은 결
국 무엇이던가?
7 자기 자신의 노력에 의하여 자기 생
각에 따라 검증을 받는 것이 아니던가?
8 검증을 받지 아니하는 자, 이 세상의
지옥에서 탈출하지 못하는 백성과, 지
금 검증을 받아 지옥에서 탈출한 그
백성과,
9 과연 죽어 누가 지옥으로 가며, 천국
이라는 나 여호와에게 오는 그와 같은

영광을 얻게 되겠는가?
10 너희들은 지금 인생사에서 살아가는
그 예를 하나만 보아도 정답을 알 것
이니라.
11 그와 같은 간단한 이치를 모르고 행하
지 아니하고 있음이니,
12 학생이라는 자가 예비 시험이라는 것
을 수없이 치르며 연구한 학생과, 한
번도 그를 치르지 아니하고 방탕한 생
활을 해 온 학생이 정녕 시험지라는
것을 놓고 거기에 임할 때,
13 과연 어떠한 학생이 유리하겠는가, 그
리고 어떠한 학생이 좋은 점수를 얻겠
는가?
14 수없이 예비 시험을 봐 왔으며 노력한
그 학생이 승자가 되는 것은 당연하
며, 한 번도 예비 시험을 접하지 못한
그 학생이 떨어지는 것은 당연하니,
15 어찌하여 너희들은 이와 같은 이치 하
나도 깨우치지 못하는가?
16 그게 바로 노력하는 사람이 되라 함이
니라.
17 너희들이 노력하고 또 노력하여 지상
의 지옥에서 탈출하는 그와 같은 검증
받는 삶을 살라는 것이 과연 어떠한
은혜를 받는 것이던가?
18 운동선수로서 세상에 그 명성을 날리
는 자 또한 어떠한 자가 그와 같은 영
광을 얻겠는가?
19 피나는 고통 속에 연습과 연습을 거듭
한 사람만이 그 영예의 영광을 얻을
것이니라.
20 연습하지 아니하며 게을리 살아온 자
가 어떤 영광을 얻을 수 있다 생각하
는가?
21 똑같은 조건에서 시합을 치를 때, 연
습을 수없이 하며 훈련의 그 고통을
이긴 선수가 이기겠는가,
22 그저 방탕한 생활로 그저 흘러가는 대
로 살며 몸을 다스리지 아니한 자가
그 시합에서 이기겠는가?
23 엄연히 이미 답은 나와 있음이니라.
24 그리고 누가 유리하며 누가 승자인지
는 이미 나와 있거늘,
25 너희들의 인생에 사는 삶이 그와 같이
정답이 다 나와 있느니라.
26 정답이 나와 있는 그 삶에서 지금 어
찌 살아가는가 스스로 보고 구원을 받
으라 함이니라.
27 너희들은 나로부터 생명을 받아 나가
육의 세상의 중간 삶이 결국 죽음을
향하여 그 죽음 앞에 살아가는 그와
같은 정해진 삶을 살면서,
28 어찌하여 거기서 헤어나지 못하고, 그
정해진 결과가 나와 있는 삶의 육의
행복과 부귀와 영화 그 모두를 다 버
리지 못하는 어리석은 그와 같은 삶을
사는가?
29 이제 너희들이 깨우칠 때가 되었음을
알아야 할 것이니라.
30 내가 나의 법전에 이리 상세히 기록하
여 너희들에게 전함이니,
31 그래도 깨우치지 못하는 자, 너희들은
나로부터 구원을 받을 수 없음을 알라.
32 구원을 받지 못하는 것이 얼마나 고통
스럽고 무서운 시련인가를 알 날이 머
지않았음이니라.

4,937 번째 하나님 말씀

2003년 2월 11일 08시 36분

1 사랑하는 나의 아들아!
2 "네, 아버님! 말씀하옵소서."
3 너희들에게 작은 이치의 깨달음으로서, 자식을 가르치되 생선을 잡는 방법을 가르치지 아니하며 그 먹는 방법을 가르치는 자가 어리석은 자라 말하였느니라.
4 지금 나의 피조물 만백성 너희들이 세상사 살아가는 것 또한 그러하니라.
5 너희들이 스스로 깨우쳐 이루고 삶을 살지 아니하며, 권력 있는 자의 그늘에서 비호를 받으며 집단의 비호를 받는 그와 같은 인생을 살아간다면,
6 자기 스스로 일어날 수 있는 자력이 없어짐이니,
7 그 비호 세력이 영원히 존재하지 못하며, 영원히 그 비호 세력 아래 기생할 수 있는 것은 아니지 않은가?
8 그 비호 세력이 넘어졌을 때, 그는 무참히 쓰러지며 무너지게 되어 있음을 너희들은 알아야 할 것이니라.
9 나의 아들을 통하여 너희들을 깨우치고자 이루었던 그 역사 또한 무엇이던가?
10 나의 아들이 그 기적의 역사를 이루니, 그 제자들은 감히 나의 아들 예수를 따를 수 없다 생각하였으니,
11 그는 하늘에서 온 자요, 저희들은 지상에서 난 자라는 그와 같은 생각을 하고 있었기에 나의 아들 예수와 같은 마음으로 변할 수가 없었음이니라.
12 나의 아들이 세상에서 3년이라는 그 기간에 역사를 이루고 죽어 갔음이니,
13 그 후에 그 역사가 없는 지금 2천 년의 세월이 흘러온 다음에 너희들의 삶은 과연 어찌 되었던가?
14 너희들은 그 역사를 이루며 그 역사를 가진 자가 세상에 나오기를 바라고 있음이니,
15 예수가 죽고 나니, 너희들이 나의 아들 예수가 기적을 이루었던 그 비호 세력이요, 능력을 이루었던 그 힘의 세력이 없어 지금 2천 년 동안에 이와 같이 사악한 형국으로 흘러왔음이 아니던가?
16 지금 너희들이 나의 아들로 하여금 기적을 이루며 역사를 이루며, 예수에게 이루었던 그 기적처럼 이루기를 바라나,
17 나 여호와가 그리할 수 있으나 그는 아니 됨이니라.
18 나의 아들은 이 세상에 사는 기간이 33년이요,
19 그가 살다 죽어 간 그다음에 그 기적이 이루어지지 아니한다면, 너희들은 지금 2천 년 전에 예수가 이루었던 그 기적을 환상 속에 그리면서 그 역사를 바라듯이,
20 내가 천 년에 걸쳐 새로운 시대요, 새 역사를 이루고자 하는 그와 같은 나의 피조물 만백성은,
21 나의 아들이 살다 죽어 간 것처럼, 오늘의 제자 너희들이 또 죽어 가는 것처럼,
22 그들은 흘러가는 물처럼 죽어 가고 또 유명을 달리하고 또 새로 태어나는 그 후손들은 지금의 그 역사를 또 바라며

그것만을 바라는,
23 비호 세력을 바라는 자와 같이 비호
세력의 보호 아래 살아가려는 그와
같은 백성으로 전락함이니,
24 그리하여 지금 내가 나의 아들을 통하
여 기적과 그 역사를 이루지 아니하며,
25 오로지 자생할 수 있도록 자식을 가르
치는 올바른 가르침처럼,
26 내가 나의 성령이요, 나의 법전이요,
나의 뜻을 세상에 내보내 이를 보고
너희들이 굳건히 깨우쳐 스스로 다져
오는 그와 같은 변화가 될 때는 오늘
의 나의 법전을 읽고 깨우친 백성이
천 년 후에도 똑같이 그 법전을 읽고
깨우침이니,
27 오늘의 내가 나의 아들에게 기적을 이
루며 역사를 이루는 대변화를 이루었
을 때,
28 천 년 후에 너희들은 나의 법전의 소
중함이요, 그것이 하늘에 오르는 길이
요, 나의 성령의 뜻이라기보다,
29 그 기적을 이루는 자, 그 기적의 역사
를 이루는 자가 세상에 또 오기를 바
라고 바랄 것이니,
30 스스로 살아가는 자생 능력이 아니요,
비호 세력에 의해 살아가는 그와 같은
사람들처럼 너희들의 마음과 행동이
그리되기 때문에, 내가 그 역사를 이
루고자 아니 함이니라.
31 다만, 내가 필요로 할 때, 나의 아들에
게 역사할 수 있는 것은 내가 그때그
때 그를 이루며 내가 거둬들임이니,
32 죽은 자를 살리는 역사요, 앉은 자를
일으켜 세우는 역사요, 그러한 역사로
써 내가 지금 나의 법전을 세상에 전
한다면,
33 나의 아들이 33년 동안 살다 늙어 그
가 죽었을 때, 너희들은 비호 세력의
그늘에 기생하여 살던 자가 그 비호
세력이 무너지고 죽으면 그는 허수아
비가 무너지는 것같이 무너지니,
34 나의 법전이요, 160권의 법전이 그와
같이 되기 때문이니라.
35 그리하여 내가 너희들에게 그와 같은
기적의 역사를 이루지 아니하며,
36 오로지 나의 법전이요, 나의 성령을
보고 깨우쳐 바로 서는 백성으로 가게
하면,
37 나의 법전을 보고 깨우친 백성, 그들
은 영원히 천 년 동안에 그리 변화될
것이며,
38 그들이 오로지 나의 법전을 가지고 깨
우치며, 법전을 가지고 공부하고 연구
하며, 그 뜻에 살아가면 너희들이 나
의 아들과 똑같이 된다는 그 깨달음을
얻게 될 것이니라.
39 내가 나의 아들 예수를 통하여 예수와
같이 사는 자는 나의 아들딸이라 그리
말하였음이니,
40 너희들은 나의 아들이 기적을 이루는
그 역사를 보고 하늘에서 온 자요, 너
희들은 지상에서 난 자라 하여 너희들
이 예수와 같은 삶을 살고자 하는 생
각을 못 했으니,
41 지금의 너를 따르는 제자들이요, 나의
법전을 읽는 만백성 너희들은 알아야
할 것이니라.
42 나의 아들이 지금 나의 성령이요, 나
의 뜻을 받아 새로운 성경이요, 법전
을 만들어 세상에 내나,

43 나의 법전을 읽고 깨우치는 자는 나의
아들딸이요, 곧 나의 아들과 똑같이
나로부터 사랑과 은혜를 받는다는 것
을 잊지 말라.
44 그리하여 법전을 정독하여 깨우침을
얻으라 함이 여기 있느니라.
45 내가 나의 아들에게 기적의 역사를 이
루어 너희들을 다스리고 만백성을 모
아 준다면,
46 나의 아들이 죽고 난 다음에 그 모두
는 다 타서 재가 되는 것처럼 너희들
은 스스로 무너지며,
47 또 나의 아들과 같은 기적을 이루는
자가 다시 세상에 오기를 기다릴 것이
니,
48 나의 법전은 뒷전으로 묻힐 것이며,
너희들은 그것을 또 기다리고 살 것이
니라.
49 그것이 나 여호와의 뜻이며, 역사하는
것이요, 그리고 내가 보낸 백성이라
그리 믿고 또 그를 기다릴 것이며, 또
재림할 것이라 그리 믿을 것이니,
50 이제 내가 그와 같은 역사를 내려 주
지 아니함이 여기 있느니라.
51 오로지 나의 법전을 보고 스스로 깨우
치는 그 백성이 백 년이요, 천 년이요,
2천 년이 흘러간다 하여도 오로지 그
를 가지고 바로 나에게 오를 것이니라.
52 너희들이 성서를 가르치는 지금의 교
육 방법이 무엇이던가?
53 나의 아들 예수의 보혈로써 구원을 받
는다며 그가 이루었던 그 역사를 재탕
하고 또 가르쳐, 그 기적의 역사로써
나의 백성을 혼란케 하며 나의 백성을
그리 이끌어 감이니,
54 나의 아들 예수가 그 기적을 이룬 것
은 그때는 계주에서 중간에 달리는 선
수처럼 그 중간 역할을 하는 그 시대
에 그것이 필요하였으며,
55 모세의 시대에는 또 그때대로 그것이
필요했던 것이었으며,
56 노아의 방주를 만들었을 때는 그 방주
가 필요했듯이,
57 지금은 나의 아들을 통하여 내리는 나
의 법전이요, 이것이 필요한 것이며,
이 법전을 위주로 살아가야 하며, 이
법전만이 영원히 존재함을 알아야 할
것이니라.
58 그리하여 천 년에 걸쳐 변함없이 꾸준
히 역사하며 변화되는 삶을 살 것이며,
59 지금 나의 아들이 기적을 이루며 내가
역사를 이루면, 그 환상에 젖어 너희
들은 법전의 위대함을 모를 것이며,
60 생명이요, 구원의 빛이요, 하늘에 오
르는 그 모든 진리가 여기에 다 있음
이거늘, 그를 보지 아니하며 등한시할
것이며, 또 이를 왜곡되게 공부할 것
이니라.
61 그리하여 내가 너희들에게 법전을 읽
고 깨우쳐 나 여호와의 뜻을 알라 함
이니,
62 너의 제자들은 그와 같은 마음자리를
갖도록 그리하라.
63 그 이상 그 이하도 바라지 말며, 법전
에 있는 대로 깨우쳐,
64 너희 후손들도 법전을 보고 깨우쳐 바
로 서는 백성이 될 수 있도록 하는 그
길만이 너희들이 바로 가는 길임을 알
라.
65 기적의 역사를 이루고 안 이루는 것은

나 여호와의 뜻이며 내가 주관하는 것
이며,
66 너희들을 구원하고 안 하고, 천국의
문을 열고 안 여는 것은 나 여호와의
고유 권한이듯이, 내가 알아서 행함이
니,
67 너희들이 그를 바라며 생각하지 말라.
68 그리하여 바람을 이루어 나에게 많은
백성이 모인다 해도, 그들은 천 년이
가기 전에 다 죽어 세상에서 육은 흙
으로 돌아감이니,
69 그들이 보고 들은 그 기적은 그저 역
사 속에 전해지는 것으로 흘러감이니,
그저 환상 세계의 가르침으로 남게 됨
이니,
70 나의 법전이 실존함을 너희들이 보지
못하기에 내가 그 길을 선택하지 아니
함을 알라.

4,938 번째 하나님 말씀

2003년 2월 11일 08시 43분

1 사랑하는 나의 아들아!
2 "네, 아버님! 말씀하옵소서."
3 나의 아들을 통하여 내리는 새로운 성
경이요, 나의 법전이요, 너희들의 심
판의 기준인 나의 책이 세상에 나감이
니,
4 이 새로운 성경을 핍박하는 자, 그리
고 찢어 버리는 자, 그리고 사탄의 장
난이라 하여 태워 버리는 자,
5 그리고 대환란의 힘으로 저희들 집단
의 무력의 힘으로써 나의 아들을 존재
치 못하도록 하며 세상에 뿌리를 내리
지 못하도록 핍박하는 자,
6 그와 같은 대환란의 짓을 하는 자들을
너희들은 두려워하지 말며 겁먹지 말
라.
7 너희들이 그들로 인해 주저하며 용기
를 잃고 주저앉는 그와 같은 삶을 살
아서는 아니 됨을 알라.
8 그들이 아무리 무력이요, 집단의 힘으
로써 너희들을 핍박한다고 해도,
9 그들은 나의 백성이 아니며 참진리의
길을 가는 백성이 아니며 저희들이 가
는 길 그 자체도 모르고 있음이니라.
10 나의 새로운 성경이요, 나의 법전을
읽으며 내가 나의 아들을 통하여 내리
는 강론을 듣는 백성, 너희들은 바로
어떠한 자들인가?
11 이 세상의 만백성을 구하고자 나 여호
와로부터 명받은 자들이며,
12 너희들이 가는 길이 천국에 오르는 길
임을 알라.
13 너희들이 접하고 있는 나의 법전이요,
내가 새로 내린 성경이 과연 무엇인
줄 알겠는가?
14 천국의 문을 여는 열쇠이니라.
15 천국 문의 열쇠를 갖고 있는 나의 백
성으로 선택된 자들이니, 너희들이 무
엇이 두려우며 무서운 것이 있다 생각
하는가?
16 오로지 나의 법전만이 천국의 문을 여
는 열쇠임을 알라.
17 나의 법전대로 살고 행하는 자만이 나
에게 심판을 받아 그 심판에 따라 구
원을 받음이니,
18 나의 법전대로 사는 너희들이 하늘의
문을 여는 그 소중한 열쇠를 가지고
있는 것이니 그리 알라.

19 그 열쇠가 무엇인지도 모르며 열쇠를
갖지도 아니한 자들이 천국의 문을 여
는 것처럼 그와 같이 광란의 짓을 하
고 있으나,
20 그들은 저희 자신이 두렵고 무섭기에,
새로운 성경이요, 나 여호와의 새로운
진리가 내려갔을 때, 그를 듣지 못하
며 보지 못하며 두려워 공포에 떠느니
라.
21 저희들이 공포에 떠는 마음과 두려운
마음을 무력으로써 행사하고자 하며,
너희들이 세상에 존재치 못하도록 하
며,
22 저희들이 그를 파괴시켰을 때, 그는
진정 나 여호와의 뜻이며 위대한 힘이
라 그리 나의 백성을 현혹할 것이니라.
23 그러나 너희들은 주저하지 말라.
24 절대로 너희들은 지는 자가 아니며 패
자가 아님이니라.
25 오로지 승자요, 모두를 이기는 자는
너희들이니라.
26 천국의 열쇠를 가지고 있는 것보다 더
소중한 것이 어디에 있는가?
27 아무리 뭐라 말하고 설친다 하여도,
진정한 참진리요, 정의로움을 가지고
있다면 두렵지 아니한 것이 인생의 삶
이 아니던가?
28 남들이 너희들에게 아무리 도둑의 누
명을 씌우며 살인자의 누명을 씌운다
하여도,
29 너희들이 살인하지 아니한 당당함이
있으며 도둑질하지 아니한 당당함이
있으면, 그보다 더 위대한 것이 없으
며, 그는 반드시 승자가 되게 되어 있
지 않은가?
30 하늘에 천국의 문을 여는 열쇠요, 너
희들이 그를 위하여 모두를 살아가며
그를 갈구하며 그를 위하여 너희들이
지금 모두를 다 바치며, 육의 세상의
삶을 다 포기하다시피 하며 거기에 매
달려 사는 것이 아닌가?
31 그 천국의 문의 열쇠는 바로 나의 법
전이니, 나의 법전을 접한 백성이 그
열쇠를 가지고 있는 너희들이니, 무엇
이 두려우며 겁먹을 게 있는가?
32 주저하지 말며, 용기를 갖고 너희들이
나의 법전을 전하여 만백성에게 길을
열어 주도록 그리하라.
33 아무리 핍박하며 환란의 짓으로 너희
들을 공격한다 해도, 이는 넘어지지
아니할 것이니 그리 알라.

4,939 번째 하나님 말씀

2003년 2월 11일 08시 49분

1 사랑하는 나의 아들아!
2 "네, 아버님! 말씀하옵소서."
3 수천 년 동안 흘러내려 온 그 종교 집
단이 나 여호와의 진리요, 참뜻을 계
승하여 만백성을 가르치고 깨우친 것
이 아니라,
4 나의 아들 예수가 벽돌 한 장도 남기
지 않고 다 부숴 버리겠다는 그 교회
요, 성전이라는 그 형태만을 지금 계
속 계승해 오는 것이니,
5 너희들은 속은 다 잊어버리고 겉만 가
지고 지금 겉의 외양에 의하여 흘러오
는 그와 같은 믿음의 형국이니라.
6 그리하여 너희들이 지금 가는 그 길이
잘못되었으니, 이제는 알찬 믿음이요,

속이 찬 믿음의 길을 가라는 것이니라.
7 그리하여 너희들을 그리 깨우치고자
하는 것이 나 여호와의 뜻이니라.
8 너희들이 지금 가고 있는 것은 진정
나에게 오르는 길이요, 하늘에 오르는
길이 아님을 알라 내가 그리 말하니,
9 많은 백성이 분노할 것이며, 그와 같
이 말하는 나의 아들을 존재치 못하도
록 하고자 할 것이나,
10 너희들은 지금의 그 믿음이 순수한 나
의 진리를 가르치는 것이 아니요,
11 나의 사랑하는 백성들 위에 너희들이
군림하는 것이며,
12 그들을 지배하고 통제하며, 종과 같이
말 한마디에 움직이며, 그리고 재물을
갖다 바치라 할 때 서슴없이 바치는
그와 같은 백성으로 관리하고 통제하
면서 그들에게 군림하는 제왕과 같은
그 자리가 너무나 즐겁고 행복하기에,
13 거기에 모두를 다 바치고 가는 자이니
라.
14 너희는 정녕 그렇지 않다 말하며 또
분노할 것이니라.
15 그러나 너희들은 알아야 할 것이니라.
16 너희들이 그와 같이 진정 하늘에 오르
는 길이라면 성령으로써 그득히 채워
져 있어야 할 것이며,
17 한 점의 부끄러운 행위를 해서도 아니
되며, 그와 같은 삶을 살아가서도 아
니 되는 것이니라.
18 하늘을 향하여 한점의 부끄러운 행위
를 하고 살아가는 종교 지도자 너희들
은 있어서는 아니 될 자이니,
19 진정한 성령으로 가득 채워져 그 성령
으로써 만백성을 다스리는 것이 아니
요,
20 그저 외형적인 것에만 젖어 있는 빈
깡통인 것이 너희들이니라.
21 지금 종교 집단이 이끌어 가는 것은
빈 깡통의 형국이요, 그 속에 차 있는
것은 아무것도 없는 것이 너희들이 지
금 가르치고 있는 것이니라.
22 세상사 사랑하는 나의 피조물 만백성
을 가르치는 선생이라는 자 중에 정답
을 모르고 가르치니, 그들을 뭐라 말
하느냐?
23 어용의 선생이라 그리 말하느니라.
24 그들은 차라리 있는 것보다 존재하지
않는 것이 더 낫다 말하듯이,
25 지금의 모든 종교 집단 너희들이 차라
리 없는 것이 나았음을 알아야 할 것
이니라.
26 너희들이 있기에 나의 피조물 만백성
을 지옥으로 이끌고 가며, 육의 세상
에서 바로 사는 삶도 깨우쳐 주지 못
하며, 그를 막고 있음이니라.
27 지금 내가 너희들에게 가르쳐 이르기
를, 육의 세상의 삶이 무엇이라 말하
였는가?
28 너희들이 육의 세상에서 아름답게 사
는 것은 지상의 천국에서 사는 것이
요, 악한 짓을 하고 사는 것은 지상의
지옥에서 사는 것이라 하였음이니,
29 너희들은 나의 피조물 만백성이 지옥
인지 천국인지 그것도 분간할 수 없도
록, 그저 너희들이 이끄는 사악한 종
교 집단이요, 죄의 온상에서 지옥으로
끌어가며 그들을 데려가고 있음이니,
30 너희들이 그리 이끌고 가는 그 죄가
얼마나 무서운 것인가를 알아야 할 것

이니라.
31 너희들은 사랑하는 나의 피조물 만백
성을 구원의 길로 가게 하려고 그들을
인도하며 그들을 가르치며 그들을 깨
우치는 것이 아니라,
32 그들을 제압하며 그들 위에 군림하여
제왕으로서 대우를 받고자 하는 거기
에 맛들려 있으며, 그것의 즐거움 때
문에 모두를 버리지 못하는 자가 아니
던가?
33 그와 같은 생각을 하지 아니하고 진
정한 믿음의 길을 간다면, 너희들 앞
으로 재산을 모을 것도 없으며, 너희
들의 이름으로 재산을 해 둘 필요도
없으며,
34 또한 자식이 대대손손 그와 같이 군림
하도록 그를 역사하고자 하지 않을 것
이니라.
35 종교 지도자는 학식으로써 하는 것도
아니요, 종교 지도자는 계통을 밟아서
하는 것도 아니니라.
36 오로지 나 여호와로부터 선택된 자가
종교 지도자가 될 수 있음이거늘,
37 너희들은 종교 지도자를 인간의 제도
로써 억지로 만들어 세우느니라.
38 너희들이 인간 세상에서 일정한 교육
의 이수 과정이라는 것을 정해 놓고,
그를 마친 자가 무조건 종교 지도자로
서 설 수 있도록 그 문을 개방하였음
이니,
39 그것은 종교 지도자가 아님이니라.
40 더욱이 너희들이 얼마나 사악한 자들
인가?
41 하늘에 오르는 참진리를 깨우치는 것
은 나로부터 선택된 백성만이 그 교단
에 서서 나의 피조물 만백성에게 설교
하고 가르쳐야 하거늘,
42 너희들은 너희 자식으로 하여금 그 종
교 집단을 계승하도록 하며, 너희들이
만백성 위에 군림했던 그 호화롭고 즐
겁고 행복했던 육의 삶을 자식에게 물
려주려 한다면,
43 너희들은 이것이 진정한 종교 지도자
라 말하는가?
44 너희들 자식이라 해도 종교 지도자의
자격이 없으며 그를 다스릴 수 있는
능력을 나로부터 받지 아니한 자는 그
모두를 계승할 수가 없거늘,
45 너희들은 그 계승에 계승이요, 또 그
와 같은 폐습을 가지고 있으니,
46 얼마나 너희들이 믿음과는 관계없이
육의 안일한 삶을 위해 살아가는 것인
가?
47 죽어 한 줌의 흙으로 돌아가는 그 결
정된 삶을 위하여 모두를 바치고 살아
가는 것이 어리석은 너희들임을 알라.
48 그리하여 너희들이 잘못된 종교 집단
이며,
49 진정한 진리요, 하늘에 오르는 그 아
름다운 길을 가지 않는 백성이라 내가
너희들에게 말함이니,
50 여기에 대답할 말이 있으면 한번 나
여호와에게 대답해 보도록 그리하라.
51 나의 아들을 핍박하지 말며, 너희들이
나에게 물어 대답을 얻으며, 너희들의
그 죄가 얼마나 무서운가를 알라.

4,940 번째 하나님 말씀

2003년 2월 11일 08시 58분

1 사랑하는 나의 아들아!
2 "네, 아버님! 말씀하옵소서."
3 구원이요, 하늘에 오르는 길은 사랑을
향하며 선을 실천하는 그 행함에 따라
구원을 받는다 그리 말하였으나,
4 너희들이 그를 다 저버려 두고 수천
년 동안 흘러오는 동안에 구원이라는
것을 어찌 부르짖고 있는가?
5 그저 너희들이 손으로 지은 그 성전에
나가며 나의 아들 예수의 이름을 부르
며, 나의 아들 예수의 보혈로써 너희
들은 구원을 받았다 생각하며 그리하
여 그를 갈구하느니라.
6 그리하여 너희들은 '주여, 주여! 구원
하여 주옵소서.' '주여, 주여! 우리를
산 채로 들림받도록 하여 주옵소서.'
그리 악을 쓰며 소리를 지르고 있음이
니, 그것은 다 무엇이던가?
7 나에게 들림이 아니요, 구원의 길이
아니요,
8 너희들이 사는 지상을 육의 욕심이라
는 것으로써 오염시키며, 그 욕심을
버리지 못하고 육의 욕심으로써 하늘
까지 오염시키는 그와 같은 사악한 행
위를 하고 있는 것이 너희들이니라.
9 아름다운 삶을 행하며 사랑을 베풀며
사는 그것이 아니요,
10 그저 '주여, 주여! 구원하여 주옵소
서.' 저희들을 구원해 달라는 그 욕심
때문이니,
11 내가 성서에 기록하여 '주여, 주여!'
그리 부르는 자 구원받지 못한다 하였
음이니라.
12 오로지 나 여호와가 내리는 나의 성령
이요, 계명에 따라 살아가는 자, 그들
만이 구원을 받는다 내가 성경에 기록
하여 너희들에게 전하였거늘,
13 어찌하여 너희들은 그와 같은 대목을
들여다보지도 아니하며 생각하지도
아니하는 그와 같은 삶을 살면서 그저
계속 내가 하지 말라는 짓을 하고 있
는가?
14 그러면서 너희들은 또 나 여호와의 이
름을 부르느니라.
15 너희들이 기르는 애완용 강아지 이름
을 부르듯이 나의 이름을 부르며, 또
한 광란의 짓으로써 그 누가 지은 것
인지도 모르면서 그 아름다운 말만을
기록하여 전한 찬송이라는 것을 부르
며 너희들이 '구원, 구원' 또 그리 부
르짖음이니,
16 그 욕심의 마음이 또한 세상을 다 오
염시키며 하늘까지 오염시키고 있음
이니라.
17 너희들은 자신은 구원을 받아야 하겠
다는, 그리고 구원해 주십사 하는 그
와 같이 바라는 욕심과 생각하는 마음
의 그 믿음에서 대변혁의 믿음의 형태
로 바뀌지 아니하면 아니 될 것이며,
18 정신의 변화를 이루지 아니하고 생각
의 변화를 이루지 아니한다면 너희들
은 어떠한 형국이든 구원을 받을 수
없으며, 지옥으로 흘러가는 그 열차를
타고 가는 것임을 알라.
19 내가 너희들에게 무엇이라 말하였느
냐?
20 말로 수다 떨며 '주여, 주여!' 하며 나

의 아들 이름을 부르며, 그저 나의 이
름을 불러 대며 구원을 원하며 '구원
하여 주옵소서.' 하는 그와 같은 기도
를 하지 말라 하였음이니라.
21 그와 같은 행위를 하지 말고 사랑을
실천하라 했음이니라.
22 너희들이 손으로 지은 성전에 재물을
바치는 것이 구원의 길이라 생각하지
말라 하였음이니라.
23 그는 죄악이라 하였음이니,
24 그것을 가난한 이웃에게 나눠 주는 그
와 같은 실천을 하는 자가 나를 볼 수
있다 하였음이니라.
25 너희들은 집단으로, 너희들이 만든 성
전에 와서 그저 악을 쓰며 소리 지르
며 손뼉을 치며 눈물로써 기도 드리
지 말라 하였음이니라.
26 그 기도는 나와 아무런 관계도 없다
하였음이니라.
27 너희들이 나에게 오를 수 있는 것은
다락방에서 기도하는 것처럼, 너희들
이 살아가면서 편안한 가운데 나 여호
와에게 기도하는 마음이요,
28 또한 고통스러운 가운데서도 나에게
기도하고 경배하며 나 여호와의 은혜
에 감사하며,
29 슬플 때도 그와 같이 기도하며, 기쁠
때도 또한 그리 기도하며,
30 너희들이 은혜를 받았으며 영광을 받
았을 때도 나에게 조용히 기도하며 감
사하는 마음을 나에게 전하는 그 속에
서 너희들이 깨달음을 얻게 되며 참진
리를 보게 되며 하늘에 오르는 길을
알게 되니,
31 나 여호와가 원하는 것이며 이루고자
하는 것은, 너희들이 편안한 가운데,
고통스러움 속에, 슬픔 속에 조용히
기도하는 그와 같은 형국의 기도만이
내가 알 수 있으며 거기에 응답함이니
라.
32 너희들은 장사꾼이 우글대는, 그리고
장사꾼이 남을 속여 사고파는 그와
같은 장바닥과 같은 그 속에서 이익
만을 추구하려 요란을 떨고 있는 그
시장의 한 모퉁이에서 역사하는 것처
럼,
33 지금 너희들이 만든 성전에서 그와 같
은 형국으로 만들어 놓고,
34 장사꾼은 물건을 주기라도 하면서 사
고팔지만, 주는 것도 없이 그저 우리
부자 이름만을 팔아 너희들의 속을 채
우고 있으며, 재물을 채우고 있으니,
35 바로 사고파는 것도 없으면서 그를 팔
아먹는 자, 그리고 말로써 기도라 하
여 수다를 떨면서 그것을 팔아먹는 자,
36 그러면서 너희들이 나의 피조물 만백
성을 이끌어 가고 있음이니,
37 너희들이 지금 가고 있는 그 구원의
길이 바른 구원의 길이 아니라는 것을
내가 다시 한 번 너희들에게 깨우쳐
줌이니,
38 '주여, 주여! 구원하여 주옵소서.' 하
며 나 여호와의 이름을 그저 불러 대
며 구원을 받고자 하는 그와 같은 행
위를 하지 말라.
39 그 욕심의 소리가 지상을 오염시켜 다
썩었으며, 하늘까지 그 냄새가 진동함
이니,
40 그와 같은 믿음에서 대변화요, 정신적
인 변화요, 깨달음을 얻어야 할 것이

며,
41 각자가 기도하는 속에서 모두가 역사
한다는 것을 너희들은 깊이 깨우쳐 그
와 같이 행하도록 하라.

4,941 번째 하나님 말씀

2003년 2월 11일 09시 54분

1 사랑하는 나의 아들아!
2 "네, 아버님! 말씀하옵소서."
3 너희들에게 내가 가르쳐 전하기를 너
희들이 악습 하나를 버리려고 아무리
노력해도 그것이 고쳐지지 아니할 때,
4 나 여호와에게 직접 맹세하며 약속하
라 하였음이니라.
5 이제 그와 같은 방법은 나의 피조물
만백성이요, 모든 백성이 그와 같이
나와 약속을 하며 하나하나 고쳐 나가
야 하나,
6 지금 선택된 백성이요, 나의 법전을
읽고 깨우쳐 경지에 오른 너희들은 모
두가 하나하나 나 여호와에게 약속하
는 것이 아니요,
7 너희들의 마음에 약속하는 것이 곧,
바로 나에게 약속하는 그와 같은 무서
움을 알아야 할 것이니라.
8 그러니 너희들이 하루에도 수십 가지
를 고치고자 반성하며, 네 마음을 다
스리며, 그리 행하지 아니하며 선하게
살겠다 생각하며 너희 마음속에 약속
하는 그 자체는,
9 나의 법전을 읽고 깨우치며 나로부터
선택된 나의 아들딸 너희들은 바로 그
약속이 나에게 직접 함을 알아야 할
것이니라.
10 너희들은 모든 약속을 다 나에게 직접
하는 것이니, 그 무서움을 알라.
11 그러하니 남들은 하나를 고치려고 나
여호와에게 약속하며 맹세를 하며 그
리 고쳐 가고자 노력하나.
12 너희들은 모든 악습을 버리고자 하며
생각하는 그 모두가 다 직접 나에게
그때그때 맹세하고 약속하는 삶으로
살아가는 것임을 잊지 말라.
13 그리하여 그와 같이 어렵고 힘든 길
을, 아무도 갈 수 없는 길을 가야 하는
것이 너희들임을 알아야 할 것이니라.
14 사랑하는 나의 아들딸들아!
15 지금까지 살아오면서 나의 피조물 만
백성이 모세의 시대에 모세가 가르쳤
던 그 깨달음을 듣고 그대로 행하며
그를 너희 것으로 만들었더라면 오늘
의 이와 같은 험악한 세상은 되지 아
니하였을 것이니라.
16 또한, 나의 아들이 세상에 나와 나의
성령을 갖고 만백성을 구하고자 외쳤
으며 그가 전파하고 설교하고 가르친
그 모든 것에 귀를 기울여 그리 가르
쳤더라면, 오늘의 이와 같은 험악한
삶은 정녕 있을 수가 없으며,
17 잘못된 교회라는 그 성전이라 하는 것
을 내가 지은 아름다운 이 성전에 지
어 놓고 너희들은 죄의 온상이요, 사
악한 행위를 그곳에서 하지 아니하였
을 것이니라.
18 너희들은 그 두꺼비집과 같은 너희 손
으로 지은 교회요, 성전이라는 것을
왜 지었는가 하면,
19 너희들은 뭐라 말해도 나의 뜻을 역사
하며 그를 가르치려고 지은 것이 아니

라, 그 종교 지도자요, 집단 너희들이
하고 있는 짓이 너무나도 추하고 부끄
럽고 더러워,
20 그 죄를 나 여호와가 바라보는 것을
바라보지 못하도록 숨어서 하고자 하
는 그와 같은 사악한 마음에서 그리
성전을 지었으며,
21 그리 호화롭게 해야 너희들의 마음을
위로하며 너희 스스로 위로를 얻어 가
며,
22 죄의식 속에서 쾌락을 얻는 것으로써
모두를 다 지우며 그 고통을 벗어나려
는 그와 같은 형국에서 너희들이 지은
것이라 나는 그리 생각하느니라.
23 너희들이 감히 밝은 대낮이요, 밝은
광명천지에서는 그와 같은 사악한 행
위요, 추한 행위를 할 수 없기에 그를
가리고자 함이며,
24 그를 나에게 보이지 않으려는 그와 같
은 속에서 두꺼비가 땅속에 묻혀 사는
것처럼 너희들이 두꺼비집 같은 그 성
전을 지은 것이니,
25 나를 속이고자 하며 나를 보지 못하게
함이며 그러한 의도에서 너희들이 그
리 성전을 지었다 하면, 너희들은 아
니라 말할 것이니라.
26 그러나 나는 너희들의 그 심성을 앎이
니, 그리하여 교회를 지은 것임을 알
아야 할 것이니라.
27 그리하여 너희들이 구약 시대의 나의
가르침이요, 신약 시대의 나의 아들의
그 부르짖음을 그대로 지키고 살아왔
다면,
28 너희들은 그와 같이 내가 지은 이 아
름다운 성전에서 그 죄의 온상인 두꺼
비집 같은 교회요, 성전이라는 것을
지을 필요가 없었음이니라.
29 거기에서 너희들이 사악한 짓을 하기
위하여 하늘을 가리고 나를 가리려고
그를 지었다 하면, 너희들은 뭐라 말
하겠는가?
30 그와 같지 아니하다면 내가 가르치는
나의 아들이 전하는 그 성령의 가르침
에 귀 기울였을 것이거늘,
31 너희들은 내가 가르치는 것에 귀 기울
이는 것이 아니라,
32 악마에게 부르짖으며 악마가 유혹하
며 악마가 가르치는 그곳에 귀를 기울
였으며, 그 악마들을 따라가는 것이
너희들이 지금의 살아온 삶이니라.
33 그를 보는 나 여호와의 마음이 얼마나
고통스럽고 아프겠는가 너희들은 생
각해 보라.
34 내가 모세의 시대에 너희들이 보고 배
워 그리 살라 했던 것을 너희들은 듣
지 아니하였으며 귀를 기울이지 아니
하였으며 그 모두를 짓밟았으며,
35 나의 아들 예수가 목숨을 바쳐 가며
너희들을 구원하고자 강론했던 그 모
든 것에 너희들은 귀를 기울이지 아니
하고,
36 사탄이요, 마귀요, 사악한 자들의 유
혹에 귀를 기울여 너희들이 오늘의 이
지상을 험악하게 만들었으며 다 썩어
지게 하였음이니,
37 이를 바라보는 나 여호와의 마음을 과
연 너희들은 상상이나 하겠는가?
38 그리하여 너희들에게 마지막 기회를
주어 제3의 시대에 새로운 법전을 만
들어 만백성을 구하고자 이 역사를 하

고 있으니,
39 또 너희들이 여기에 귀를 기울이지 아
니하며,
40 나의 법전의 뚜껑을 열어 너희들이 역
사의 그 변화를 이루는 것이 아니요,
41 그를 태워 버리고 찢어 버리며 그에
귀 기울이지 아니하며, 이는 사탄이
요, 이단이요, 마지막 시대에 거짓 선
지자의 사악한 행위라 그리 말하는 그
곳에 귀를 기울여 그들을 따라감이니,
42 내가 너희들에게 뭐라 말하였느냐?
43 양의 탈을 쓴 이리는 바로 재물을 긁
어모으며 너희들의 재물을 갈취하고
탈취하는 자들이라 하였음이니,
44 과연 누가 재물을 긁어모으고 탈취하
는 종교 집단이며 너희들을 가르치는
자인가를 이제는 너희들이 스스로 판
단하고 깨우치도록 그리하라.
45 내가 160권의 법전에 반복하고 또 반
복하여 너희들에게 강조하는 그 내용
은 반복하는 것만큼 소중함이니,
46 너희 것으로 만들어 바로 깨달아 하늘
에 오르는 길에 역사하도록 그리하라.

4,942 번째 하나님 말씀

2003년 2월 11일 09시 58분

1 사랑하는 나의 아들아!
2 "네, 아버님! 말씀하옵소서."
3 너희들이 모두를 다 창조하며 신과 같
은 마음을 가지고 사는 너희들이라 하
여도 너희들의 한계가 있으며 이루어
야 할 것이 있다 하였음이니라.
4 지금의 종교 집단이 아무리 역사를 한
다 하며, 하늘에 오르는 길을 인도하
며 천국의 문을 열어 주는 것처럼 나
의 피조물 만백성을 그리 우롱하고 끌
고 가도, 그들은 과연 어떠한가?
5 그들이 위대한 것처럼 신인 것처럼 너
희들 위에 군림하고 있으나,
6 그들은 내가 바람을 불게 아니 하면
얼마를 지탱하지 못하는 것이며,
7 내가 비를 세상에 내리지 아니하여도
살 수 없으며,
8 모든 생명을 갖고 있는 동식물까지도
살 수 없는 그와 같은 형국이거늘,
9 어찌하여 너희들은 나 여호와 앞에 겸
손하며 겸허한 자세로 감사하는 마음
으로써 살아가는 것이 아니요,
10 나를 능멸하며 나를 욕되게 하는 그
행위를 하면서도 부끄러운 줄 모르며
죄가 되는 줄 모르고 지금 살아가고
있음이던가?
11 이를 내가 바로잡고자 하는 것이 너희
에게 역사하는 나의 새로운 법전임을
알아야 할 것이니라.
12 진리라는 것은 변하지 않는 것이라 내
가 누차 그리 말해 주었음이니라.
13 그러나 지금의 모든 종교 집단이 진리
를 따라오는 것이 아니요, 인간의 계
명으로 만들었기 때문에,
14 장사꾼들이 그 상황에 따라 물건의 값
을 매기며 정하듯이, 지금의 믿음의
길을 가는 길이 그와 같이 무질서하
며, 때에 따라서 좌우되고, 때에 따라
서 설교하여 가르치는 방법이 다른 것
이 너희들이 아니더냐?
15 흐르는 물을 떠서 아무리 다른 곳에
옮겨 놓고 또 붓는다 해도, 다른 그릇
에 담아 멀고 먼 곳에 그 물을 옮긴다

해도, 그 물의 성분을 변하게 못 하며,
물은 물이니라.
16 그와 같이 강물을 떠서 제아무리 다른
곳에 갖다 놔도, 산 위에 갖다 뿌려도,
하늘에 갖다 뿌려도, 구름 위에 뿌려
도 물은 물이니, 그 물의 성분은 변하
지 아니하는 것이니라.
17 그와 같이 참진리요, 나의 뜻이요, 하
늘에 오르는 길은 영원한 참진리며 오
로지 한 길이기에, 그는 변화되는 것
이 아니며 변동되는 것이 아니니라.
18 이를 깊이 깨우쳐야 할 것이니라.
19 그 진리 속에 너희들이 깨달음을 얻
고, 깨달음이 변화되고 개혁해 가는
것은 그 진리를 근본이며 바탕으로 하
여 이루어지는 것이요,
20 그 진리의 근본까지 뿌리째 뽑아 놓고
흔들어 놓는 것은 진리가 아님이니라.
21 지금의 모든 종교 집단 너희들이 나에
게 오르는 길이요, 진리를 뿌리째 뽑
아 버리며 그 근거마저 없애고 짓이기
며,
22 너희들이 만든 그 생각의 뿌리를 가지
고 나의 피조물 만백성을 이끌며 구원
한다 그리 가고 있음이니,
23 이것이 얼마나 무서운 형태로써 이루
어지는가를 너희들은 알아야 할 것이
니라.
24 이제 너희들은 겸허하게 사는 자세를
배우라, 그리고 겸손한 자세로 사는
것을 배우라.
25 그리고 나에게 경배하며 기도하며 나
에게 감사하는 마음으로 너희들이 기
도하는 그와 같은 형국으로 살아가야
함을 알라.
26 내가 며칠만 너희들에게 산소를 내리
지 아니하며 내가 한동안만 물을 세상
에 내리지 아니한다 해도, 동식물이
요, 생명을 가진 그 모두는 존재하지
못하며, 인간 너희 자체마저도 견딜
수 없거늘,
27 그 앞에 너희들이 어찌하여 그리도 오
만하며 자만하며 나 여호와를 능가하
는 것처럼 그와 같은 마음 자세요, 생
각을 하고 사는가?
28 겸손하고 겸허한 자세로 너희들이 바
로 태어나도록 그리하라.
29 그 속에서 너희들이 사랑을 볼 수 있
으며,
30 나 여호와의 뜻이요, 나의 진리를 볼
수 있는 길이 거기 있음을 알라.

4,943 번째 하나님 말씀

2003년 2월 11일 10시 08분

1 사랑하는 나의 아들아!
2 "네, 아버님! 말씀하옵소서."
3 나의 만백성이 그 믿음의 길이요, 너
희들이 지은 교회요, 성전이라 하는
그곳에 고개 숙여 찾아가는 그 동기는
과연 무엇이던가?
4 너희들은 생각하게 될 것이니라.
5 육의 생활의 삶이요, 이 삶을 그만두
고 죽어 그가 거두어질 때, 그 죽음이
라는 공포 앞에 떨지 않는 자 없으며,
그 죽음을 생각해 보지 아니하는 자가
없음이니,
6 너희들이 육의 삶을 마치고 죽어 갔을
때, 그 죽음 다음에 연계되는 세상에
대하여 불안과 공포를 느끼며,

7 과연 그 뒤에 이루어지는 세상은 어떠
한 형국으로 이루어지며, 육은 썩어
가되 그 영혼은 과연 존재하는 것인가,
8 그리고 너희들이 그 영혼의 심판을 정
녕 받는다 하면 너희들이 살아온 지난
날의 삶이 두려워 스스로 고개를 숙여
성전이라는 곳을 찾아 죄를 용서받으
며,
9 다음 세상의 죽음의 공포에서 벗어나
고자 하는 것이 너희들의 심리이니,
10 지금의 모든 종교 집단이 그와 같은
심리를 아름다운 쪽으로 깨우치며 선
함을 행하며 살며 베풀며 사는 것이
구원의 길이라 그리 가르치면 되는 것
을, 그와 같은 것을 가르치는 것이 아
니요,
11 저희들이 거두어들이고 챙기고자 하
여 맹종하는 것이요, 그저 저희들의
집단에 금화와 은화를 많이 바치면 구
원을 받는다 그리 가르침이니,
12 죽음의 뒤편에 이루어지는 그 거래의
무서움이요, 사후의 다음 세상의 무섭
고 두려움에, 아무것도 모르는 나의
백성은 그것이 구원의 길이라 하여 그
저 맹종하며 모두를 다 바치며,
13 형제지간에 우애를 끊으며, 부모와 자
식 간에도 거래를 끊으며, 이웃의 형
제들과 모두를 다 끊으며,
14 그저 그들이 명하는 대로 모두를 다
바치며 살아가는 그 불쌍한 나의 백성
으로 전락하고 추락하였음이니,
15 그 모습을 보는 나 여호와가 얼마나
가슴이 아프겠는가?
16 너희들이 죽음 뒤의 세상을 생각할수
록 그 죽음이 무서우며,
17 죽은 다음에 오는 그 반대편의 세상은
과연 어찌 열릴 것이며 그 세상은 어
찌 이루어질 것인가 너희들은 그를 알
지 못하니, 그 공포에서 벗어나고자
지금의 믿음의 길을 찾으며 그 길로
그리 가니,
18 그 백성의 마음을 악용하여 지금 종처
럼 부리며 제왕처럼 군림하여 각종 사
악한 짓을 다 하며,
19 심지어 재물이요, 금화를 바치는 것이
그 길을 갈 수 있으며 그를 살 수 있다
그리 가르침이니,
20 지금 그들은 진정한 깨달음이요, 선하
게 사는 길을 너희들에게 가르쳐 줘
광명의 빛을 보도록 하는 것이 아니요,
21 너희들이 그들에게 매달리고 애원하
며, 그들이 종처럼 부릴 때 그저 따라
가는 그와 같은 형국으로 만드는 데
모두를 다 하느니라.
22 너희들이 죽음의 공포의 저 반대편에
있는 세상을 알고자 하며 그 공포에서
벗어나고자 하여 그리 성전을 찾으니,
23 그와 같은 너희들의 나약한 마음을 지
금 사악한 쪽으로 이끌어 가는 그와
같은 추한 행동 앞에 너희들이 지금
빠져들고 있음이니,
24 그들이 너희들을 구원해 주며, 그들을
따라 재물을 바치며 맹종하고 맹신하
는 것이, 부모와 형제와의 관계도 끊
어 가며 그들의 뜻에만 움직여 살아가
는 것이 구원을 받는다 하는 그 환상
에서 깨어나도록 하라.
25 너희들은 이성을 잃고 제자리를 못 찾
는 백성이니라.
26 그리하여 내가 너희들을 다스리는 사

악한 자들을 심판하고자 하여 법전을
세상에 내려보냄이니, 너희들은 그 이
치를 깨달아야 할 것이니라.
27 너희들은 육에 사는 그 삶이 영원히
죽지 않는 불사의 약을 먹고 싶은 마
음이요, 그 욕심 때문에 지옥으로 지
금 끌려감이니라.
28 너희들이 불사의 약을 먹고자 한다면,
너희들의 마음을 다스리며, 선한 마
음, 선한 행동으로써 살아가는 것이
죽지 않는 불사의 약을 먹는 길임을
알라.
29 그러나 너희들은 어찌하여 육의 세상
에서 금화와 은화를 바치며 그 종교
지도자의 잘못 가르치는 사기극에 넘
어가는 것인가?
30 그리하여 모든 인간 세상의 정을 다
끊으며, 사악하고 메마르고 정이 없고
인정이 없는 그와 같은 너희들로 변하
는 것이 구원의 길이라 생각하며,
31 그것이 불사의 약이라며 그 길을 가고
있으니, 이는 지옥의 약임을 너희들은
알라.

4,944 번째 하나님 말씀

2003년 2월 11일 12시 21분

(강론을 마치며)

1 사랑하는 나의 아들아!
2 "네, 아버님! 말씀하옵소서."
3 내가 너희들에게 깨우쳐 이르기를, 나
의 법전을 받아 기록하여 만드는 그
역사를 맡은 너희들이, 또한 받는 자
가 네 생각이요, 너희들의 뜻을 한 줄
기록하여 놓음으로 인하여 이 법전은
나의 뜻이 아니라 무너짐이니,
4 사탄이 그 작은 틈을 타 이 모두를 흔
들어 놓는 그와 같은 무서운 결과가
된다 내가 그리 말하였음이니라.
5 그러나 너희들은 어찌하여 나의 법전
에 한 오류가 생기며 잘못 기록되는
것으로만 이 모두가 넘어진다 그리 생
각하는가?
6 너희들의 마음 자세 또한 그보다 더
굳어야 함을 알아야 할 것이니라.
7 너희들의 마음이 흔들리며 너희들의
마음이 움직이는 그와 같은 형국이 되
어서는 바로 설 수 없으며 갈 수 없음
이니라.
8 내가 내리는 나의 성령의 160권 그 법
전 속에 잘못된 인간의 생각이 한 구
절이 들어가면 그 모두가 다 무너진다
하였음이니,
9 너희들이 다른 생각을 한다는 것이 얼
마나 무서운 것인가를 알겠는가?
10 너희들이 다른 생각을 하는 것은 마음
이 흐트러짐이요, 마음이 약해짐이니
라.
11 너희들의 마음이 약해져 흐트러지는
것은 세월이 지나가면서 나이를 먹는
자, 힘이 쇠약해지며 죽음의 대비를
하듯이,
12 너희들이 나약해지며 약해지고 흔들
리는 것은 그와 같은 삶을 사는 것이
요, 그와 같이 흘러가는 삶을 살게 되
는 것을 잊어서는 아니 될 것이니라.
13 나의 법전의 한 줄이 잘못되었을 때
160권의 법전이 다 쓰러진다 하였거
늘,
14 저 자신의 마음이 조금이라도 흔들리

며 굳건히 서지 못한다면 너희들은 가
차없이 사탄의 유혹에 의하여 넘어지
는 것이니,
15 믿음의 길이요, 나의 법전을 읽고 깨
우친 백성 너희들은 오로지 하늘에 오
르는 길이며, 나의 뜻이라는 그 굳건
한 마음속에서 이 길을 가고자 하는
마음이 역사함을 알아야 할 것이니라.
16 내가 너희들에게 어찌하여 그와 같은
어렵고 힘든 마음을 다스리라 하는가?
17 지금 수천 년의 세월이 흘러오는 동안
지금의 믿음의 현장을 너희들이 들여
다보도록 하라.
18 나의 아들 예수가 그와 같이 목숨을
바쳐 부르짖었던 그 참진리의 길이요,
나의 사랑하는 백성을 위하여 나의 아
들을 통하여 내가 세상을 지배하고자
했던 것은
19 너희들이 자유로운 삶이요, 아름다운
삶을 살도록 내가 너희들에게 이루어
주려고 그리했거늘,
20 지금 사랑하는 나의 피조물 만백성이
어찌 살아가는가?
21 그들은 종교 집단이요, 종교 지도자들
의 노예가 되어 있으며, 그들의 종이
되어 있으며, 그들과 주종관계가 엄격
히 구분된 이와 같은 시대가 되었음
이니라.
22 지금의 종교 지도자보다 더 사악한
폭군이 없으며, 더 사악한 군주가 없
으며, 더 사악한 지도자가 없음을 너
희들은 알아야 할 것이니라.
23 지금 그들은 저희들의 안일한 육의 삶
을 위하여 모든 방법을 다 동원하며,
24 참진리요, 하늘에 오르는 길을 가르치
고 깨우쳐 주는 것이 아니니라.
25 그들이 참진리요, 진정한 진리의 길을
깨우쳐 주고 가르쳐 주고자 하나, 그
들의 머릿속에 아는 것이 없으며 가
진 것이 없기에 그들이 가르칠 수가
없음이니라.
26 지도자요, 선생이 정답을 몰라 그가
오답만 가르침이니, 그는 차라리 말을
하지 않는 것이 낫거늘,
27 그가 계속 오답을 가지고 정답이라 변
명하여 가르치고 가르친다면 계속 거
짓말을 하게 되며 오답에 오답을 더
말함이니,
28 그를 듣는 백성이요, 그 학생은 그 마
음을 정리할 수 없으며, 오답 속에서
헤매고 맒이니, 그는 아무것도 얻은
것이 없으며 깨우침이 없으니,
29 스스로 제가 연구할 수 있도록 놔두는
것만도 못함이 오답을 가르치는 선생
의 가르침이니라.
30 지금 모든 종교 지도자가 그와 같은
형국에 있음이니라.
31 참진리는 모르며, 저희들이 엉뚱한 곳
에 마음과 생각을 두고 있음이니,
32 거기에서 허덕이는 나의 백성이 바로
정답을 묻는 학생이 그 오답이 정답인
가 하여 제 인생을 다 바쳐 거기서 정
답을 찾고자 노력하는 불쌍한 그 학생
과 같으니,
33 나의 피조물 만백성이 그리되어 있음
이니라.
34 너희들이 그 정답이요, 참진리를 찾는
데 시간이 영원히 기다려 주지 아니함
이니라.
35 너희들이 나로부터 받아 나간 그 생명

은 제한된 삶이니라.
36 너희들의 삶을 3단계로 구분하여 볼 때, 지금이 가운데의 삶을 살고 있는 것이 아니던가?
37 그 세월이 길지 아니함이니라.
38 너희들이 나로부터 세상에 태어난 것이 첫 번째요,
39 두 번째는 너희들이 육의 세상을 통제하며 사는 것이 중간의 삶이며,
40 너희들의 영혼의 세상이요, 나에게 와 심판을 받아 이루어지는 그 역사에 따라 살아가는 것이 제3단계의 삶이니,
41 너희들의 중간의 삶은 완전히 답이 나와 있으며 목적이 나와 있으며 정답이 나와 있음이니라.
42 그 정답이 나와 있는 삶에 너희들이 연연하지 말라.
43 정해져 있는 그 삶에 너희들이 무엇을 이루고자 더 갖고자 하여 제3의 단계의 영원히 사는 세상을 보지 못하며 그를 무너트리는 그와 같은 오류를 범하지 말라.
44 너희들이 아무리 가지고 이루고자 명예를 얻고자 발버둥쳐도, 중간의 삶은 하나도 가지고 가지 못하며 짊어지고 갈 수 없는 것이 너희들의 삶이며, 그 정답은 이미 나와 있지 않은가?
45 가지고 갈 수도 없으며 짊어지고 갈 수도 없는 중간의 삶을 위하여 마지막 영원히 사는 삶을 무너트리며 죄악으로 이끌어 가는 그 무서운 삶에서 벗어나도록 그리하고자 하여,
46 내가 나의 아들을 통하여 법전을 세상에 내려보내고 새로운 성경을 내려보내니, 이를 읽고 깨우치라.
47 모르는 자가 너희들을 붙잡고 그리 애원해도 너희들은 들어줄 것이며 맞볼 것이니라.
48 나 여호와요, 창조주 내가 눈물로써 너희들에게 이리 하소연하며 몸부림치는 것보다도 더한 애절한 마음으로 너희들에게 이리 사정하며, 이를 보고 깨우쳐 구원의 길을 받으라 그리 부르짖음이니,
49 나의 이 아픈 마음이요, 나의 음성을 정녕 너희들은 그리도 외면하고자 하는가?
50 정녕 나의 법전을 들여다보라.
51 이 세상의 모두는 나의 뜻에 따라 나왔음이니,
52 '하늘에 오르는 길'이요, 나의 법전인 '하나님! 말씀하옵소서'라는 이 책도 나의 뜻에 따라 나온 것이니, 한번 뚜껑을 열어 보라.
53 그러면 너희들이 무엇이 진리인가를 알게 될 것이니,
54 어찌하여 그 수고로움을 하지 못하며 지옥으로 가는 삶을 그리 가고 있는가?
55 이를 깊이 깨우쳐 주는 것이 너희들이 해야 할 일임을 잊지 말라.

4,945 번째 하나님 말씀

2003년 2월 12일 08시 08분

1 사랑하는 나의 아들아!
2 "네, 아버님! 말씀하옵소서."
3 속과 겉이 다른 사람은 나 여호와가 그를 기억하고 싶지 않은 사람이라 하였음이니라.
4 이는 곧 어떠한 자더냐?

5 이리가 양의 가죽을 쓴 자와 똑같으니
라.
6 겉으로는 제가 아름다운 말을 하나,
속으로는 상대방을 물고 늘어질 계획
과 생각을 하고 사니,' 그와 같은 자를
나 여호와가 제일 싫어하며 그와 같은
자를 경멸한다 하였음이니라.
7 너희들이 인간사에 살아가면서 남에
게 주고받은 것, 그리고 남의 단점이
요, 약점을 하나하나 기록하여, 제가
언젠가는 그걸 역으로써 공격하고자
기록하며 사는 그와 같은 백성이 많이
있음이니,
8 그와 같은 자가 두 마음을 가지고 있
는 자가 아니던가?
9 두 마음을 가지고 있는 자, 항상 주인
이요, 상사를 무너트리려고 그 약점을
기록하고 있는 그와 같은 자는 속과
겉이 다른 자와 무엇이 다르던가?
10 또한, 그와 같은 자를 나 여호와가 제
일 미워하며 제일 경멸한다 하였음이
니,
11 너희들이 나 여호와의 뜻에 따라 살아
가는 종교 지도자요, 나를 경배하며
살아가는 백성이 말과 행동이 일치하
지 못할 때, 그와 같은 자를 내가 제일
미워하며 경멸하는 자임을 알아야 할
것이니라.
12 그는 두 마음을 가진 자이기 때문이니
라.
13 너희는 이와 같은 나의 뜻을 읽고 깨
우쳐 두 마음을 갖는 그와 같은 사람
이 되지 말라.
14 속과 겉이 다른 자가 된다면 그는 만
백성을 속이며 이웃을 속이며 저 자신
을 속이는 자라 하였음이니,
15 하늘을 향하여 한 점의 부끄러움이 없
이 살라는 것이 무슨 뜻인 줄 알겠는
가?
16 두 가지의 마음을 갖고, 속과 겉이 다
른 마음이요, 행동을 하지 말라 함이
니라.
17 두 마음을 가진 자는 모두를 포장하여
사는 것이며,
18 그리하여 저 자신을 포장하여 사니,
저 자신이 제 삶이 아니요,
19 그와 같이 포장된 삶으로 인하여 만백
성이 그를 따르며 그와 더불어 가다
모두가 다 잘못되는 그와 같은 인생의
삶의 안내자가 됨이니라.
20 아름다운 삶만을 안내하는 것이 아니
요, 잘못된 것을 인도하는 자며, 스스
로도 아무런 가치가 없는 자이니,
21 두 마음을 가지고 사는 일이 없도록
하라 그리 전하라.
22 나의 법전을 아무리 읽고 깨우친 백성
이라 하여도, 너희들이 나의 뜻과 약
속한 것, 내 앞에 약속한 것, 그리고
내가 지키라 한 것을 말로만 지킨다
하며 행동으로 지키지 못하면 그는 두
마음을 가진 자의 대표이니,
23 그와 같은 자, 나의 법전을 가지고 공
부할 자격이 없으며, 내가 너를 통하
여 내리는 강론 또한 들을 수 없으니,
24 두 마음을 갖는 백성은 용서치 아니함
이라 그리 전하라.

4,946 번째 하나님 말씀

2003년 2월 12일 08시 17분

1 사랑하는 나의 아들아!
2 모든 종교 집단은 저희만의 우월성이
있으며, 저희 것만이 최고요, 제 것만
이 최고요,
3 그리고 제가 가는 길이 구원의 길이
요, 남의 것을 바라보지 못하는 그와
같은 종교 집단으로 가서는 아니 됨이
니라.
4 그러나 지금 수천 년 동안 흘러내려
온 종교 집단의 그 뿌리가 어찌 가고
있는가?
5 그들은 저희들 것만이 최고요, 저희들
안에 있는 것만이 소중하며,
6 남의 것, 바깥세상의 모든 얽히고설킨
그 삶은 아무것도 아니라 그리 생각하
느니라.
7 그리하여 저 자신만이 소중하며 저의
집단만이 소중하다 생각하기에,
8 세상의 변화와는 저희들이 아무런 관
계도 없으며, 세상의 개혁이요, 변화
의 그 역사와 저희 집단과는 아무런
관계도 없으며, 저희들은 그를 바라볼
필요도 없다 그리 말하고 살아가느니
라.
9 그러나 너희들은 여기서 알아야 할 것
이니라.
10 진정한 믿음의 길이요, 나 여호와에게
오르는 백성이 가야 할 길은,
11 대자연의 그 위대함을 알며, 대자연과
연계하며 대자연과 더불어 살아가는
그와 같은 믿음이요, 그와 같은 깨달
음을 얻고 가는 것이 나에게 오르는
길을 볼 수 있음을 알라.
12 대자연과의 연계 자체도, 세상에 만백
성이 살아가는 그 넓고도 넓은 세상에
저희들이 연계하지 아니하고 살아가
는 그 믿음은 진정한 믿음이 아니며,
나를 향하여 오는 그 믿음이 아님을
너희들은 알아야 할 것이니라.
13 세상 이치에서 존재하지 못하는 종교
는, 세상의 인간 속에 뛰어들어 인간
모두와 더불어 살아가는 그와 같은 종
교가 아니라면,
14 깨우치지도 못하며 잘못 가르치는 집
단임을 너희들은 알아야 할 것이며,
잘못 가는 집단임을 알아야 할 것이니
라.
15 저 자신의 구원에 매달리는 종교, 저
희들 집단만이 구원을 받을 수 있으
며, 저 자신이 구원받으려고 기도하고
경배하는 그와 같은 욕심에 찬 종교
집단이요, 그 신도들은 너희들이 이야
기하는 잘못된 사이비 집단이라는 것
이며, 사악한 집단임을 알아야 할 것
이니라.
16 참종교의 진리는 항상 내면과 외면의
변화 속에서 성장할 수 있으며, 너희
들이 하늘에 오르는 길을 볼 수 있으
며, 참진리의 길을 볼 수 있는 것이니
라.
17 그러나 너희들은 내면과 외면을 구분
해 놓고, 외면의 모두는 관계없는 것
처럼 너희들 자신만이 뭉쳐 그저 너희
들 자신만이 구원을 받는다 생각하며,
18 너희들이 가고 있는 집단만이 구원의
길이요, 그 외에는 아무것도 아니며,
19 세상의 자연의 그 위대함마저도 거부

하는 그와 같은 삶을 사는 것은 정녕
참진리의 종교가 아니니라.
20 종교라는 것은 자연의 위대함이요, 내
면과 외면의 모든 세상의 세파 속에서
같이 더불어 그를 이해하며 용서하며
살아가는 그 속에서 깨달음이 있으며,
얻음이 있으며, 변화의 길을 보게 되
어 있음이니라.
21 그리하여 모든 종교는 변화와 개혁의
그 모체가 되어야 하며, 개방과 대화
의 지도자가 되는 것이 너희들이 가야
하는 길이니라.
22 그러나 지금의 종교 집단은 개혁과 변
화의 그 역사는 너희들과 관계없는 것
이며, 그저 구습은 구습대로 그대로
가져가면 되며,
23 그리하여 개방이 아니라 자기 자신이
밀폐된 속에서 저희들만이 살아가는
그와 같은 집단으로서 지금 전락하여
가고 있으니,
24 그는 다 자신의 욕심이요, 너희들 종
교 집단의 욕심이니라.
25 그와 같이 해서는 되지 않음이니라.
26 너희들이 지은 모든 성전이라는 그것
을 다 헐어, 모두가 다 같이 참여하고
더불어 갈 수 있는 개방적인 깨우침이
요, 개방적인 변화의 역사를 이루어야
할 것이며,
27 재물을 거둬들여 너희들이 그들의 마
음을 굳게 닫는 그와 같은 행위를 해
서도 아니 됨을 알라.
28 너희들이 정녕 만백성을 구원하는 종
교요, 참진리의 집단으로 간다면,
29 재물을 거둬들이며 그 백성에게 마음
의 부담을 주며, 그리하여 너희들이
만든 성전에 가는 것을 두려워하는 그
와 같은 마음으로 너희들이 그들의 마
음을 막는다면,
30 그 또한 너희들이 진정한 종교 지도자
요, 진정한 길을 가는 백성이 아님을
알아야 할 것이니라.

4,947 번째 하나님 말씀

2003년 2월 12일 08시 33분

1 사랑하는 나의 아들아!
2 "네, 아버님! 말씀하옵소서."
3 내가 나의 아들 예수를 통하여 성경에
기록하여 너희들을 깨우치는 이 대목
또한 깊이 음미하며 그 뜻을 정확히
알아야 할 것이니라.
4 나의 아들이 그리 기록하여 전하였음
이니라.
5 '나를 보내신 이가 나와 함께 하시도
다. 내가 항상 그의 기뻐하시는 일을
행하므로 나 혼자 두지 아니하셨다.'
그리 말하였음이니,
6 너희들은 이와 같은 성경 구절을 읽으
면서 무엇을 생각하는가?
7 나의 아들 예수도 또한 나의 뜻에 따
라 그 역사를 위하여 항상 기도하였으
며,
8 나의 아들 예수도 내가 바라는 그 길
을 가지 아니하였을 때, 내가 그를 버
려둘 수 있으며 그를 떠날 수 있다 함
이 여기에 기록되어 있지 아니하던가?
9 나 여호와가 기뻐하는 일을 행함으로
인하여 내가 예수와 같이한다 하였으
니,
10 너희들은 여기서 보낸 이와 보냄을 받

은 자요, 나의 아들 예수와 내가 구분 되어 있는 그 엄연한 사실을,

11 너희는 나의 아들을 신격화하며 내가 대신 내려간 것이라 하며, 내가 역사한 것이요, 나와 같은 삼위일체라는 그와 같은 망령된 행위를 지금 하고 있음이니,

12 이는 나를 능멸함이요, 나의 아들 예수에게 고통을 가중하는 것임을 알라.

13 성경에 기록된 이 대목의 내용을 너희들은 과연 어찌 가르치고 어찌 전하는가?

14 잘못 가르치는 자가 잘못 가르치고 지도한다 해도 너희들 자신이 이 대목을 읽으면서 깨우치고 느끼는 바가 없는가?

15 나의 피조물 만백성 너희들은 누구나 다 나의 뜻대로 행하고 순종하며 살면, 내가 너희들과 항상 같이할 수 있으며 항상 같이하고 있음을 알라 함이니라.

16 그러하니 나의 뜻대로 사는 백성은 구원을 받은 자요, 하늘에 올 수 있는 자이니, 내가 너희들과 같이함을 알아야 할 것이니라.

17 만백성 너희들은 혼자가 아님을 이제는 알아야 할 것이니라.

18 너희들이 나의 성령이요, 나의 뜻대로 살지 않는 그 사악한 마음을 갖는 순간 너희들은 악마이며 사탄이 된다 하였으며,

19 아름다운 마음을 갖고 선행을 할 때, 나의 뜻대로 순종하며 사는 것은 나의 자식이요, 아들딸이 된다 하였음이니라.

20 너희들이 아름다운 마음을 가지고 사는 것이 내가 너희들과 같이하는 그와 같은 역사의 영광을 얻는 것이라는 것을 잊어서는 아니 될 것이니라.

21 그리고 너희들이 삼위일체요, 나의 아들과 내가 같다는 그와 같은 망령된 뜻이요, 망발하는 자, 그리하지 말라.

22 그것이 바로 사악한 자이며 사탄임을 너희들은 알아야 할 것이니,

23 인간 세상에서 부자지간에 이간질하며 그 사이를 벌려 놓은 그와 같은 흉악한 자이니,

24 어찌하여 아비와 아들 사이에 남이 끼어들어 왈가불가할 수 있다 그리 생각하는가?

25 너희들은 그를 갖고 왈가불가해서도 아니 되는 것이니라.

26 나의 아들과 나 여호와가 같다 하는 그와 같은 것으로,

27 우리 문제요, 내가 알아서 하는 그와 같은 문제를 인간의 생각으로써 끼어들며 왈가불가하지 말라 하라.

28 그것이 얼마나 나를 능멸하며 하늘을 욕되게 하는 행위인지를 이제 알아야 할 것이니,

29 너희들은 성서에 기록되어 있는 그 내용의 참진리요, 참뜻을 알도록 그리하라.

30 인간 너희들의 마음에 들도록, 너희들의 생각에 맞도록 그를 기록하고 변조했다면, 이는 얼마나 잘못된 것인가를 알겠는가?

31 너희들이 지금 나의 성경이요, 내가 내린 성경을 가지고 공부하고 깨우친 그 역사가 얼마나 되는가?

32 2천 년 동안 그는 은폐되었으며, 특수
계층의 인간들이 머리를 짜고 저희들
의 생각을 기록하여 거기에 변화되고
변조된 것이 수없이 많이 있음이니,
33 그들은 복음을 능가하는 그와 같은 것
으로써 수정하고 싶어 했으며, 복음이
라는 것을 기록한 예수의 제자들이요,
예수를 따라 복음을 만든 자들보다도
더 위대한 복음이요, 더 한 자리 앞에
가는 그 복음을 만들고자 했으니, 그
것이 바로 무엇이더냐?
34 인간의 생각으로써 만들었기에 저희
들은 위대하다 생각하나, 그것이 잘못
되었음을 알아야 할 것이니라.
35 나의 법전을 지금 만들고 이를 다루는
백성, 너희들은 알 것이니라.
36 나의 뜻이 아니요, 내 생각이 아닌 것
을 기록할 때, 말이 되지 아니하며, 그
뜻은 물을 바꿔 방향을 틀어 놓듯이
그렇게 틀어짐을 너희들은 알 것이니,
37 그리하여 한 자도 넣고 빼는 그와 같
은 법전을 만들지 말라 내가 너희들에
게 강요함이니라.
38 그러니 이 복음을 만들며 이 복음을
수정하는 몇천 년이 흘러오는 동안에
특수층에 있는 자들이 그 당시 복음을
쓴 자들보다도 더 저희들 생각으로써
앞에 가고자, 저희 뜻대로 만들고자
하여 성서가 순간순간에 많이 변화되
고 변질되었으며,
39 그 뜻을 너희들이 잘못 가르치고 있는
것을 지금 내가 바로잡아 감이니,
40 이와 같은 대목을 너희들이 다시 한
번 읽고 깊이 깨우쳐 보라.
41 보낸 이의 뜻에 따라 그 보낸 이를 기
뻐하게 하는 그와 같은 마음을 가지고
살 때 너희들과 내가 같이한다 하였
으며,
42 예수도 또한 그와 같이 행했기에 내가
그와 같이하고 있었음이니,
43 이는 곧 내가 예수요, 나의 아들도 그
와 같이 행하지 못할 때, 그를 버릴 수
있었다는 그 무서운 사실을 알라.
44 그러니 너희들 또한 바르게 살지 않는
자, 나의 아들딸이 아니라 함이 여기
에 있음이요,
45 바르게 사는 자는 나의 아들딸이요,
그렇지 아니한 자는 나의 백성이 아님
을 알아야 할 것이니라.
46 항상 내가 너희들과 같이하는 그와 같
은 역사의 축복과 영광을 얻도록 그리
하라.
47 나 여호와가 너희들과 항상 같이하고
있으며 그리 내가 너희들과 항상 같이
있다는 그것이 얼마나 위대한 영광인
가를 알라.
48 나 여호와가 명한 대로 나의 뜻에 순
종하고 사는 그와 같은 순박하고 아름
다운 백성으로서 살아가라.
49 무엇을 그리도 욕심을 내며 그리 질투
하며 시기하는 마음을 갖고 살아갈 수
있다 생각하는가?
50 그 중간 세상의 결정이 나 있는 그 삶
을 위하여 하나 짊어지고 가며 가져가
지도 못하는 그 모든 명예요, 재물에
연연하여 영원히 사는 나와 같이하는
그와 같은 생활을 버리지 말도록 하라.
51 육의 세상에서 천국의 세상을 사는 자
하늘에 오를 수 있다 하였듯이,
52 너희들이 육이 존재하는 그 세상 속에

서 내가 너희들과 항상 같이할 수 있
는 그와 같은 삶을 살며,
53 내가 너희들과 더불어 같이하는 그와
같이 변화되는 삶으로써 서서히 변화
해 가는 아름다운 인생을 살지 아니한
다면 나는 너희들에게서 떠남이니,
54 육의 세상에 존재하는 곳에서 너희들
에게서 내가 떠날 때, 너희들은 나에
게 올 수 없는 자라는 바로 그 의미의
뜻을 깨닫도록 그리하라.

4,948 번째 하나님 말씀

2003년 2월 12일 08시 40분

1 사랑하는 나의 아들아!
2 "네, 아버님! 말씀하옵소서."
3 너희들에게 깨우쳐 이르기를, 나의 아
들 예수가 그리 전하였느니라.
4 '너희가 내 말에 거하면 참제자가 되
고 진리를 알찌니, 진리가 너희를 자
유케 하리라.' 그리 말하였음이니라.
5 나의 피조물 만백성 너희들 또한 지금
의 종교 집단에 가는 그 형태를 너희
들 스스로 바라봐야 함을 알아야 할
것이니라.
6 지금 나의 아들을 따르는 제자 너희들
또한 그러하니라.
7 너희들이 나의 법전대로 살며 나의 아
들과 더불어 가고자 하는 그 마음을
가진 자, 그는 곧 참진리를 알게 되며
하늘의 이치를 알게 됨이니,
8 너희들 스스로 그와 같이 살아가는 영
광의 길에 들어서 있는 백성이며 너희
들 자신의 소중함을 알아야 할 것이니
라.
9 그리고 진리를 깨우쳐 나의 성전이요,
나의 아들의 강론을 듣는 자, 너희들
은 가장 자유로우며 가장 영광된 삶을
살아가는 그와 같은 자세로써 살아가
야 함을 알아야 할 것이니라.
10 지금 내가 여기서 다시 한 번 많은 종
파들이요, 믿음의 길을 가고 있는 백
성이요, 그리고 믿음의 길을 가지 아
니하는 백성, 너희들에게 전함이니,
11 너희가 깨달아 진리의 길을 가고 안
가는 것은 너희들이 스스로 선택하는
길에 달렸으며, 너희들이 스스로 변화
되는 그와 같은 삶을 사느냐 살지 않
느냐에 달렸음을 알아야 할 것이니라.
12 다만, 참진리의 길을 가고 참진리의
길을 깨우쳐 가는 백성 너희들은 오로
지 영광이요, 기쁨만이 있음을 알아야
할 것이니라.
13 그 모두가 다 자유로움 속에서 자유로
운 자연의 아름다움 속에서 너희들이
아름다운 인생을 살아가는 것이 참진
리를 따르는 자들이며 바른길을 가는
자들이며 바른길을 인도하는 자들이
니라.
14 그러나 지금 믿음의 그 종교 집단이
과연 자유롭게 인간의 삶을 느끼며 살
아가도록 그리 가르치는가?
15 모두를 규제하며, 모두를 성서에 우리
부자의 이름으로써 그들을 예속시켜
놓고 있으며 그들을 다 매어 두고 있
는 것이니라.
16 거기에는 진정한 변화가 없으며 진정
한 기쁨이 없으며 진정한 자유로운 삶
이 없다는 것을 너희들은 알아야 할
것이니라.

17 그러니 너희들이 자유로운 믿음이요,
자유로운 삶을 살지 않는 것은 참진리
요, 나 여호와의 뜻에 따라 공부하며
깨우치는 것이 아니요, 내가 너희들에
게 가르치고 전하고자 하는 그 깊은
의미요, 그 뜻을 모르기 때문이니라.
18 너희들이 내가 원하는 참진리요, 그
뜻을 안다면 가장 자유로운 상태에서
가장 큰 기쁨과 영광 속에서 하루하루
인생을 살아가는 그와 같은 깨달음을
얻고 살아가는 것임을 알아야 할 것이
니라.
19 너희들 스스로 하나하나 악을 떨어뜨
릴 때마다 너희들 자신에게 붙어 있으
며 버리지 못하는 악습을 하나씩 접어
둘 때, 그 속에서 기쁨을 얻는 백성으
로서 너희들이 거듭 태어나는 그와 같
은 삶을 살아야 할 것이니라.
20 재물을 바쳐 구원을 받으며, 그저 수
천 년 동안 계속 흘러온 악습이요, 그
교리요, 진리를 가지고 너희들은 지금
계속 그와 같은 방법으로 나의 피조물
만백성을 이끌어 가고 있음이니,
21 이는 곧 썩은 물이요, 변화되지 못하
는 것이니라.
22 그 속에는 진리가 없으며 깨달음이 없
으며 나에게 오르는 길이 없음을 내가
수없이 너희들에게 명하였으니,
23 이와 같은 뜻을 너희들은 깊이 깨우쳐
야 할 것이니라.
24 참진리를 따르는 것만이 나의 백성이
요, 나의 아들딸임을, 그리고 나의 법
전을 읽고 깨우친 백성임을 너희들은
알아야 할 것이니라.
25 나의 법전대로 행함이 참진리이거늘,
26 나의 법전대로 행하지 아니하며 그리
살지 못하는 백성은 나에게 선택된 백
성이 아니며 내가 너희들과 같이하지
아니함을 알라.

4,949 번째 하나님 말씀

2003년 2월 12일 08시 50분

1 사랑하는 나의 아들아!
2 "네, 아버님! 말씀하옵소서."
3 나의 아들 예수가 성경에 기록하여 너
희들에게 그리 전하였느니라.
4 안식일의 주인은 안식일이 아니라, 안
식일의 주인은 인간 너희들이라 그리
말하였음이니라.
5 너희들은 이 뜻을 어찌 아는가?
6 너희들이 쉬고 살아가는 그와 같은 일
은, 인생을 살아가면서 너희들이 필요
에 따라 내일을 위하여 충전하고 반성
하고 회개하는 시간은 각자 정해서 가
면 된다 그리하였음이니라.
7 너희들이 일괄적으로 안식일이라 하
여 인간의 계명으로 만들어 놓고 모든
나의 백성을 그날 너희들이 만든 성전
에 와 기도하고 경배하지 아니하면 그
들은 재앙을 당하며, 그들이 어떠한
불행을 초래하는 것처럼 그리 강압적
이요, 협박적으로 끌어가고 있는 것은
무엇이던가?
8 같은 날 나의 피조물 만백성을 모아
놓고 재물을 거두는 데, 거기에 서로
경쟁을 하며 너희들에게 맹종하는 백
성으로 만들고자,
9 경쟁의 장소로 쓰고자 안식일이라 하
여 그날을 지키지 아니하면 나로부터

재앙을 받으며 벌을 받는다는 그와 같
은 무서운 방법으로 나의 백성을 이끌
어 가고 있는 사악한 집단임을 너희들
은 알아야 할 것이니라.
10 내가 너희들에게 안식일은 안식일의
주인이 아니요, 안식일은 인간 너희들
을 위하여 존재하며 너희들이 주인이
라 내가 그리 말한 뜻을 깊이 깨우쳐
야 할 것이니라.
11 지금 성전이라는 곳이요, 교회라는 곳
에서 모여 나의 성경을 공부하며 하늘
에 오르는 길이라 가르치는 너희들이
인간의 계명으로 안식일이라는 것을
만들어 놓았음이니,
12 그들은 무엇 때문에 그리 만들어 놓았
는가?
13 너희들은 안식일에 재물을 긁어모으
기 위하여, 재물을 만들어 너희들에게
바치는 그와 같은 백성을 모으고자
그리 가고 있음이니라.
14 그리하여 나의 아들이 그와 같은 안식
일의 형국을 폐지하며, 이는 합당치
아니하다 내가 나의 성경에 기록하여
너희들에게 나의 아들이 전하게 하였
음이니,
15 안식일은 너희 스스로 쉬고자 하는 날
에 쉬는 것이 안식일이라는 그와 같은
변화를, 너희들이 진정 나의 뜻을 알
아야 할 것이니라.
16 그리하여 나의 아들로 하여금 그와 같
이 말하는 이가 사탄이요, 이단이요,
그리고 사악한 자라 너희들은 그리 말
하느니라.
17 나의 피조물 만백성이 재물을 바치는
것을 경쟁하며 맹종하는 것을 경쟁하
는 그와 같은 행위를 하지 못하게 함
이니, 너희들이 지금 그와 같은 말을
하고 있음이니라.
18 안식일의 개념은 생활 속에서 어려울
때 쉬는 것이 안식일이며,
19 안식일은 사람인 너희들을 위해서 존
재하는 것이며, 안식일을 위해서 인간
이 존재하지 않는다는 것을 다시 한
번 깊이 깨우쳐야 할 것이니라.
20 그리하여 그 안식일의 행사를 폐지하
고자 하며,
21 지금 나의 성령을 전하는 나의 아들을
사탄이요, 마귀라 욕하지 말라.
22 나의 아들 예수는 과연 어찌 행했는가?
23 2천 년 전에 지금과 같은 종교 집단이
요, 그 조상의 사악한 뿌리는 나의 아
들 예수가 안식일에 어려운 자 병 고
쳐 주며, 어려운 자 도와주며 역사하
는 것을 보고 저희들의 그와 같은 관
행이요, 폐습에 도전하는 것이라 하여
나의 아들 예수를 그리 핍박하며 죽게
까지 하지 아니하였던가?
24 나의 아들 예수는 안식일에 해야 할
일을 했음이니라.
25 너희들이 말하는 그 안식일은 아니기
에 나의 아들 예수는 그 안식일에 그
와 같은 역사를 했음을 알라.
26 또한, 나 여호와가 너희들이 쉬는 그
날에 쉬지 아니함을 알라.
27 너희들이 정녕 안식일의 의미를 안다
면 나 여호와가 쉬는 날 너희들이 같
이 안식일을 행하여야 할 것이 아닌가?
28 너희들이 며칠 동안 일하며 너희들이
말하는 그날 나 여호와는 쉬지 않으며
항상 일하고 있으며 항상 나는 움직이

고 있음을 나의 아들 예수는 알기에
그는 역사하였거늘, 너희들은 내가 쉬
는 날 쉬는 것이 안식일이 되어야 함
을 알라.
29 내가 말하는 안식일의 개념은 6천 년
이란 세월이 흘러 지금 너희들이 천
년에 걸쳐 새로운 역사를 이루고자 하
는 그 모두가 안식일이니라.
30 나 여호와가 너희들이 말하는 6일이
라는 것이요, 며칠 동안 일을 한다면
나 여호와는 하루도 쉬지 아니함이니,
31 너희들은 안식일이라는 그 자체도 나
여호와가 쉬기에 너희들도 쉰다는 말
이 아닌가?
32 나는 그날 일을 함이니라.
33 그리고 그와 같은 날 나는 쉬지도 아
니함이니, 너희들은 지금 그 안식일의
개념을 알라.
34 하늘의 하루는 얼마며 지상의 하루는
과연 얼마던가?
35 이를 너희들이 여기에 두드려 맞추려
억지를 쓰지 말라.
36 너희들은 내가 쉬는 날 쉬면 됨이니라.
37 이제 내가 법전을 내려보내며 160권
의 장정의 법전이 세상에 나가 새로운
성경으로서 나의 아들이 이를 기록하
여 만백성에게 전하며 이를 깨우침이
니, 이는 바로 무엇이더냐?
38 너희들이 법전을 읽고 깨우쳐 하늘에
오르는 길이니, 나 여호와가 안식에
들어감이니,
39 지금서부터 천 년의 세월이 안식일이
라 너희들이 그리 알라.
40 나의 법전을 내려보냈을 때, 이를 보
고 심판하는 것이요, 이를 보고 깨우
치고 깨우치지 아니하는 것은 너희들
에게 달렸음이니, 너희들은 안식일을
나 여호와가 쉬는 날을 안식일이라 그
리 정하라.
41 하늘의 하루가 너희들의 하루라 생각
하면 내가 6일 만에 쉼이니 너희들도
그와 같이 쉴 수 있으며 안식일이라
정할 수 있으나,
42 나 여호와는 그날 쉬지 아니함이니라.
43 나의 아들 예수도 세상에 나가 그를
폐지했으며, 그를 의식하지 아니한 그
의 행동이요, 그 역사함을 너희들이
돌이켜 보라.
44 그리하여 그를 죽이려 했던 종교 집단
이요, 사악한 자들이 지금까지 재물을
모으며 나의 백성을 경쟁의 심리로 몰
아 많은 재물을 바치도록 맹종하고 맹
신하게 너희들이 교육을 시키는 그날
을 폐지하고자 하는 예수를 죽이지 아
니하였던가?
45 지금 너희들이 나의 법전이요, 나의
아들을 쓰러트리고자 하는 그것 또한
너희들의 사악한 마음이며 욕심에서
나오는 것이니라.
46 나의 법전대로 사는 백성, 내가 내린
새로운 성경대로 사는 백성, 나의 뜻
대로 사는 너희가 되어야 할 것이니라.
47 안식일 그 자체가 너희들이 손으로 만
든 것이니,
48 여기에 연연하지 말며 여기에 매달려
가지 말라.
49 너희들이 말하는 하늘에 계신 창조주
나 여호와 아버지요, 내가 쉬는 날 너
희들도 같이 쉬는 그와 같은 안식일이
되면 될 것이니,

50 나는 일하며 나는 쉬지 않는 날을 너
희들은 내가 쉬는 날이라 하며 그리
안식일이라 하여 나의 피조물 만백성
에게 재물을 거둬들이는 경쟁의 장으
로 만들며 흥분의 장으로 만들어 그들
에게 모두를 거둬들이는 사악한 행위
를 하지 말라.
51 너희들은 해도 너무 하는 것이며,
52 너희들은 안식일이, 어찌 재물을 거둬
들이는 날이 그리도 많은가?
53 하루도 쉬는 날이 없는 것이 너희들이
지금 나를 빙자하여 재물을 거둬들이
는 그와 같은 행위이니라.
54 이를 깨우쳐 만백성 너희들은 바른길
을 보도록 그리하라.

4,950 번째 하나님 말씀

2003년 2월 12일 08시 56분

1 사랑하는 나의 아들아!
2 "네, 아버님! 말씀하옵소서."
3 진실로 진실로 나 여호와가 너희들에
게 전함이니, 너희들에게 어찌 일러
깨우쳤던가?
4 너희들의 육신이 세상에 살면서 아름
다운 생각이요, 아름다운 행위를 하지
아니하고,
5 악한 생각이요, 죄를 범하는 자, 너희
들은 바로 그 순간에 죄의 자식이 된
다 하였으며 죄의 종이 된다 내가 그
리하였음이니라.
6 너희들은 이 무서운 뜻을 과연 어찌
생각하는가?
7 내가 나의 아들을 통하여 법전에 또한
기록하여 일찍이 너희들에게 전하였
음이니라.
8 너희들이 선함을 행하지 아니하며 악
함을 행하고 악한 짓을 하고 있을 때,
너희들은 그 순간에 사탄의 자식으로
전락하며 사탄의 자식이 된다 하였음
이니라.
9 그러하니 내가 성경에 기록하여 전하
기를, '너희들이 죄를 범하는 자는 죄
의 종이라' 내가 그리 말하였음이니,
10 종과 아들은 무슨 차이가 있는가?
11 자식이라는 것은 부모의 뒤를 따라 유
업을 받을 수 있으며 유산을 받을 수
있으며 그를 계승해서 지켜 나갈 수
있음이니라.
12 그러나 종과 주인의 사이는 어떠한 것
인가?
13 종은 유산을 받을 수 없으며, 종은 항
상 주인의 품을 떠날 수 있으며, 그는
거기서 어딘가로 또 떠나며, 스스로
다른 곳으로 가 제가 그 종살이를 할
수 있으니,
14 언제라도 떠날 수 있으며 언제라도
보냄을 받을 수 있는 것이 종과 주인
의 관계이니라.
15 그러니 너희들은 죄의 종으로서 전락
하는 그와 같은 삶을 살지 말라.
16 너희들이 죄의 종으로서 살지 말라 함
이 여기 있음이니라.
17 너희들이 죄의 종으로서 전락하는 그
순간에 나와는 아무런 관계도 없으며,
너희들은 나의 품에서 떠난 자요, 또
항상 나를 공격할 수 있는 그와 같은
자가 됨이니라.
18 종이 주인의 부귀와 영화를 탐하여 무
력으로써 그 주인을 능멸하고자 하는

자, 그와 같은 것이 아들과 종과의 차
이점이니라.
19 자식과 종과의 그 차이점이 엄연하니,
20 너희들은 나의 아들딸이요, 자식으로
서 영원히 남으며 거할 것인가, 그렇
지 아니하면 죄의 종으로서 세상을 살
아 나로부터 등지며 나로부터 버림을
받으며 너희들이 스스로 내 품을 떠나
가는 그와 같은 삶을 살 것인가?
21 너희들은 나의 집에 거할 수 있는 백
성이 되어야 할 것이니라.
22 종이란 나의 집이요, 나의 하늘나라에
영원히 거할 수 없으며 나와 더불어
살 수 없는 것이니라.
23 그러니 너희들은 영원히 나와 같이 더
불어 거할 수 있으며, 하늘에 오를 수
있는 나의 자식으로서 살아가도록 그
리해야 할 것이니라.
24 너희들은 육의 삶이 얼마나 지금 잘못
가고 있으며 죄를 지으며 가고 있는가
를 알아야 할 것이니라.
25 지금 너희들이 육의 삶에서 하나를 잘
못할 때, 그것이 아무것도 아니라 생
각하며 별것이 아니라 생각하는 그 순
간에 너희들은 종이 되는 것이니라.
26 죄의 종이 되니, 악마의 종이 됨을 너
희들은 알아야 할 것이니라.
27 지금 너희들이 어찌 살아가는가?
28 너희들이 생활을 하며 지은 죄를 너희
들이 손으로 지은 교회라는 곳에 와
눈물로써 회개하며 재물을 바치고 기
도하고 경배하는 것으로써 그 죄가 사
해진다 그리 말하고 있음이니,
29 너희들은 죄의 자식이 되어 또 죄의
자식이 되겠다 하여 사탄이요, 사악한
자에게 맹세하는 것이 지금 회개하는
그 기도의 원천이 거기에 있음이니라.
30 너희들은 나를 속임이니라.
31 나로부터 받는 그 죄의 두려움을 알기
에 나를 속여 너희들이 회개했으며 변
화된 자라 그리 말하나,
32 너희들이 지금 기도하고 회개하는 것
이 무엇이더냐?
33 너희가 사탄의 자식이 되었으니 이번
주에도 또 그 자식이 되고자 맹세함이
니라.
34 그 죄가 떠나지 아니하기 때문이니라.
35 너희들이 지은 죄는 손발에 피가 나도
록 아무리 빌고 빌어도 그 죄는 지울
수 없으며 말로써 기도로써 지울 수
없다 하였음이니라.
36 너희들이 말로써 기도로써 그 죄를 지
울 수 없음이니 그 죄가 너희들에게
다 남아 있거늘, 너희들은 용서받은
것처럼 하여 또 죄를 지음이니,
37 사탄에게 다음에 죄를 또 열심히 짓겠
다고 맹세하는 것이며, 사탄에게 언약
하는 그와 같은 행동이라는 것을 너희
들이 되짚어 봐 생각해 보도록 하라.
38 그와 같은 이치도 깨닫지 못하는 것이
너희들이니라.
39 너희들이 기도하고 손발에 피가 나도
록 빌어서 지은 죄를 너희 말대로 지
울 수 있다면, 안식일이라는 날에 기
도하고 눈물로써 회개해서 그를 지울
수 있다면 너희들은 천사와 같은 사람
으로 다시 살아갈 수 있으나,
40 그 죄는 지워지지 아니함이니, 너희들
이 용서를 받은 것처럼 하여 또 나가
그 죄를 짓고 있음이니,

41 너희들은 죄의 종이 되어 사탄의 종이
되어 사탄에게 또 다음에 나가서 열심
히 죄를 짓고 오겠다는 그와 같은 짓
을 하고 있음이니라.
42 사탄은 너희들이 죄를 짓고 용서받은
양 기도하는 소리를 듣고 즐거워하느
니라.
43 그리하여 너희들은 나가서 또 험악한
죄를 지으며 사악한 죄를 짓고 다음에
와서 사탄에게 이와 같은 죄를 지었다
하여 그들에게 자랑하고 언약을 하며
나가서 또 죄를 짓겠다 그리 눈물로써
기약하며 약속을 하니,
44 사탄이요, 악마의 자식으로 스스로 가
는 것이 너희들이니,
45 사탄이요, 악마가 너희들을 불러들이
지 아니하며 너희들을 다스리지 아니
한다는 것을 법전에 기록한 뜻을 너희
들은 알 것이니라.

4,951 번째 하나님 말씀

2003년 2월 12일 16시 54분

1 사랑하는 나의 아들아!
2 "네, 아버님! 말씀하옵소서."
3 네가 하는 모든 말이 아름다운 말이
요, 고운 말이요, 나 여호와가 기뻐하
는 그와 같은 말을 하고 살 때, 너는
나의 아들이요,
4 네가 행동이 바르면 나 여호와가 너를
보기에 기쁜 행동이요, 남들이 봐서
네가 추하고 부끄러운 행동을 하지 아
니할 때 너는 나의 아들이요,
5 그렇지 아니할 때는 나의 아들이 아
님을 알라.
6 너는 살아가면서 육의 세상에 있는 한
움직이고 행하는 것은 160권의 법전
을 네가 성령을 받아 기록하는 그것에
다 맞춰야 할 것이며,
7 네가 움직이는 것은 다 그를 위하여
존재하는 그와 같은 삶으로 살아야 함
을 너는 잊어서는 아니 될 것이니라.
8 네가 잠을 자는 것도 160권의 법전을
만들기 위하여 잠을 자는 것이며, 휴
식하는 것도 네가 160권의 법전을 만
들기 위하여 휴식하는 것이니, 네 육
을 위해 휴식하는 것이 아니며,
9 네가 어떠한 음식을 취한다 해도 160
권의 법전을 위해서 음식을 취하는 것
이니, 너 스스로 육의 에너지를 보충
하기 위하여 취한다는 그와 같은 생각
으로써 너는 살아가서는 안 됨이니라.
10 하나서부터 백까지 네가 움직이고 행
하는 그 모두는 다 나 여호와가 너를
봄에 있어서 기쁨을 얻을 수 있는 그
와 같은 행동이요,
11 너의 모든 행동은 160권의 법전을 세
상에 만들어 기록하는 데 모든 초점을
맞춰서 움직여야 하니,
12 네가 육을 위한 어떠한 행동도 있어서
는 아니 됨을 알라.
13 잠을 자는 것까지도 백가지 천가지 모
두가 다 너는 160권의 법전을 만들기
위해서 움직이는 그와 같은 사람으로
서 살아가야만 네가 나의 아들이요,
14 네가 육의 향락에 육의 삶의 즐거움을
위해서 무엇을 생각하고 산다 하면,
너는 이 세상에서 기적을 이룰 수 없
으며 아무것도 이룰 수 없음을 알아야
할 것이니라.

15 생각하는 그 자체요, 네가 움직이는
그 모두는 나의 법전을 위해서 움직이
며,
16 나의 법전을 받아 세상에 전하는 것이
요, 만백성을 구하는 것 외에 아무것
도 네가 생각해서는 아니 됨이니라.
17 너는 다른 백성과 달리 나의 아들로서
세상에 나가 나를 대신하여 모두의 무
서운 역사를 이루고 있지 아니하는가?
18 내가 이 세상에 두 번 다시 없다 하였
으며, 또 지구가 멸망할 때까지 이와
같은 마지막 시대의 역사가 이것이 마
지막이요, 두 번 다시 없다 하였음이
니,
19 네가 얼마나 어려운 역사를 이루는 것
인가를 너 스스로 알아야 할 것이니라.
20 그러니 너 하나 움직이는 모두는 너
자신의 육신을 위해서가 아니요,
21 법전을 만들어 내는 것, 법전을 전하
는 것, 거기에만 맞춰서 움직여야 할
것이니라.
22 그리 움직이고 행할 때 나 여호와가
너를 보기에 기쁨을 얻을 것이며, 내
가 너에게 모든 역사를 이룰 수 있는,
나 여호와를 대신하여 이룰 수 있는
그 모든 힘을 너에게 내릴 것이니라.
23 그러니 너는 지금서부터 모든 삶을 법
전을 만들고 나의 성령을 받아 기록하
며 이를 전하는 것 외에 아무것도 생
각해서는 아니 될 것이니라.
24 네가 좋은 옷을 입고자, 좋은 음식을
먹고자, 네가 편안한 잠자리를 위하여
모두를 그리 생각해서는 아니 되느니
라.
25 모든 것은 나의 법전을 만드는 데 맞
추며,
26 법전을 만들어 전하는 데 지장이 없으
며 잘못됨이 없으면, 너는 그것이 인
생의 최고 행복이요, 네가 가장 큰 기
쁨으로 알고 살아가라.
27 너 자신의 육의 행동이요, 육의 삶을
위해서 네가 무엇을 움직여서는 아니
됨이니,
28 그리하여 세상사 모두에 손을 놓으라
하였으며, 너는 죽은 자라 내가 그리
말하였느니라.
29 그러니 내가 너에게 원하는 이 뜻을
깨달아, 네가 모두를 다 나의 법전을
만들고 법전을 전하는 데만 신경을 쓰
고 생각하며,
30 그 이상도 그 이하도 아무것도 해서는
아니 됨이니라.
31 잠깐 네가 눈을 감고 묵상하라 함도
법전을 만들기 위함이요,
32 네가 먼 산을 바라보고 휴식을 하는
그것 또한 너는 법전을 만들며 이를
어찌 전할까를 생각하는 것 외에는 아
무것도 생각지 말라.
33 모든 사람을 만나는 것도 그를 위해
만날 것이며,
34 모든 인간과 대화를 하면서도 그와
같은 자세로써 대화하고 생각하고 살
아가야 함을 너는 정녕 잊어서는 아니
됨이니, 그와 같은 삶을 살라.
35 이제는 네가 그와 같은 세상의 삶을
살 수 있으며, 네가 그와 같은 세계로
들아올 수 있음이니라.
36 너의 육의 향락을 위해서 너의 육의
즐거움으로 사는 모든 행위는 내가 용
서치 아니하며 그는 있을 수가 없음이

니라.
37 오로지 나의 법전을 만들기 위해 모두
가 존재한다는 것을 잊지 말라.
38 이제 너를 따르는 모든 제자들이 너를
위해 모든 희생을 하고 있으며 그들이
너를 위해 따르고 있음이니,
39 그들은 스스로 놀라 그들 또한 160권
의 법전이 세상에 나올 수 있도록 희
생을 하며 너를 돕고 있음이니, 그들
의 감사함을 네가 알아야 할 것이며,
40 그들이 지금 희생하고 있음을 헛되이
하지 말라.
41 그 모든 것은 네가 나의 법전이요, 성
령을 받아쓰고 만드는 것만 생각하며
살도록 그리하라.
42 그것이 네가 해야 할 일이며, 네가 기
적의 역사를 이룰 것이며,
43 나의 법전 160권이 세상에 단시일 내
에 나올 것이며,
44 나의 법전이 세상을 하얗게 덮을 날이
가까워지는 길임을 알라, 사랑하는 나
의 아들아!

4,952 번째 하나님 말씀

2003년 2월 12일 16시 59분

1 사랑하는 나의 아들아!
2 "네, 아버님! 말씀하옵소서."
3 안식일이라는 그날에 너희들은 나의
피조물 만백성에게 재물과 금화를 거
둬들이며, 그들의 인간성마저 모두를
말살시키는 그와 같은 안식일로 가고
있음이니라.
4 내가 일찍이 너에게 가르쳐, 안식일은
인간 너희를 위해 존재하는 것이요,
안식일을 위한 안식일이 아니라 내가
너희들에게 그리 수차 전하였건만,
5 지금의 모든 종교 집단은 안식일을 위
한 안식일로 가고 있는 것이 그들이니
라.
6 그리고 그들은 재물을 거두어 모으기
위한 안식일로 쓰고 있음이니,
7 이를 바로잡고자 함이 나 여호와의 뜻
이니라.
8 나 여호와는 만백성 너희들을 위하여
잠시도 쉬지 아니하며 일하고 움직이
고 있거늘,
9 어찌하여 너희들은 너희 마음대로 안
식일이라 하여 만들어 그저 그날을 정
해 놓고, 모두를 다 전폐하며 움직이
지 아니하며 행동하지 아니하려 하고
있는가?
10 너희들은 그 시간을 함부로 낭비하지
말라.
11 그리고 그와 같이 함부로 쓰지 말아야
할 것이며,
12 너희들이 일하다 지쳐 휴식할 때 그것
이 안식일이니, 각자 너희들이 필요한
시간에 쉬는 것이 바로 쉬는 날이요,
안식함이니라.
13 하나의 일을 일률적으로 모아 그와 같
이 하는 것은 너희들로부터 재물을 끌
어들이는 그와 같은 행위라 내가 너에
게 일찍이 일깨워 주었으니,
14 그와 같은 것을 다 폐지하는 것이 나
의 뜻임을 너희들은 알아야 할 것이니
라.
15 너희들이 성전이라는 곳에 모여 기도
하고 울고불고 광란의 짓을 하는 그것
이 안식일이 아니니라.

16 그것은 안식일이 아니요, 재물을 바치
는 고통이 있으며 너희들이 스스로 그
시간을 낭비함에 있어서 고통만 쌓여
가는 것이 아니던가?
17 일률적으로 정해 놓고 쉬는 것은 안식
일이 아니니라.
18 열심히 일한 자, 밤을 새워 노력한 자,
그리고 먼 길을 갔다 온 자, 그와 같은
자는 쉬게 되어 있는 그날에 쉬지 못
하게 하며 너희들을 괴롭히며 이끌어
감이니,
19 너희들을 무너트리는 그와 같은 행위
를 하고 있음이니라.
20 그리하여 내가 안식일이라는 것은 너
희들을 위하여 존재하는 휴식의 시간
이며, 휴식의 날이라 하여,
21 너희들이 힘들고 어려울 때 스스로 선
택할 수 있는 그와 같은 날로 만들라
함이니,
22 내가 이를 너희에게 가르쳐 주고자 함
이니라.
23 나 여호와가 쉬지 않고 역사하고 있거
늘, 너희들은 어찌하여 너희 마음대로
그리 쉬는 시간을 가지며, 나 여호와
가 쉬며 나 여호와가 일하지 않는 것
처럼 그리 말하는가?
24 내가 일하는 것만큼 너희들 또한 열심
히 노력하고 따르는 그와 같은 형태로
살아가라.
25 너희들이 안식일을 일률적으로 모으
는 것은 그것은 말이 되지 아니함이니
라.
26 지치고 힘든 자, 쉬는 날에 그를 깨워
너희들이 안식일이라 하는 것이 무엇
이던가?
27 성전에 와 재물을 바치도록 하며, 재
물로 하여금 경쟁을 시키는 그와 같은
사악한 행위로 나의 피조물 만백성을
이끌어 가지 말라.

4,953 번째 하나님 말씀

2003년 2월 12일 17시 10분

1 사랑하는 나의 아들아!
2 "네, 아버님! 말씀하옵소서."
3 나로부터 명을 받아 세상에 나간 나의
아들 예수도, 어떠한 사람이든 똑같은
백성 너희들 위에 존재함을 용서치 아
니하였으며, 그리 존재하지 아니하였
음이니라.
4 또한, 그는 그를 사양하였으며 그를
받아들이지 아니하였으니,
5 그리하여 너희들이 모두가 다 친구라
그가 그리 말하지 아니하였던가?
6 그러나 감히 나의 아들 예수도 모든
인간은 동등하며 똑같은 친구라 하여,
그 위에 존재하는 것을 사양했으며 용
서치 아니하며 받아들이지 아니하였
거늘,
7 지금의 종교 집단 너희들은 과연 어찌
끌어가는가?
8 너희들은 궁전보다 더 호화로운 성전
을 지었으며, 그를 지으려고 너희들은
교묘한 방법으로 이 세상의 누구도 따
를 수 없는 폭군으로서 전락하였으며
폭군으로서 군림한 것이 종교 지도자
이며,
9 악덕 군주도 그와 같은 악덕 군주는
없는 것이 너희들이 지금 가는 행위며
하는 짓임을 알아야 할 것이니라.

10 그리하여 너희들은 나의 사랑하는 백성을 천국이요, 하늘에 오르는 길로 인도하는 것이 아니요,
11 그들이 하늘에 오르는 빛조차도 보지 못하도록 그들을 지옥에 감금시켜 놓았으며,
12 그들이 세상 빛을 보지 못하도록 암흑에 묻어 두고 묶어 둔 그와 같은 형국이니,
13 그들이 도저히 그 암흑에서 빠져나갈 수 없도록 쇠사슬로 묶어 얽어 놓은 것이 너희들이니,
14 바로 지금의 종교 집단 속에 가 구원의 길이라 하여 광분하여 울부짖는 그 모습이 지옥에서 울부짖는 모습과 같음을 너희들은 알아야 할 것이니라.
15 그와 같은 종교 집단 그들이야말로 사탄의 대부이며,
16 종교 집단의 지도자가 과연 지금 어찌 가고 있는가?
17 나의 사랑하는 피조물 만백성을 감금시켜 놓고 지옥에 묶어 놓고 그들을 노예처럼 부려 먹는 자와 마찬가지이니라.
18 그리하여 수천 년 동안 나의 백성이 부르짖던 자유요, 아름다운 삶을 위하여 무수히 노력했던 그 모두가 다 너희들 세계에서만 통하지 아니하니,
19 지금의 종교 집단은 그 신도들이요, 나의 백성을 노예처럼 부려 먹고 있으며, 노예 제도를 부활시켜 놓은 것이 너희들 종교 집단의 세계이니라.
20 거기에 어디 사랑이 있고 베풂이 있는가?
21 모든 백성은 자기의 자유의사로, 자기 뜻대로 그와 같이 아름다운 자연 속에 살아가고 있지만,
22 종교 집단 너희들 속에만 노예 제도가 폐지되지 아니하였으며,
23 그것이 더 강권으로 지금 결행되고 있는 것이 너희들이니라.
24 그리하여 지금의 모든 종교 집단이 나에게 오르는 참진리를 연구하는 것이 아니요,
25 노예 제도의 종단으로서 전락하였음을 너희들은 알아야 할 것이니라.
26 지금에 가장 사랑을 베풀며 인정을 베풀며 나눔을 베푼다 말하고 사는 너희들, 그 속에는 자유와 개인의 의지와 생각이라는 것이 전혀 없으며,
27 유일하게 사랑이 없는 곳이 바로 종교 집단 너희들의 그 속이니라.
28 그와 같은 속에서 나의 사랑하는 피조물 만백성이 그들의 세 치 혓바닥에 현혹되어 구원의 길이라 달려가고 있음이니,
29 그것이 바로 너희들이 육의 세상에서 지옥에 감금됨임을 알라.
30 너희들이 지상의 세상에서 천국에 사는 자 나에게 오를 수 있으며, 지상의 지옥에서 사는 자 그대로 지옥으로 가며 천국에 올 수 없다 하였음이니,
31 너희들이 지금 잘못 가르치는 종교 지도자들의 그 뜻에 따라 지옥 속에서 허덕이고 있음을 알아야 할 것이니라.
32 믿음을 자신의 의지로 깨달은 것이 아니라, 남의 권유와 남의 지시에 따라서 끌려가는 것이 지금의 종교 집단이니라.
33 과연 너희들이 깨달음을 얻어서 스스

로 깨달아 진리를 위하여 지금 그 길
을 가는가?
34 남의 권유요, 남의 눈치를 봄으로써
그곳에 가게 되어 있으며 거기서 떠나
지 못하는 것이 너희들이니라.
35 남의 눈치를 보고 남이 권유해서 믿음
을 간다는 것은 자기 자신의 모두를
다 포기한 무능력한 사람이니,
36 그 소중한 자기 자신을 다 버린 자가
너희들임을 알아야 할 것이니라.
37 너희들은 구원이란 무엇인지 아는가?
38 자기 자신이 새로 태어나며 나로부터
세상에 생명을 받아 나간 그 자리로
돌아오는 것이 구원이거늘,
39 그 모두를 다 짓밟혔으며 다 버린 자
가 너희들이니라.
40 새로 태어나는 생명의 길을 남의 손에
맡기고 있는 것이 지금 너희들이니,
가장 어리석은 짓을 하고 있음을 알라.
41 너희들은 나에게 오르는 생명의 구원
이요, 새로운 빛을 보아 천국이라는
내 품에 올 수 있는 그와 같은 소중하
고 소중한 깨달음의 길을 남의 의사
에, 남의 손에 맡기어 그저 끄는 대로
끌려가는 그와 같은 형국으로 가는 것
이니,
42 그것이 천국의 길이 아니요, 지옥의
길로 가고 있음을 너희들은 알아야 할
것이니라.
43 너희들은 나의 성령이요, 참진리를 따
라서 깨달음의 길을 오는 것이 아니요,
44 사악한 인간의 짓이요, 인간의 명령에
따라서 인간의 요구에 따라서 너희들
이 지금 그 길을 달려가고 있으며,
45 하늘의 뜻과 하늘의 의를 모르며 내가
원하는 것을 보지 못하여 벗어나지 못
하는 것이니, 그리 알아야 할 것이니
라.
46 너희들은 지금 참진리요, 그리고 나에
게 오는 길이요, 영원히 사는 그 길을
위해서 노력하고 살아감이 아니요,
47 종교 지도자의 취미에 맞춰서 종교 지
도자가 흔드는 손의 그 손놀림에 의하
여 지금 움직이고 있음이니,
48 한 악단의 지휘자가 흔드는 그 지휘봉
에 맞춰 악기를 다루듯이 그보다 더
도취하여 있으며 그보다 더 빠져 있는
것이 너희들이니,
49 그저 종교 지도자가 흔드는 대로 그저
광란의 짓을 하는 대로 그 뜻에 따라
움직이고 울고불고하며 지금 최면에
걸려 가고 있음이니,
50 그곳에서 깨우치지 아니하는 자 구원
을 받을 수가 없음이니라.
51 내가 나의 법전에 기록하여 지금 너희
들이 가는 길이 믿음이요, 구원의 길
이 아니라 지옥의 불바다로 가는 길이
라 내가 그리 부르짖건만,
52 어찌하여 너희들은 새로 내리는 성경
이요, 나의 법전 이 자체를 열어 보지
도 아니하는가?
53 내가 오죽이나 답답하면 너희들에게
한 말을 또 하며 가르친 것을 또 강의
하겠는가?
54 이 세상의 모두는 다 나의 것이라 했
으며 내가 필요로 하여 세상에 내보냈
으니,
55 너희들은 그 마음 한 가지만 가지며
나의 새로운 성경을 정독하여 깨우침
을 얻도록 그리하라.

56 그리하여 너희들이 깨우침이 없으며
변함이 없을 때 그때 덮어도 되거늘,
57 어찌하여 열어 보지도 아니하며 그리
사악하게 가고 있는가?
58 이제는 어떠한 능력을 가지고 판단할
수 있는 자신도 없고 어떠한 사고력을
가지고 있는 것도 아니며,
59 너희들의 이성이요, 그 모두를 다 종
교 지도자의 그 세 치 혓바닥에 현혹
되어 상실한 것이며,
60 너희들이 자력으로 일어설 수 없으며
자력으로 갈 수 없는 그와 같은 것이
지금의 종교 집단에 있는 신도 너희들
의 형국이며 너희들이 가는 형태임을
알라.
61 이제 내가 나의 새로운 성경을 내려보
내니, 너희들은 이를 보라.
62 이를 읽고 너희들이 깨우침의 길을 얻
지 아니하면 너희들은 영원히 구원의
길을 볼 수 없음을 알라.

4,954 번째 하나님 말씀

2003년 2월 12일 17시 35분

1 사랑하는 나의 아들아!
2 "네, 아버님! 말씀하옵소서."
3 너희들이 육의 세상에서 지금 살아가
는 그 모두는 나 여호와의 주관하에
이루어지지 아니하는 것이 없으며,
4 이 하늘나라 또한 나의 주관이요,
5 너희들이 그리도 두려워하며 나와는
관계없는 것처럼 생각하는 지옥의 불
바다요, 그 모두도 또한 다 나 여호와
가 주관함이라는 것을 내가 너희들에
게 전하였거늘,
6 그 지옥이요, 천국은 인간 세상에서
살아가는 너희들이 세상의 천국에서
사는 것과 세상의 지옥에서 사는 그와
같은 분별함을 깨우치라 하였거늘,
7 너희들은 그와 같은 이치 하나도 모르
고, 지금의 믿음이요, 그저 너희들이
가는 종교 집단만이 구원을 받으며,
8 그 길이 하늘에 오르는 길이요, 축복
을 받은 길이요, 하늘에 오를 수 있는
자격을 받아 놓았다 그와 같이 지금
가고 있으며,
9 너희들이 속해 있는 것, 너희들이 믿
는 것, 너희들이 관여한 그 종교 집단
만이 유일한 진리요, 참길이라 그리
생각하며 구원의 길이라 달려감이니,
10 그와 같은 모든 생각을 버리고 다시
태어나는 그와 같은 삶을 살라 그리
말하였음이니라.
11 지옥이요, 천국이요, 이 세상의 육의
삶의 그 모두를 다 나 여호와가 관장
하지 않는 것이 없듯이, 내가 나의 피
조물 만백성을 다 똑같이 사랑하며 내
가 그리 아낌이니,
12 너희들이 지금 가고 있는 것만이 최고
라는 그와 같은 생각을 너희들은 버려
야 할 것이니라.
13 모든 백성이 가는 길이 다르며 살아가
는 방법은 다르나,
14 너희들이 나에게 오르고자 하는 그 마
음은 같으며, 너희들이 나에게 심판을
받는 그 길을 달려오는 것은 누구나
다 같음이니라.
15 너희들이 지금 나에게 심판을 받는 길
을 가는 동행자이며, 다 같은 길을 떠
나는 벗이라 그리 말하였음이니라.

16 그러나 너희들이 심판을 받는 심판대
에 섰을 때, 과연 어느 길을 가느냐 하
는 것은 너희들이 살아옴에 달렸으니,
17 그때는 너희들이 하늘과 땅의 차이가
벌어짐을 알아야 할 것이니라.
18 나의 뜻대로 살아온 자는 천국의 길을
갈 것이며, 나의 뜻을 거역한 자는 지
옥으로 갈 것이며,
19 같이 여행을 해도 그 여행의 결과는
그와 같이 무서운 것이 놓여 있다는
두려움을 알며 무서움을 알며 깨달음
을 얻어야 할 것이니라.
20 너희들은 나에게 심판을 받으려고 오
는 길동무요, 같은 여행을 하는 자이
니라.
21 너희들이 그들 속에서 아비규환같이
서로 싸우며 물고 뜯는 그와 같은 형
국으로써 오지 말라.
22 너희들은 다 같이 손을 잡고 같이 연
구하고 생각하며, 남이 가는 길을 들
여다보며 거기서 깨달음을 얻고 오는
자,
23 그리고 참진리요, 진정한 길이 무엇이
고 바로 서는 것이 무엇이고 나 여호
와가 원하는 것이 무엇인가를 아는 자,
24 그와 같은 자로서 변해야만 너희들이
와 심판대에 섰을 때 그 무섭고 두려
움을 알게 될 것이며,
25 그를 알면 지옥행에서 벗어날 수 있
을 것이니라.
26 각종 종교요, 종파 또한 그들은 어찌
살아가는가, 서로 여행을 하며 길동무
로서 들여다보며 그들을 볼 수 있는
그와 같은 지혜를 얻으라.
27 그저 오로지 제 것만이 최고라 움켜쥐
고 바보스럽게 달려가는, 먹이를 가진
짐승이 좌우를 보지 못하듯이
28 너희들이 그보다 더 강한 욕심으로 너
희 것이 위대하며 너희들 것만이 구원
을 받는다는 그 생각으로 가슴에 움켜
쥐고 그저 달려가는 그와 같은 어리석
은 믿음에서 벗어나라.
29 모든 종교요, 종파가 공존하는 그 속
에서, 이제는 너희들이 서로 연구하고
서로 깨달아 참진리의 길을 찾는 그
길을 선택하는 자만이 구원을 받을 수
있음이니라.
30 모두를 다 들여다보고 거기에서 깨우
침을 얻도록 하라.
31 적대시하며 원수로 생각하는 그와 같
은 길을 가는 것은 가장 어리석은 자
이니라.
32 너희들이 나의 법전을 들여다보며 나
의 법전을 읽고 깨우치며, 또한 내가
원하는 것을 바라볼 수 있는 이 세상
의 모두를 다 너희들이 접하며 같은
뜻에서 같은 길동무요, 심판을 받으러
가는 같은 길이라는 것을 잊지 말라.
33 가면서 너희들이 어찌 가느냐가 중요
함이니라.
34 서로 적대시하지 말며 서로 연구하고
깨우쳐 너희들이 심판을 받으러 오기
까지 한 시대의 육이 존재하는 그 세
상을 너희들의 삶을 바로 살아야 할
것이니라.
35 나의 백성 너희들은 진정한 진리의 길
을 보고 서로 격려하고 위로하며,
36 고칠 것은 고쳐 주며, 다스릴 것은 다
스려 주며, 남의 말을 듣고 또 들을 것
은 들으며, 버릴 것은 버리며 그와 같

은 현명함에서 노력하고 찾아올 때,
37 너희들은 참진리를 볼 수 있으며, 진정한 나 여호와의 뜻을 볼 것이며, 내가 원하는 길을 알게 될 것이니라.
38 그렇지 않은 자, 제 것만을 움켜쥐는 자, 그저 맹수가 먹이를 채듯이 그와 같이 제 것만이 최고라 가슴에 안고 들입다 앞만 보고 뛰는 자, 결국 지옥불로 떨어진다는 것을 잊지 말라.
39 같이 연구하라, 그리고 같이 깨우치도록 하라.
40 그것만이 너희들이 사는 길이니라.
41 나의 진리요, 나의 뜻이요, 하늘에 오르는 길은 하나인 것이니라.
42 여러 개의 길이 아님을 알라.
43 너희들이 여러 가지 길로 지금 달려오고 있으며 각자가 길동무로서 오나,
44 하늘에 오는 그 바른길은 한 길밖에 없음이니라.
45 너희들이 참진리요, 참뜻을 아는 자, 그리고 내가 원하고 이루고자 하는 것을 깨달을 수 있는 것은 지금 내가 내린 계명을 지키며 율법을 지키며 내가 새로 내리는 성경을 들여다보는 그것이 지름길이며 곧은길임을 너희들은 알아야 할 것이니라.
46 너희가 부모형제간에도 제일 무서운 것이 무엇이더냐?
47 너희들은 알아야 할 것이니라.
48 서로 대화를 하지 아니하며 서로 만나지 아니하며 서로 모르는 것같이 지내는 것이 가장 무서운 것이 아니던가?
49 너희가 형제지간에도 대화하며 서로 자주 만나며 나눔이 있는 곳에 사랑함이 있고, 그 사람의 형제지간에 우애가 있으며, 서로 이해하고 용서함이 있음이니라.
50 그러나 말하지 아니하며 대화하지 아니하고 만나지 아니하고 살며 거리를 두고 사는 그것이 가장 무서움이니,
51 서로 함께 사는 이 세상에서 그 종교집단만이 폐쇄된 속에서 삶을 사는 백성처럼 불쌍하고 가련한 백성이 없음을 알라.
52 너희가 서로 대화를 안 하고 대화가 단절된 상태요, 모든 대화를 단절하는 것은 너희들이 모두를 단절하고 사는 것이니, 세상 것을 전혀 알지 못하는 그와 같은 어리석은 사람이니라.
53 문을 닫고 사는 자가 누구던가?
54 지금 너희들이 문을 꽉 걸어 잠그고 그 안에서만 살아가는 것이 누구던가?
55 배타적인 행위를 하고 살아가는 백성이 누구던가?
56 우호적이고 인성의 아름다움을 모르고 살아가는 것이 누구던가?
57 지금의 믿음의 길을 가고 있는 너희들이니라.
58 너희들은 배타적인 그 믿음의 길을 가는 것이며, 나의 피조물 만백성을 그리 가르쳐 놓았음이니,
59 아름다운 길이요, 하늘에 오르는 길이 아니요,
60 진리를 역행하는 가장 위험한 길을 달려가는 것이며, 그 길을 가는 것이 너희들이니라.
61 너희들의 존재를 이제 알고 깨닫도록 그리하라.

4,955 번째 하나님 말씀

2003년 2월 12일 17시 42분

1 사랑하는 나의 아들아!
2 "네, 아버님! 말씀하옵소서."
3 지금의 모든 종교 집단이요, 지도자들
이 나의 피조물 만백성을 우롱하며 가
르치기를, 회개하고 눈물로써 반성하
면 모든 죄를 다 용서받으며 지워진다
그리 가르침이니,
4 그저 그것이 깨우침이요, 가르침이라
하여 그 길을 위하여 달려가는 백성,
그것이 자기의 발전이요, 자기의 변화
라 착각하고 살아가는 그와 같은 백
성, 너희들은 알아야 할 것이니라.
5 너희들이 말로써 회개하며 말로써 깨
우쳤다 말하는 그것은 하늘에 오르는
길과는 전혀 관계가 없음을 알아야 할
것이니라.
6 너희들이 깨우치고 변화되었다 함은
그를 행함이 더 소중함을 알아야 할
것이니라.
7 말로써 모두를 다 회개했으며 모두를
깨우쳤다 말하나, 행함이 없을 때는
나의 사랑하는 백성 너희들이 하나가
될 수 없음을 알아야 할 것이니라.
8 너희들이 깨우치고 회개하여 얻은 그
모두가 있다면, 그를 행함으로써 두
번 다시 그와 같은 죄를 범하지 아니
하며 그와 같은 행동을 하지 않는 그
와 같은 행함으로써 너희들이 서로 변
화될 때, 하나가 될 수 있으며, 나에게
오를 수 있는 길을 보게 된다는 것을
먼저 알라.
9 말로써 회개하는 것이 구원의 길에 오
르는 것이 아니요, 하나가 되는 것이
아니요,
10 행함으로써 모두가 하나로 이루어짐
을 너희들은 알아야 할 것이니라.
11 이 세상 모든 피조물 만백성 너희들은
나로부터 생명을 받아 세상에 내려가
니, 그리하여 육의 삶을 살다 너희들
은 죽음의 길을 향하여 가는 것은 똑
같이 가는 길이니라.
12 나로부터 생명을 받아 태어나 죽음의
길을 향하여, 그 죽음의 종말을 향하
여 지금 가고 있는 너희들이,
13 어찌하여 서로 아끼고 사랑하며 위로
하며 화합된 그 사랑 속에서 살아가지
못하고, 그리 경원시하며 서로 적대시
하며 서로 의심하며,
14 그리고 너희들이 가는 종파만이 우선
이요, 그것만이 선을 행하는 길이요,
하늘에 오르는 길이라 하여 남들을 인
간으로 쳐다보지 아니하는가?
15 거기에 너희들이 어찌 동반자로서 가
는 백성이며 어찌 사랑을 가지고 사는
백성이라 그리 말하는가?
16 너희들은 다 똑같이 태어나 똑같은 죽
음의 길을 가고 있는 백성이니, 거기
에서 벗어난 자 없으며 이탈한 자 없
으며 거기를 가지 아니할 자가 없음이
니라.
17 그 목적은 똑같으며 종착역이 같은 길
을 가는 백성이 어찌하여 선하고 화합
하고 사랑하는 마음을 갖지 못하고,
서로 경원시하며 천 갈래 만 갈래 찢
어지는 그와 같은 형태로써 서로 바라
보며 그리 살아가는가?
18 그리 가서는 너희들이 하나가 될 수

없음이니라.
19 너희들이 행함으로써 마음을 하나로
만드는 것이 종착역에 도착했을 때,
심판대에서 지옥이요, 천국이라는 갈
림길에서 어느 길을 가느냐 하는 것이
달렸음을 알라.
20 지금부터라도 화합하고 사랑하며 나
누는 마음을 가지고 살며, 이웃을 네
몸처럼 사랑하는 그와 같은 마음을 가
지고 살아가도록 그리하라.
21 너희들이 네 이웃을 사랑하는 것이 네
이웃을 사랑하는 것이 아니요, 곧 나
여호와를 사랑함이니라.
22 나 여호와를 사랑하는 것은 나의 백성
이요, 나를 사랑하지 아니하는 것은
사탄의 자식이라는 이 엄연한 사실도
모르는 것이 너희들이니,
23 '네 이웃을 네 몸과 같이 사랑하라'는
것은, 나 여호와를 사랑하는 것만큼
너희들이 그와 같은 마음으로 이웃을
사랑하라 함이니라.
24 그것이 너희들이 나의 자식으로서 오
는 길임을 잊지 말라.

4,956 번째 하나님 말씀

2003년 2월 12일 17시 58분

1 사랑하는 나의 아들아!
2 "네, 아버님! 말씀하옵소서."
3 나에게 선택된 백성 너희들이 선을 접
어 두고 악을 행할 때, 나 여호와가 가
슴을 도려내는 아픔을 느끼는 것을 너
희들은 알겠는가?
4 내가 구약 시대의 그 역사 속에서도
나의 사랑하는 백성 너희들이 바로 서
지 못하였으며,
5 신약의 시대에 그보다 더한 고통스러
운 그 아픔에서도 지금 잘못 가는 이
와 같은 모든 종교 집단이 세상을 덮
고 있음이니,
6 그리하여 내가 제3의 시대에 마지막
나의 성령이요, 나의 뜻을 다 태워 너
에게 내려보내 법전이라 하여 세상의
만백성을 구하고자 함이니,
7 여기에 선택되어 나의 법전을 읽고 깨
우치는 백성 너희들이 모든 기초요,
근본으로써 역사할 나의 아들딸이니,
8 너희들이 잘못 갔을 때, 너희들이 악
을 행하고 선을 버렸을 때, 이를 바라
보는 나 여호와의 가슴이 얼마나 아픈
지 알겠는가?
9 예리한 칼로써 가슴의 살점을 도려내
는 것보다 내 아픔이 더 강하다면 너
희들은 알겠는가?
10 나 여호와의 마음이 그러하니, 너희들
이 바로 서고 바로 가기를 나 여호와
가 바람이니라.
11 사랑하는 나의 아들아, 이 세상 동양
의 작은 나라에서 나 여호와의 성경이
요, 성령의 그 뜻으로써 준비되어 세
상에 나감이니, 너희들이 얼마나 영광
된 것인가를 그 백성이 모름이니라.
12 너희들의 문자요, 너희들의 언어가 내
가 일찍이 준비된 것이라 하였으며,
미리 준비되어 내가 역사했기에 지금
너희들의 문자로써 나의 성령을 받아
세상에 전하여 만백성을 구하고자 지
금 동양의 작은 나라에서 역사를 하고
있건만,
13 어찌하여 너희들은 같은 작은 동양의

나라요, 같은 민족이요, 같은 백성인
나의 아들이 너희에게 그와 같은 대역
사의 변화를 원하는 것을,
14 너희는 어찌하여 이를 사탄이요, 이단
이라 그리하며 이를 거역하며 바라보
지 아니하며 듣지 아니하려 하는가?
15 내가 너희들의 문자요, 너희들의 생활
방식으로써, 너희들의 글자로써 세상
에 나의 새로운 성령을 내려보냄이니,
이보다 더 큰 영광과 은혜가 없거늘,
16 너희들은 어찌하여 귀가 있어도 듣지
를 못하며, 눈이 있어도 보지 못하는
그리 어리석은 백성으로서 가는가?
17 너희들이 아집이요, 고집을 버리지 못
하며 아직도 폐습에서 벗어나지 못함
이니,
18 이 모두를 다 버리며 접어 두고 가는
형국임을 너희들은 알아야 할 것이니
라.
19 내가 모두는 다 너희들을 통하여 시작
해야 하며 나의 선택된 백성 너희들로
하여금 시작하게 됨이니,
20 동양의 작은 나라에 있는 나의 사랑하
는 백성 너희들로부터 역사가 이루어
지며 모든 변화가 시작되거늘,
21 어찌하여 그곳에서 벗어나려고만 하
는가?
22 너희들이 아무리 벗어나려 해도 벗어
날 수 없으며 그 길을 가야 하는 선택
된 백성임을 너희들은 알아야 할 것이
니라.
23 그러니 너희들은 일찍 나의 법전을 읽
고 깨우쳐 너희들 스스로 변하는 대역
사를 이룸이 오로지 너희들이 고통과
시련에서 벗어남을 알아야 할 것이니
라.
24 너희들의 나라에서 너희들의 그 모든
문화의 삶이요, 너희들의 문자로부터
일이 시작된다는 것은 얼마나 위대하
며 축복받은 민족이며 영광인가를 알
라.
25 이를 모르는 백성 너희들을 어찌하면
되겠는가?
26 지금까지 너희들이 온 믿음이요, 하늘
에 오르는 길이요, 천국에 오른다 하
여 그와 같이 잘못 가르치는 종교 지
도자들의 그 말에 세뇌되어 지금 정신
이 제대로 서 있지 않기에,
27 너희들은 지금 앞으로도 가지 못하며
뒤로도 가지 못하는 이와 같은 암흑의
세계에서 허덕이는 그 자체를 들여다
보지 못함이니라.
28 사랑하는 백성 너희들은 나로부터 은
혜를 받은 민족이니라.
29 나의 법전을 읽고 깨우쳐 하루라도 빨
리 변화되는 그 역사를 이루는 것이
너희들이 고통에서 벗어남이니라.
30 이를 접하지 아니하며 이를 버리는
자, 너희들은 구원을 받지 못하는 백
성이 됨을 알라.
31 지금 너희들이 구원의 길이라 하여 달
려가는 그 믿음은 캄캄한 암흑이요,
진흙 구덩이에 빠져 있음이니,
32 그 늪에서 벗어날 수도 없으며 나올
수도 없으며 너희가 그저 그대로 죽어
가는 형국이니라.
33 그 누구도 너희를 구원할 줄을 던져
줄 자가 없음이니, 이는 오로지 나의
법전뿐이거늘,
34 어찌하여 나의 법전의 이 강한 끈을

잡지 아니하고,
35 너희가 거기서 빠져 죽어 가면서도 죽
는 것을 모르고 그것이 천국에 가는
길이라 하여 지옥의 불 속으로 들어가
는 어리석은 삶을 사는가?
36 선택된 백성 너희가 어찌하여 그리 귀
가 있어도 듣지 못하며 눈이 있어도
보지 못하는 어리석음에 사는가?
37 너희가 고집을 버리고 폐습을 버리며,
지금 가고 있는 그 믿음에서 발을 멈
추고 하늘을 향하여 찬란히 비추는 이
빛을 보도록 하라.
38 그 빛을 따라오는 자만이 구원을 받을
수 있는 백성이라는 것을 잊지 말라.

4,957 번째 하나님 말씀

2003년 2월 12일 18시 19분

1 사랑하는 나의 아들아!
2 "네, 아버님! 말씀하옵소서."
3 나 여호와가 말하기를 '가라지를 너희
들이 미리 뽑지 말라. 너희들이 그를
뽑고자 하나 아직은 때가 아니라 뽑지
말라.' 하였음이니, 너희들은 그 마음
의 뜻을 아는가?
4 그 익지 않은 곡식이 상할까 봐 내가
뽑지 말라 하는 그 뜻 또한 거기에 있
으나,
5 그보다 너희들이 알아야 할 것이 있느
니라.
6 가라지를 뽑을 때 그때를 기다리라는
뜻이니라.
7 내가 뽑을 때가 될 때까지 그를 기다
려 놔둠이니, 그는 때가 되었을 때 뽑
고자 함이니라.
8 너희들을 지금 심판함도 내가 이 세상
에서 바로 너희들에게 심판한다 그리
생각하지 말라.
9 내가 너희들을 심판할 때가 되기를 기
다리는 것이며, 때가 되면 내가 심판
함을 너희들은 알아야 할 것이니라.
10 그리하여 지금 내가 매일같이 너희들
이 하는 일에 대해 심판을 하지 아니
하며,
11 가라지를 뽑을 때를 기다려서 뽑듯이
내가 너희들을 심판할 때는 마지막 너
희들이 나에게 왔을 때 내가 한 번에
심판함이니,
12 그때까지 내가 기다리고 있음을 너희
들은 알아야 할 것이니라.
13 이 뜻을 안다면 지금의 종교 집단들이
얼마나 잘못 가고 잘못 가르치는 자이
며, 나의 뜻을 모르기에 얼마나 사악
한 짓을 하고 있는가 너희들은 알아야
할 것이니라.
14 너희들은 살아가면서 며칠씩 지은 죄
를 너희들이 손으로 지은 그 성전에
와 회개하며 눈물로써 기도하며 그를
빌면 모두를 용서받으며 너희들이 지
은 죄가 다 지워진다 하며,
15 우리 부자의 이름을 부르며 울고불고
그리하면 다 지워진다 그리 가르치며,
또한 신도라는 백성 너희들이 그리 생
각함이니,
16 얼마나 너희들이 어리석은 자들이며
잘못 가르치는 종교 지도자들에게 속
고 있는가 너희들은 알아야 할 것이니
라.
17 내가 너희들에게 가라지를 아무 때나
뽑지 못하도록 하고, 가라지를 뽑을

수 있는 그때를 기다리라 했듯이,
18 내가 가라지를 뽑지 않고 기다리라는
그 뜻을 너희들은 알아야 할 것이며,
거기서 깨달음을 얻어야 할 것이니라.
19 너희들이 죽어 나에게 왔을 때 내가
단 한 번에 심판하며, 내가 수시로 너
희들을 심판을 하지 아니한다면,
20 너희들이 수시로 용서를 비는 것은 내
가 들을 수도 없으며 들어주지도 아니
하며 나하고는 관계없다는 것을 알라.
21 너희들이 만든 계명이요, 너희들이 만
든 그 믿음의 방법으로써 며칠간 살아
오면서 험악하게 지은 그 많은 죄를
단 몇 분에 걸쳐서 기도하고 눈물로써
그저 수다를 떪으로써 모든 게 다 지
워진다 그리 생각하며,
22 다음에 나가 가벼운 마음으로 또 죄를
짓고 또 와서 빌고 하니, 그것이 너희
들이 지옥으로 가는 것이며,
23 내가 가라지를 뽑듯이 너희들을 마지
막 심판할 때, 그 모두는 하나도 떨어
지지 아니하고 거기 붙어서 나에게 와
그 죄목이 낱낱이 내 앞에 심판을 받
게 되니,
24 그 무게가 과연 어떠할 것인가 너희들
은 알아야 할 것이니라.
25 내가 때가 되어 그를 뽑음이니, 너희
들이 지금 죽어 나에게 왔을 때 마지
막 그때가 내가 너희들을 심판하는 것
이니,
26 그때 가서 울고불고 아무리 애원한다
해도 너희들은 돌이킬 수 없으며 나를
볼 수 없으며,
27 내가 너희들의 그 울음소리를 들을 수
없으며 그때는 너희들의 죄를 용서해
줄 수 없음을 알라.
28 그러니 매일 살아오면서 너희를 내가
매일 심판하지 않듯이, 내가 너희들이
울고불고 용서를 비는 지은 죄를 내가
매일 용서해 주지 아니하며 용서할 수
없다 함을 너희들이 알아야 할 것이니
라.
29 너희들이 눈물을 흘리며 회개하는 것
은 죄를 사해 주고 죄가 떨어지는 것
이 아니요,
30 너희들이 거기서 깨달음을 얻으며 너
희들이 지은 죄를 두 번 다시 행하지
아니하며 아름답고 바르게 살아가는
마음을 다지며 변화가 필요한 것이며,
31 그것만이 나에게 오르는 길이며 구원
의 길이요, 너희들의 그 기도요, 그와
같이 살아가는 것을 내가 가슴에 안음
을 잊지 말라.
32 당장 매일매일 너희들이 살아가면서
결단을 하는 것처럼, 너희들이 살면서
물건을 사고파는 것처럼,
33 너희들이 죄를 지으면 용서를 빌며 또
죄를 지으면 또 용서를 비는, 그와 같
은 장삿속에서 물건을 거래하듯이 그
렇게 쉽게 되는 것이 아님을 너희들은
알아야 할 것이니라.
34 물건을 사고파는 것처럼 일순간에 모
든 거래가 다 되는 것처럼 너희들이
죄를 짓고 눈물로 용서를 빌고 또 회
개하면 또 지워지며, 또 죄를 짓고 또
너희들이 울고불고하면 그것이 지워
져 너희들이 깨끗한 사람으로 된다는
그런 생각을 하지 말라.
35 그렇다면 너희들은 되는 대로 사악한
방법으로 살다 마지막 숨을 거두기 전

에 눈물로써 단 몇 주 동안에 그 용서를 빌면 될 것이 아닌가?
36 그 어리석게 가르치는 지도자, 그 사악한 자들의 현혹하는 방법에 너희들이 속지 말라.
37 너희들이 죄를 용서받았다 하지 아니하면 그 성전에 갈 일도 없으며, 너희들이 재물을 바치며 용서를 바라지도 아니할 것이니,
38 그러기에 너희들을 끌어모으며 그 성전에 모여들게 하여 재물을 거둬들이려고 자기들이 손으로 지은 성전에 와 눈물로써 회개하고 기도하면 용서를 받는다 그리 가르침이니,
39 그것이 모든 죄의 온상이요, 나의 사랑하는 백성을 지옥으로 이끌어 가고 안내하는 가장 큰 원흉임을 너희들은 알아야 할 것이니, 이를 깨우쳐 행하도록 그리하라.

4,958 번째 하나님 말씀

2003년 2월 12일 18시 23분

1 사랑하는 나의 아들아!
2 "네, 아버님! 말씀하옵소서."
3 나 여호와가 가라지와 곡식을 언제 구분하여 그 가라지를 뽑아 버리는지 그 시기를 너희들이 모름이니,
4 너희들은 살아가면서 곧 나에게 심판을 받는 그 시기와 때를 모르고 살아가는 것이 너희들이니라.
5 그러니 내가 가라지를 뽑으라 명을 내렸을 때, 그 가라지를 나의 일꾼들이 뽑아내듯이 내가 너희들을 심판함이요,
6 너희들이 죽음으로써 나에게 와 심판을 받는 그 시기와 때를 너희들은 알지 못하고 살아감이니, 내가 항상 준비된 삶을 살라 함이 여기에 있음을 너희들은 알아야 할 것이니라.
7 내가 곡식을 보호하기 위해 가라지를 뽑아내 그를 다 불에 태워 버리듯이,
8 내가 너희들을 심판하여 사악하게 살아온 자 다 지옥 불에 던져 태울 것이며, 아름답게 선을 행하며 살아온 나의 백성은 내가 거둬들일 것이니,
9 언제 뽑혀 나갈지 모르는 가라지처럼 너희들이 언제 나에게 불려 와 심판을 받을지 모르니,
10 준비된 삶이요, 그와 같은 준비를 하고 살라 내가 그리 말하였음이니라.
11 내가 지금 나의 새로운 성경이요, 나의 법전에 기록하여 전하는 말이 무엇이 사탄이요, 이단이요, 잘못 기록되었는가 너희들은 보라.
12 내가 가라지를 뽑을 때가 되면 일꾼을 시켜 그를 다 일시에 뽑아 불 속에 태워 버리듯이 나에게 심판을 받으러 오는 그때를 너희들이 모르는 것은 당연하지 않은가?
13 언제 내가 너희들을 부를지 모름이니, 너희들이 불려오는 것을 모르며 내가 부를 것을 모르기에 거기에 대한 대비하는 삶을 위해서 오늘의 삶을 아름답게 살며 선을 행하며 스스로 깨우치라 그리 가르치는 것이 무엇이 잘못되었는가?
14 너희들은 이것이 틀린 나의 뜻이며, 여기에 도리에 맞지 아니하며 생각에 맞지 않는 뜻이라 말하는가?

15 너희들은 언제 나에게 불려 와 심판을
받을지 모름이니, 항상 준비된 그와
같은 삶을 살라 내가 너희들에게 깨우
쳐 주고 전하는 그 뜻이 잘못되었다
면, 너희들은 나의 법전을 태우고 찢
어 버려 물속에 던져도 내가 말을 하
지 아니할 것이나,
16 그와 같은 것이 엄연한 사실이요, 너
희들이 알지 못한 사실을 나의 성경이
요, 나의 아들을 통하여 나의 법전에
기록하여 전하는 이 기록된 책의 내용
을 읽고 깨우쳤다면, 너희들은 무서움
을 알라.
17 그때서부터 너희들이 바로 서도 늦지
아니함이니, 너희들은 그와 같은 새로
운 삶을 살도록 그리 노력하라.
18 너희들이 언제 불려 올지 모름이니,
너희들이 오늘에 불려 올지, 내일에
불려 올지, 한 시간 후에 와 심판을 받
을지, 몇 초 후에 나에게 와 심판을 받
을지 모르니, 너희들은 그를 준비하고
살라.
19 그를 대비하고 준비하지 아니하고 살
다 나의 심판대에 섰을 때, 그 무겁고
무거운 죄의 대가를 치른다는 그 무서
운 일을,
20 너희들이 육에서 사는 것처럼 몇십 년
이요, 백 년을 사는 것이 아니요, 영원
히, 영원히 사는 속에서 너희들이 죄
속에서 살아가는 그와 같은 삶을 살지
말도록 그리하라.
21 사랑하는 나의 아들아, 너 또한 그러
하며 너의 제자들 또한 그러하며, 육
의 세상에서 이 지상에서 천국에서 사
는 삶을 살라 이르라.
22 육의 세상에서 지옥에서 사는 삶을 살
면 아니 됨이니, 나 여호와가 기뻐하
는 일, 내가 즐거워할 수 있는 그와 같
은 일을 하며 살라 하라.
23 그를 거역하며 내가 싫어하는 일, 내
가 볼 수 없으며 보는 것을 부끄러워
하며 내 자식으로서 용서할 수 없는
그와 같은 일을 하고 사는 것이 준비
되지 아니한 삶이니 그 무서움을 알라.
24 이를 읽고 너희들이 등골이 오싹하며
하늘의 무서움을 알며 머리털이 쭈뼛
서는 그와 같은 깨달음을 얻지 못한다
면,
25 너희들은 영원히, 영원히 지옥 불로
가는 것을 면치 못할 것이니라.

4,959 번째 하나님 말씀

2003년 2월 12일 23시 15분

1 사랑하는 나의 아들아!
2 "네, 아버님! 말씀하옵소서."
3 너를 따르는 너의 제자들이요, 나의
법전을 따라 공부하는 백성, 너희들이
이 지상의 삶에서 천국의 삶을 사느
냐, 그렇지 않으면 이 지상에서 지옥
의 삶을 사느냐,
4 육의 삶 그 자체가 그와 같이 구분되
는 이치를 깨달아, 너희들이 지상의
천국에 사는 그와 같은 삶으로 변화되
는 삶으로 산다면 그것으로써 더 바랄
것이 없음을 너희들은 알아야 할 것이
니라.
5 너희들이 그와 같은 마음의 변화를 알
고자 한다면, 모두를 사랑하는 마음으
로 너희들 자신을 다스리며,

6 사랑의 근본의 뜻을 모르면 너희들이
그리 변할 수가 없음을 알아야 할 것
이니라.
7 내가 너희들에게 깨우쳐 이르기를, 어
떠한 것이든지 어떠한 사물이든지 너
희들이 그를 애절하게 사랑하는 마음
이요, 소중히 사랑하는 마음을 갖고
간직함으로 인해서 거기서 너희들이
아름다운 생각이요, 또 사랑의 소중함
을 알게 된다 하였음이니라.
8 그리하여 너희들이 나 여호와를 사랑
하며 나 여호와에 대한 사랑이 깊어짐
으로 인하여 너희들이 나의 뜻을 알며
바로 사는 그와 같은 역사를 이룰 수
있다 내가 그리 말하였음이니라.
9 이제 너희들은 진실한 사랑을 할 수
있는 그 마음으로 변화되어야 함을 알
아야 할 것이니라.
10 모든 사물이요, 인간이요, 이웃이요,
형제든 그 누구든 너희들은 진실한 사
랑을 줄 수 있는 그와 같은 마음을 갖
고 있다면,
11 진실한 사랑을 주는 그 속에서 아름다
운 생각이요, 아름다운 마음자리를 잡
게 됨이니,
12 그리하여 그 마음이 변하여 나 여호와
를 사랑하는 그와 같은 마음으로 변함
을 알아야 할 것이니라.
13 너희들이 진심으로 정녕 나 여호와를
사랑하며 나를 따르는 마음이 충만해
질 때, 그 모두는 다 하늘에 오르는 그
와 같은 길을 가게 됨이니라.
14 너희들이 인간사에 살면서 사랑하는
사람의 마음에 눈물을 흘리지 않도록
하며, 그가 섭섭하지 아니하도록 하고
살아가는 것이 진정한 사랑하는 마음
이라 하였으니,
15 너희들이 나 여호와를 사랑한다면 나
여호와가 싫어하며 내가 기뻐하지 않
는 그와 같은 행위를 너희들은 하지
아니할 것이니라.
16 그리하여 나 여호와가 기뻐하는 말,
내가 기뻐하는 행동을 하는 그와 같은
삶을 살게 됨이니,
17 그것이 바로 너희들이 육의 세상에서
지상의 천국에서 사는 것이며, 그 천
국을 아는 자가 죽어 영혼의 천국에
올 수 있음을 알아야 할 것이니라.
18 너희들이 인간사에 사는 것을 소중히
생각하며, 소홀히 해서는 아니 됨을
알라.
19 너희들이 지금 여기서 지상의 천국에
서 삶을 살고자 생각하지 않은 자, 너
희들 스스로 지상의 지옥에서 삶을 사
는 자는 영원히 구원할 수 없으며 구
원의 빛을 볼 수 없다는 것을 내가 너
희들에게 기록하여 전하였음이니,
20 너희들은 이 의미를 깊이 깨우쳐, 지
상에서 천국에 사는 삶을 살고자 모두
를 다스려 나가야 할 것이니라.
21 그리하려면 모든 마음을 비워야 하며
모든 생각을 다 바꿔야 하며 행동의
삶을 다 바꿔야 하는 것을 잊지 말라.
22 이제 그를 실천하는 백성으로서 태어
났을 때, 너희들이 나로부터 선택된
백성이라 그리할 수 있음이니라.
23 너희들이 선택이 되고 못 되는 것은,
지금 내가 너희들에게 일깨워 주었듯
이, 지상에서의 삶을 과연 지상의 천
국에 사는 마음으로 다스리며, 너희

마음이 그와 같이 자리 잡았을 때,
24 너희들이 그리도 갈구하고 그리도 원
하던 천국의 길에 들어설 수 있는 기
초요, 근본의 길이 거기에 있음을 알
라.

4,960 번째 하나님 말씀

2003년 2월 12일 23시 17분

1 사랑하는 나의 아들아!
2 "네, 아버님! 말씀하옵소서."
3 수십억 인구 중에 너희들이 살아가나,
너희들 자신이 나 여호와의 성령을 몸
에 받아 살아가는 백성이 얼마나 소중
하게 선택된 백성인 줄 알고 있는가?
4 지금 나의 아들을 따르는 제자들이요,
나의 법전을 읽고 깨우쳐 바른길을 가
려고 몸부림치는 백성, 너희들의 마음
에는 나 여호와의 성령이 임하여 있음
을 알아야 할 것이니,
5 나의 성령을 받아 살아가는 사람, 그
백성이 얼마나 소중한 것인가 너희들
은 모를 것이니라.
6 나의 성령이 임하여진 백성 너희들이
야말로 만백성을 구하는 지도자요, 내
가 이루고자 하는 대업을 이룰 수 있
는 나로부터 선택된 백성이니, 너희들
이 그 중요함을 알아야 할 것이니라.
7 너희들 스스로는 모르는 것이니라.
8 내가 성령으로써 너희들 몸에 임하면,
나의 법전을 읽고 깨우쳐 바로 살고자
하며 다시 태어나고자 하는 그 몸부림
속에 변해 가는, 그와 같은 지금의 너
의 제자들과 같이 사는 백성이 바로
선택된 백성임을 너희들은 알아야 할
것이니라.
9 나 여호와로부터 선택된 백성은 나의
뜻에 순종하며, 나의 뜻을 거역하지
아니하며 살아가는 백성이며,
10 나로부터 선택되지 아니한 백성이요,
성령이 임하지 아니한 백성은 나의 뜻
을 거역하며 순종치 아니하며 살아가
는 백성이니라.
11 말로써 저희들이 하늘에 오르는 그 행
위를 하며 행함이 없는 백성이 바로
나로부터 선택되지 않은 백성이요, 성
령이 임하지 아니한 백성이니라.
12 나로부터 성령이 임한 백성은 바로 나
의 아들을 따르는 제자 너희들, 나의
법전을 읽고 깨우친 너희들,
13 행동이 중요함을 알며 행함이 중요함
을 알며 깨달으면 깨달은 대로 바로
시행하며 그리 지키고 살아가는 그와
같은 아름다운 마음을 가진 너희들이
야말로 나로부터 성령이 임한 백성임
을 알라.
14 그러니 나로부터 성령이 임한 백성 너
희들이 이제 새로운 시대요, 새 역사
를 이루며 나의 피조물 만백성을 구원
할 지도자이니,
15 너희들이 얼마나 소중한가를 스스로
알도록 그리하라.

4,961 번째 하나님 말씀

2003년 2월 12일 23시 22분

1 사랑하는 나의 아들아!
2 "네, 아버님! 말씀하옵소서."
3 너희들이 이 세상을 살아가면서 아름
다운 행위요, 아름다운 언어를 쓰며

그와 같이 아름다운 행동이요, 미덕을
지키고 사는 것은 바로 나 여호와를
기쁘게 하는 것이며, 나 여호와의 뜻
에 따라 살아가는 백성임을 알아야 할
것이니라.
4 나의 사랑하는 백성 너희들이 세상을
살면서 모두를 나로부터 받은 그 은혜
속에 사는 너희들이 말 한마디라도 함
부로 하는 것은 나 여호와를 거역함이
요, 아름다운 말을 하는 것은 나 여호
와를 기쁘게 하는 것임을 너희들은 알
아야 할 것이며,
5 그것이 바로 나를 기쁘게 하는 행동임
을 알라.
6 이제 나로부터 선택된 백성이요, 나의
법전을 읽고 정독한 백성, 너희들은
모든 행동을 나 여호와가 기뻐하는 행
동으로써 맞춰 살아가는 그것이 바로
너희들이 해야 할 길이니라.
7 창조주인 나 여호와의 뜻을 거역하고
나를 기쁘게 하지 아니하게 하는 자와
나에게 기쁨을 주는 자,
8 그는 악과 선의 기로에서 너희들이 하
늘의 뜻을 거역하고 거역하지 아니하
는 그와 같은 차이점이 있음을 알라.
9 너희들은 글을 써 세상에 내보내며 글
을 써 세상에 전하는 것도 아름다운
말로써 세상에 내보내야 할 것이며,
10 너희들이 말을 전하는 그 자체도 나
여호와가 기뻐하는 아름다운 말로써
세상에 대화해야 함을 알라.
11 너희들이 행동을 함에 있어서 나 여
호와가 기뻐하는 그와 같은 행동을 해
야 함이니,
12 그것이 바로 나를 기쁘게 하는 것이며
나에게 오는 길이며 하늘에 통하는 길
임을 너희들은 알아야 할 것이니라.
13 이제 사랑하는 백성, 나의 아들딸이
요, 내가 선택한 너희들은 어떠한 행
위를 하든 나 여호와가 기쁨을 느낄
수 있는 그와 같은 모든 생각 속에서
하나하나 행동을 해 나가야 될 것이니
라.
14 나 여호와가 기쁘지 아니하는 일, 나
여호와가 화나는 일, 나 여호와가 보
기 싫어하는 일, 내가 돌아다볼 수 없
는 그와 같은 추하고 더러운 행위를
하는 것은 나에게 통하는 길을 너희들
이 오고자 함이 아니요, 지옥의 불로
너희들이 스스로 감을 알아야 할 것이
니라.
15 나 여호와에게 기쁨을 주는 그와 같은
삶을 살아야 할 것이며,
16 그리 살지 않는 자는 나 여호와로부터
받은 그 은혜를 모르는 것이며, 나 여
호와로부터 받은 모든 것에 감사하는
마음을 모르는 것이니라.
17 나의 아들딸이요, 나의 백성으로서 너
희들이 나의 뜻을 거역하고 사는 자이
니, 과연 너희가 나의 뜻을 거역하고
하늘에 오를 수 있다 생각하는가?
18 이제는 모든 피조물 만백성 너희들은
들어야 할 것이니라.
19 나 여호와의 뜻을 거역하지 않는 마음
으로, 나의 은혜에 감사하는 마음으
로, 말 한마디, 행동 하나, 글로써 세
상에 전하며 의사소통을 하는 것도 그
모두를 나 여호와가 기뻐하는 그와 같
은 것으로써 행하여야 함이니라.
20 그리하면 너희들이 그리도 갈구하는

하늘에 오르는 길이요,
21 너희 손으로 지은 성전에 가서 재물을
바치며 울며불며 기도하며 회개한다
하며 땅을 치고 소리치고 광란의 짓을
하는 것으로써 구원을 받는 것이 아니
니라.
22 너희들이 정해 놓은 안식일이라는 날
에 가서 기도하고 경배하며 너희들이
살아가면서 지은 죄를 눈물로써 빈다
하여 그것이 구원의 길이요, 하늘에
오르는 길이 아니니라.
23 너희들이 행동 하나, 언어 하나 움직
이는 그 모두를 다 나 여호와가 기뻐
하는 그와 같은 것으로써 행하고 그
뜻에 따라 갈 때, 그것이 너희들이 구
원의 길이요, 그리도 갈구하는 하늘에
오르는 길임을 알아야 할 것이며, 천
사가 되는 길임을 잊지 말라.

4,962 번째 하나님 말씀

2003년 2월 12일 23시 28분

1 사랑하는 나의 아들아!
2 "네, 아버님! 말씀하옵소서."
3 이 세상에 많은 피조물 만백성이 살아
가며 구원의 길이라 하여 저희들이 속
해 있는 그 종교 집단에 모두를 다 바
쳐 열성을 다하여 믿음의 길을 가고
있으나,
4 그 지도자들의 뜻에 따라 인간의 가르
침에 귀를 기울이는 그와 같은 믿음의
세계를 가고 있는 너희들은 지금 하늘
의 백성으로서 나에게 오르는 뜻에 따
르지 아니함이니,
5 이는 곧 하늘의 백성이 되지 아니함을
알아야 할 것이니라.
6 오로지 너희들이 하늘의 백성이요, 나
에게 오를 수 있는 백성이요, 구원의
길에 들어설 수 있는 것은 내가 지금
새로 내리는 성경이요, 마지막 시대에
나의 법전이라 하여 나의 아들을 통하
여 내려보내는 '하늘에 오르는 길'이
요, '하나님! 말씀하옵소서' 이 법전을
읽고 깨우치는 백성은 곧 하늘에 속하
는 그 영광된 백성이요, 하늘나라의
백성이 되는 것임을 너희들은 알아야
할 것이니라.
7 이를 읽지 않고 깨우치지 못하는 자는
하늘의 백성이 아니요, 인간 세속의
인간의 백성으로서 벗어나지 못하며
인간의 백성으로서 살다 육은 죽어 감
이니,
8 그 인간의 백성으로서 산 너희들이 하
늘의 백성으로 변화될 수는 없음이니
라.
9 육의 세상에서 하늘의 백성으로 변하
는 그 길만이 너희들이 죽어 영원히
하늘에 오를 수 있다는 것을 잊지 말
라.
10 나 여호와를 사랑하는 백성이요, 나를
따르는 백성이요, 나 여호와를 경배하
는 백성은 두려움이 없으며 무서움이
없으며 세상에 주저할 것이 없음이니
라.
11 그러나 나의 뜻을 거역하는 백성 너희
들이 아무리 부귀영화를 누리고 산다
해도 너희들의 마음은 초조할 것이며
너희들의 마음은 공허하며 너희들의
마음은 불안함을 알아야 할 것이니라.
12 진실을 가지고 말하는 자는 어떠한 상

황에서도 부끄러움이 없으며 당당한
모습으로 설 수 있으나,
13 거짓으로 행하는 자는 항상 불안하며
공포에 떨듯이 지금 너희들이 가고 있
는 길이 진정한 믿음이 아니기 때문
에, 너희들은 불안과 공허하고 허전한
마음을 달랠 수 없으며,
14 그리하여 너희들 스스로 재물을 많이
바치며 맹종하고 눈물로 광란의 짓을
함으로써 죄를 사한다 하며 너 자신을
깨우치고자 그와 같이 기도하고 경배
하는 그 모두는 다 너희들이 하늘에
속해 있는 백성이 아니요,
15 인간으로서 하는 행위요, 인간의 집단
의 행동임을 너희들은 알아야 할 것이
니라.
16 이제 나의 법전을 읽고 깨우치는 백성
만이 하늘에 속하는 백성이요,
17 나 여호와를 사랑하지 아니하며 나의
뜻을 거역하는 백성은 나의 백성이 아
님이니,
18 하늘의 백성이 아닌 너희들이 두려운
마음뿐이며, 두려움 속에서 벗어날 수
없는 것이니라.
19 너희들이 하늘에 오르는 길에 두려움
없이 이 육의 세상의 천국에서 사는
것은 나 여호와를 사랑하는 마음부터
가져야 할 것이며, 나 여호와를 사랑
하는 그 마음이야말로 너희들이 구원
의 빛을 볼 수 있는 것임을 알아야 할
것이니라.
20 나 여호와를 사랑하며 나 여호와를 찾
는 자, 아무리 사악한 자요, 아무리 사
탄이라 해도 너희들에게 근접하지 못
함이니라.
21 나 여호와를 사랑하는 아름다운 마음
은 천사의 마음이요, 그와 같은 마음
에서 너희들은 악을 뿌리치며 선을 선
택하고 살아갈 수 있는 길에 들어선
백성이요, 깨달으며 진리를 얻은 백성
이기에, 너희에게는 감히 어떠한 악마
도 접근하지 못함이니,
22 그것이 너희들의 축복이요, 영광임을
알라.
23 이제 나에게 돌아오는 길이 무엇인가
를 내가 너희에게 깨우쳐 주었음이니
라.
24 너희들이 나에게 오르고 나에게 돌아
올 수 있는 길은 나 여호와를 사랑하
라 함이니라.
25 그러니 너희가 나 여호와를 사랑하는
그 길을 올 수 있는 것은 인간 세속에
서 너희의 부모요, 형제를 사랑하며
이웃을 사랑하며 모든 사물을 사랑하
는 아름다움 속에서 아름다움이 싹이
트기 시작할 때,
26 그 싹이 서서히 너희의 마음을 다스려
나갈 때, 이는 곧 나의 성령이 너희에
게 임함이니,
27 그때부터 나 여호와를 사랑하는 크나
큰 사랑의 눈을 뜨게 됨이니,
28 그것이 바로 너희가 바로 살 수 있으
며, 사악한 악마요, 사탄이 너희에게
근접하지 못함이니,
29 너희가 그때부터 나로부터 은혜와 영
광을 받아 내가 이끌어 주는 백성의
길에 들어섬이니라.
30 너희들은 말하느니라.
31 인간의 능력으로써 도저히 나의 계명
을 지키고 살 수 없으며 나의 뜻대로

살 수 없으며 내가 새로 내리는 성경 대로 살 수 없다 그리 말하느니라.
32 그 모두를 극복하는 길은 어떠한 사물이든 진심으로 사랑하며 아름다운 마음으로써 최선을 다하여 사랑해 보라.
33 그러면 거기서 사랑의 아름다운 싹이 트기 시작함으로 인하여 그 싹 위에서 너희들이 나 여호와를 사랑하는 것을 알며,
34 나 여호와를 사랑하기 시작했을 때 너희들은 나에게 돌아오는 그 길을 이미 달려오고 있음을 알라, 사랑하는 나의 백성들아!

4,963 번째 하나님 말씀

2003년 2월 12일 23시 44분

1 사랑하는 나의 아들아!
2 "네, 아버님! 말씀하옵소서."
3 나의 많은 백성이 이 세상에 존재하며 살아갔음이니라.
4 너희 조상의 뿌리들이 살다 죽어 갔으며, 그들은 그 죄의 대가를 살아가는 것이니라.
5 나의 만백성 너희들 또한 살아가면서 악과 선의 그 길 위에서 지금 어느 길을 선택하고 살아가느냐가 가장 중요하거늘,
6 너희들은 그를 생각지 아니하며 오로지 육의 삶을 위해 모두를 다 바치고 살아가는 지금의 형국이니,
7 너희들이 바른길을 살아가는 자는 길을 잃지 않고 사는 백성이요,
8 지옥 불이요, 사악한 그와 같은 마음을 갖고 살아가는 백성 너희들은 길을 잃고 사는 백성이니,
9 지금 길을 잃고 살아가는 백성이 이 세상을 덮고 있음이니, 그를 바라다보는 나 여호와의 마음이 과연 얼마나 아프고 나의 가슴이 쓰리겠는가?
10 나의 살점을 베어 내는 것보다도 더 아픔을 가지고 있는 것이 나 여호와이니,
11 너희들은 창조주 나 여호와요, 너희들의 아버지라 부르는 나를 그 고통에서 정녕 면하게 해 줄 수는 없는가?
12 나의 고통을 너희가 들여다보라.
13 나의 고통이 너무 심하고, 고통스러움이니라.
14 사랑하는 나의 아들 예수를 죽게 하여 너희들을 구원하게 했으며,
15 지금 내가 나의 아들을 통하여 밤과 낮을 가리지 아니하고 그를 몰아 160권의 법전을 세상에 내려보냄이니,
16 이와 같은 나의 고통스러운 시간을 이대로 더 고통스러우며 나에게 더 어떤 고통의 시련을 너희들은 원하는가?
17 여호와 창조주요, 나에게 너희들이 더 극심한 희생을 바라며 나에게 무엇을 원하는가?
18 너희들은 정녕 깨우쳐 돌아다볼 수 없는가?
19 너희들이 조금만 생각한다면 길을 잃고 헤매는 백성으로서 살아가지는 아니할 것이니라.
20 자식을 버렸으며, 지금 가슴을 태워 내가 너희들에게 성령의 모두를 다 내려보내는 이와 같은 나의 고충을 너희들은 어찌하여 잠시 한 번도 생각해

볼 수 있는 마음자리를 갖지 못하는가?
21 그저 '보혈'이요, 보혈로써 구원받았
다는 그것 외에는 너희들이 부르짖는
것이 없으며,
22 광란의 짓을 하며 찬송을 부르면서 나
의 이름을 부르며 예수의 이름을 부르
며 그저 '구원하여 주옵소서.' 그저 '구
원받았다.' 그저 '은혜를 내려 달라.'
너희들은 모두를 베푸는 하나님이라
며 지금 그리 소리 지르고 있는 것이
니,
23 그것이 정녕 옳고 바른길을 간다고 생
각하는가?
24 너희들은 여기서 깨우쳐야 함을 알아
야 할 것이니라.
25 나 여호와는 공의의 하나님이라 너희
들이 말함이니,
26 나는 너희들이 진정 깨우쳤을 때 내가
너희들이 깨우친 그 의의를 가르쳐 주
며 그 뜻을 가르쳐 줌이니라.
27 나 여호와는 너희들이 진정 깨닫고 변
하지 아니하였을 때 내가 변화해야 하
는 그 이유를 가르쳐 주지 아니하며,
왜 변해야 하는가를 내가 너희들에게
가르쳐 주지 아니함이니,
28 이것이 나 여호와의 공평한 처사임을
알라.
29 내가 너희들에게 하나의 금지 사항을
내렸을 때, 내가 너희들에게 내린 금
지 사항을 지켜야 할 이유며, 왜 지켜
야 하며 너희들이 얻어지는 것이 무엇
인가를 내가 사전에 설명을 안 함이니,
30 너희들이 내가 내린 그 금지 사항을
따르고 순종해서 지킬 때, 내가 왜 그
를 내렸는가 너희들에게 알려 주는 나
여호와를 원망하지 말라.
31 너희들이 알려 주지 아니한 상태에서
깨닫고 변하는 것이 진정한 깨달음이
요, 너희들 스스로 깨닫고자 노력하며
나의 뜻에 따라 순종하는 그것이 바로
하늘에 오르는 길이요, 영광된 길이기
때문이니라.
32 그리하여 내가 너희들을 그리 가르침
이니, 나를 원망하지 말며 나를 두려
워하지 말라.
33 나 여호와는 너희들이 받을 만큼 깨우
쳤을 때 정확하게 줌이니라.
34 너희들이 이루고 변하고 깨우친 것만
큼 내가 더 은혜와 영광을 내려 주며,
너희가 깨우친 만큼 내가 상을 내리지
않는 일이 없음을 너희들은 알아야 할
것이니라.
35 나 여호와는 무한한 사랑을 너희들에
게 내리며 은혜를 내리고자 하며 베풀
고자 하는 것이 나 여호와이니라.
36 그러나 너희들이 받을 수 있는 마음의
자세와 받을 수 있는 자격을 갖췄을
때, 내가 크나큰 은혜를 내릴 수 있음
을, 그리고 내가 내려 줌을 너희들은
알아야 할 것이니라.
37 너희들이 먼저 변화되며 변하고자 노
력하는 그 마음이요, 그 자세 속에 내
가 너희들에게 용기와 희망을 내려 줌
을 알아야 할 것이니라.
38 나 여호와는 정확하게 너희들이 악습
을 하나씩 버렸을 때 내가 그 상을 주
며 왜 그 악습을 네가 버려야 하는가
를 깨닫게 함이니,
39 이것이 나 여호와가 공의의 하나님이
요, 내가 너희들을 다스려 가는 길임

을 알라.
40 지금 나의 성령이요, 나의 법전을 받
아 기록하는 나의 아들 또한 나의 아
들이 깨우치고 그가 깨달았을 때 내가
그 이유를 가르쳐 주며 그에 대한 상
을 내림이니, 나의 아들 또한 그리 다
스려 감이니라.
41 그러니 너희들 또한 나의 법전을 읽고
깨우쳐 너희들이 변하는 생활, 변하는
삶으로 살아갔을 때, 내가 너희들에게
은혜와 영광을 내리니,
42 먼저 내려 달라 하지 말라.
43 그러니 너희들이 나에게 달라고 울부
짖는 것이 얼마나 어리석은 것이며 우
매한 백성이며 잘못된 것인가를 너희
들은 여기서 깨우쳐야 할 것이니라.
44 내가 지금 나의 성령을 태워 그 가슴
에 심어 '하늘에 오르는 길'이요, '하나
님! 말씀하옵소서'라는 새로운 성경
이요, 법전을 내려보내는 나의 아들에
게도 그가 무엇을 달라, 원한다 하여
내가 주는 것이 아니며,
45 그가 변화되지 아니하고 역사하지 아
니하면 내가 그에게 아무것도 내려 주
지 아니한다 하였음이니라.
46 그가 스스로 깨닫고 악습을 버리며 변
하여 나에게 순종하며 나의 뜻을 거역
하지 않으려고 노력할 때 내가 내린다
하였거늘,
47 지금의 모든 종교 집단은 너희들이 변
하고 깨우치는 것이 아니요, 그저 달
라, 이루어 달라 나에게 부르짖음이니,
48 너희가 달라고 말하여서 주며 울부짖
고 한다고 해서 준다 하면 이것이 공
의의 하나님이던가?
49 나의 피조물 만백성이 얼마나 불쌍하
게 가르쳐 지금 잘못되고 있는지 아는
가?
50 울고불고하며 우는 아이에게 젖을 주
듯이, 인간에 비유하여 우는 아이에게
젖을 준다 함이니,
51 우는 아이에게 젖을 주는 것은 그를
먹여서 키워야 하기 때문이며, 그 어
미가 그에게 양식을 줘야 그가 에너지
를 얻어 성장하는 것이니,
52 너희들이 깨우쳐 하늘에 오르는 길과
너희 스스로 다시 태어나는 그 역사의
축복을 거기에 비유하여 말하지 말라.
53 너희들이 나에게 눈물을 흘리며 울고
불고한다 하여 내가 상을 내릴 수 있
다면 이는 공의의 하나님이 아니요,
진리의 하나님이 아니요,
54 영원히 생명을 구하고 못 구하는 그
소중함 앞에서 너희들이 행함은 하지
아니하며 울고불고한다 하여 내가 너
희들에게 무엇을 내려 준다면 이는 너
희들이 역사함이 없음이니라.
55 나는 나의 아들에게도 그리하며 나의
아들을 따르는 백성에게도 그들이 악
습을 폐지하고 하나를 깨우쳤을 때 내
가 그 이유요, 그 상을 내려 줌이니,
56 너희들이 우는 아이에게 젖을 주는 어
미의 마음을 그리 비유하지 말라.
57 우는 아이는 아무것도 할 수 없으며,
그는 천사와 같은 제 몸을 움직일 수
없는 것이니라.
58 그러나 너희들은 성장하였으며 한 가
정을 다스리며 세상에 하나의 독립체
로서 굳건히 서 있는 너희를 어찌하여
아이들에 비하는가?

59 너희들이 어른으로 성장한 과정에, 운
다고 해서 내가 무엇을 줄 수 있다 생
각하는가?
60 인간 세상에서 나이 먹어서 가정을 거
느리고 사는 자가 울고불고한다 해서
무엇을 주고 다 얻을 수 있다는 어리
석은 생각을 하지 말라.
61 어린 아이는 능력이 없고 판단력이 없
고 제 스스로 할 수 없기에 그런 배고
픔을 울음으로써 표시하니 그 어머니
와의 약속이며, 그 약속에 따라 어머
니는 젖을 주며 그 아이에게 양식을
주는 것이거늘,
62 어찌하여 너희들이 하늘에 오르는 길
을, 50이요, 60이요, 인생을 다 산 자
가 어린아이처럼 운다 하여 내가 무엇
을 준다 생각하는가?.
63 너희들은 성인이니라.
64 그리하여 너희들이 깨우치고 깨달은
만큼, 변화되는 만큼 내가 너희들에게
깨우쳐 주고 가르쳐 줌이니라.
65 그러니 울고불고 나에게 무엇을 달라
는 것이 얼마나 어리석은 백성인가?
66 너희들은 여기서 깨우쳐야 할 것이니
라.
67 너희들은 무한한 사랑을 내리는 나 여
호와의 뜻대로 살면 될 것을, 어찌하
여 너희들은 그 모두를 받아 생활하면
서 나 여호와를 거역하며 나의 뜻을
짓밟으며 그리 살아가는가?
68 나의 아들 예수를 너희들에게 보내어
그가 무엇을 이루고자 했던가?
69 너희들을 바로 세우고자 함이요, 하늘
에 오르는 길을 보게 하고자 하였음이
니라.
70 그리하였거늘, 지금 나의 법전을 보라.
71 나의 아들이 너희들에게 이를 내려보
내니, 나로부터 선택된 백성 너희들은
이를 바로 보고 읽어야 할 것이니라.
72 나의 아들 예수가 세상에 나가 강론을
하고 그들을 깨우쳤을 때,
73 제대로 깨달았으며 제대로 그것을 알
아들은 백성이 있었다면, 단 한 사람
이라도 제대로 깨우친 자가 있었다면
그 뿌리가 지금의 악한 시대를 덮었을
것이니라.
74 그러나 그대로 그를 배운 자가 없기에
저희 마음대로 해석하며 저희 마음대
로 생각하는 악한 뿌리들이 지금 세상
을 덮었음이니라.
75 나의 법전을 내려보내며 이를 읽는 백
성 너희들은 선택된 백성이니,
76 단 한 명이라도 바로 서며 천사와 같
은 자가 나왔을 때, 이 세상을 다 통제
할 수 있는 것이 그임을 너희들은 알
아야 할 것이니라.
77 이제 나로부터 선택된 백성, 나의 법
전을 읽으며 나의 아들을 통하여 내리
는 강론을 듣는 백성, 너희들은 두려
워하지 말라.
78 아무리 너희들이 보기에 사악한 집단
이요, 사악한 그들이 지금 강성해 있
어 세상을 다 지배하는 것 같아도, 그
들은 나 여호와를 이길 수 없음이니라.
79 아무리 사악한 악마요, 사탄이라도 그
들 또한 나 여호와를 이길 수 없음을
너희들은 알아야 할 것이니라.
80 지금의 종교 집단이 물리적이요, 인원
이요, 그 모든 힘을 다 가지고 지금 나
의 아들이 가는 길보다 백배 천배 더

강하고 강성하다 해도, 그들은 나의
법전을 절대 이길 수 없음을 알라.
81 이 세상의 모두를 통제하고 관장하는
나 여호와요, 지옥까지도 관장하는 것
이 나 여호와이니, 내 손안에 없는 것
이 없음이니라.
82 내 손안을 벗어난 것이 없거늘, 감히
내가 내리는 나의 법전을 이기려는 종
교 집단 그들이 얼마나 어리석은 것인
가?
83 너희들이 아무리 계란으로 바위를 쳐
도 바위는 깨지지 않는다는 말이 있듯
이, 너희들은 바위를 계란으로 때리려
는 것보다도 더 어리석고 우매한 백성
의 행위임을 알라.

4,964 번째 하나님 말씀

2003년 2월 12일 23시 53분

1 사랑하는 나의 아들아!
2 "네, 아버님! 말씀하옵소서."
3 너희들이 구원의 길에 오르며 나에게
오고자 하는 길이 어찌하여 힘들고 고
통스러우며 시련의 길이라 그리 말하
는가?
4 그리고 나 여호와가 정녕 불로 써 내
린 그 십계명을 지키고 살 수 없다 그
리 말하는 백성은 나 여호와를 사랑하
고 나를 따르며 나를 경배함이 아님을
알라.
5 그러니 그들은 나의 백성이 아니며 나
와 아무런 관계가 없다 그리하였음이
니라.
6 너희들이 인간관계에 살아가면서 진
심으로 사랑하는 사람이 있다면, 그
사람의 마음을 상하지 아니하며 그 사
람의 뜻을 거역하지 아니하며 그의 눈
에서 눈물이 나지 않도록 그를 보호하
고 지켜 주는 것이 사랑이거늘,
7 영원한 목숨을 구하는 길이며 새로 태
어난 생명이 사는 길인 하늘에 오르는
길을 가라, 그리고 오르도록 하라 하
여 내가 써 내린 그 십계명을 감히 지
킬 수 없다는 것은,
8 나를 조금도 사랑하지 아니하며 나를
기억하지도 아니하며 나를 의식하지
않는 그 사악한 백성이 그런 말을 할
수 있음이니라.
9 너희들이 정녕 나 여호와를 사랑하며
나를 경배하며 내가 존재함을 알고 있
는 백성이라면 감히 그 말을 할 수 있
는가?
10 너희들은 사랑하는 사람을 버리는 것
보다도 더 사악한 자이며, 그와 같은
마음을 가진 자이기에,
11 나 여호와를 부르며 나 여호와의 뜻대
로 산다는 백성 너희들이 거짓 사랑을
하는 자며 우롱하는 사랑을 하는 자며,
12 상대방의 인격이요, 그 인품조차도 생
각하지 아니하며 사람을 귀하게 여기
지도 못하는 사악한 자가 감언이설로
써 그 사랑을 고백하며 사랑을 하는
자보다도 천배 만배 더 너희들이 사악
한 자이니라.
13 감히 너희들의 영혼을 구하는 나의 십
계명을 갖고 지킬 수 있다 없다 갑론
을박하며, 인간이기에 그리 행할 수
없다는 것은 나 여호와의 존재함을 짓
이기며 나를 욕되게 하며 나를 능멸하
는 것이며,

14 너희들이 나를 조금도 사랑하지 않는
사악한 백성이니라.
15 너희들이 나를 사랑한다면, 인간관계
에서 서로 사랑하는 사람에게도 약속
을 지키며 그가 웃는 모습을 보려고,
그가 기뻐하는 것을 보기 위하여 모든
열과 성의를 다 바치는 것이 인간사의
사랑하는 것이거늘,
16 감히 나 여호와를 사랑한다 하면 내가
너희들에게 지키고 살라는 그 열 가지
계명을 지키지 못한다 할 수 없으니,
17 그리 말하는 자가 얼마나 사악한 자며
나의 뜻을 거역하는 자인가를 너희들
은 알아야 할 것이니라.
18 그러니 너희들은 순리대로 살지 아니
하는 백성이니라.
19 그리하여 순리대로 살지 않기에 내가
나의 아들 예수를 통하여 내린 성경
그 자체도 너희들의 입맛에 맞도록 너
희들의 계명으로 고쳐서 지금 가르치
고 있으며,
20 가르치는 자 또한 그 뜻을 모름이니
너희들이 왜곡되게 가르쳐 지금과 같
이 험악하고 사악한 시대를 만들었음
을 알아야 할 것이니라.
21 그것이 바로 믿음의 길을 가는 백성이
요, 지금 너희들이 하고 있는 형태임
을 알라.
22 내가 나의 아들을 통하여 나의 법전에
단 한 자라도 네 생각이 기록되었을
때는 사탄이 그를 통하여 침투한다 하
였음이니,
23 나의 아들 예수를 통하여 내린 성경을
너희들이 고쳐 쓰며 너희 마음대로 입
맛에 맞도록 너희들의 계명으로 다스
려 만졌으니,
24 그를 가지고 또 왜곡되게 가르치며 너
희 입맛에 맞도록 교리를 만들며 설교
를 하며 강요함이니, 너희들이 얼마나
잘못된 백성인지 아는가?
25 그리하여 그와 같은 백성이 나를 두려
워하며 감히 나를 볼 수 없고 내 이름
을 찾을 수 없기에 나의 아들 예수를
몸부림치게 찾고 있음이니라.
26 그와 같은 형국으로 너희가 지금의 믿
음의 길을 가는 것임을 알라.
27 너희들이 인간 세상에 살아가면서 이
웃집 주인에게 잘못하여 죄를 짓고 그
에게 부끄럽고 창피하여 용서받을 수
없는 그와 같은 행위를 했을 때,
28 제가 직접 가서 사과하며 용서를 비는
그와 같은 용기가 없는 자가 그 집의
종이요, 그 집의 아들을 통하여, 그 집
의 식솔을 통하여 사과하고자 하는 의
사를 전달하며, 너희들의 뜻을 밝히고
자 하니,
29 그와 같은 행위를 하는 것이 지금 바
로 너희들이 나를 저버려 두며 나의
아들 예수만을 부르짖으며 나의 아들
예수를 찾고 있는 것이니,
30 이는 사악한 자들의 그와 같은 마음이
요, 심성으로써 하고 있는 행동임을
알라.
31 이제 너희들이 계명을 지킬 수 없다는
그 백성은 나를 사랑하지 않는 백성이
니, 나를 사랑하지 않는 자는 나의 아
들딸이 아님이니,
32 그와 같은 자들의 교리를 듣지 말며
그와 같은 자들에게 재물과 시간을 낭
비하여 바치지 말라, 불쌍한 나의 백

성들아!

4,965 번째 하나님 말씀

2003년 2월 13일 06시 49분

1 사랑하는 나의 아들아!
2 "네, 아버님! 말씀하옵소서."
3 '나의 법전을 가슴에 안고 정독하는
자 반석 위에 서서 하늘에 오르는 찬
란한 빛을 보게 되는 영광을 얻게 된
다.' 하였음이니라.
4 지금 나의 피조물 만백성 너희들은 하
나의 정해진 그 길을 위하여 같이 여
행을 하며 같이 길동무로서 떠나는 것
이라 말하였음이니라.
5 지금 나의 모든 백성은 하나의 벗어날
수도 없으며 너희들 임의로 할 수도
없는 그 목적지를 향하여 너희들 자신
도 모르게 지금 같이 걸어가고 있음이
니라.
6 그리 같이 가는 길동무로서 화합하며
아름다운 생각을 하고 살아가라 하는
것이 나 여호와의 뜻이며,
7 너희들이 정해진 그 목표를 위해서 가
고자 해서 가는 것이 아니요, 어쩔 수
없이 그 정해진 목표를 향해 가게 됨
이니라.
8 그리하여 가는 길동무 중에 한 사람이
너희들에게 아름답고 좋은 시 한 편을
전한다 했을 때,
9 그를 들어 네 것으로 만드는 그와 같
은 여유로운 마음의 자세를 가지고 살
아가는 너희들이 되면 과연 어떻겠는
가?
10 모든 종파에 속해 있는 백성 너희들은
죽음이라는 정해진 그 길을 위하여 다
같이 가고 있는 한 길동무며 같은 형
제이니라.
11 그리하여 너희들에게 내 사랑하는 나
의 아들이 나의 성령이요, 창조주인
내 뜻을 기록하여, 그를 읽고 깨우쳐
바른길을 보며 가는 그 길이 아름다운
길로써 가도록 하라 그리 전하며 부탁
하는 것을,
12 어찌하여 너희들은 그것 하나를 들어
보지 못하며 그를 하나 보려 하지 아
니하는가?
13 지금 죽음의 그 마지막 종착역을 향하
여 너희들이 감이니, 거기서 그 모두
가 끝난다면 나 여호와는 말하지 아니
할 것이니라.
14 너희들은 반드시 그다음의 종착역에
와서 새로운 인생으로 살아가는 삶이
시작됨이니, 그는 곧 영혼의 삶이니라.
15 그리하여 그 영혼의 아름다운 삶을 위
하여 너희들이 나의 법전이요, 내가
새로 내리는 성경을 보고 읽고 깨우쳐,
16 너희들이 같이 여행을 하는 그 길에서
깨달음을 얻어 구원의 길을 오르도록
하라 하여 이리 내려보내거늘,
17 너희들은 그 하나 마음의 여유가 없으
며 그 이야기를 들을 수 있는 그와 같
은 마음의 생각이 없이 굳어져 있음이
니, 이를 어찌하면 되겠는가?
18 너희들은 아무것도 생각할 필요가 없
느니라.
19 이 세상의 모두는 나 여호와가 창조한
것이며, 모두는 다 너희들을 위하여
존재함이니,
20 어떠한 것도 너희들을 위하여 존재치

아니함이 없으며 너희들을 위하여 있
지 않은 것이 없음이니,
21 너희들을 위해서 내린 나의 성경을 읽
고 깨우치라.
22 너희들은 죽음의 길을 향하여 가고 있
으며 벗어날 수 없는 그 길을 같이 가
는 자들이니, 너희들의 결론은 나에게
심판을 받고자 지금 살아가고 살아옴
을 알라.
23 그리하여 너희들이 그 여행의 길에서
어떠한 마음을 갖고 가느냐, 어떠한
행동을 하고 사느냐에 따라서 나로부
터 심판을 받아 너희들의 새로운 생명
이 태어남과 태어나지 못함이 여기에
있음이니,
24 너희들이 태어날 수 있는 모든 방법을
다 기록하여 그 내용이 여기 있다 하
였거늘,
25 너희들은 어찌하여 그저 맨주먹으로
웃으며 인간의 잡담을 하며 서로 쓸데
없는 그와 같은 시간을 낭비하며 걸어
가면서,
26 정녕 너희들을 구원할 수 있는 이 나
의 법전이요, 새로운 성경을 보라 하
거늘, 어찌하여 그를 보지 아니하는가?
27 너희들은 지금의 미래를 다 알고 있으
면서도, 그리 먼 것이며 너희들과는
관계없다는 그와 같은 생각으로 살아
감이니라.
28 너희들은 반드시 머지않아 나로부터
심판을 받는다는 그것 하나만이라도
바로 생각하고 그를 인식하고 산다면,
나의 법전을 읽는 데 주저하지 아니
할 것이니라.
29 그러나 너희들은 흘러감 속에서 기억
속에서 잊어버리는 그와 같은 삶을 살
고 있음이니라.
30 너희들이 가고 있는 길이 무슨 길이며
어디를 향해서 가고 있는 것 자체도
생각하지 아니하며, 그저 너희들과는
관계없는 것처럼 육의 향락을 위하여
웃고 즐기는 그것밖에는 지금 하지 못
하고 있음이니,
31 너희들은 바로 이와 같은 데서 나의
법전을 읽고 깨우쳐 나의 법전이요,
새로운 성경을 읽지 아니하면 너희들
이 새로 태어날 수는 없다는 것을 알
아야 할 것이니라.
32 그리고 너희들이 목적지에 다다르면
모든 심판을 받는다는 사실이 머지않
아 너희들 앞에 있다 함을 잊지 말라.

4,966 번째 하나님 말씀

2003년 2월 13일 06시 55분

1 사랑하는 나의 아들아!
2 "네, 아버님! 말씀하옵소서."
3 네가 나 여호와에게 기도 드리고 싶은
마음, 네가 나에게 용기를 달라 하는
그 마음을 나 여호와는 알고 있음이니
라.
4 네가 무엇을 나에게 원하는 것을 알고
있음이니라.
5 너는 이제 먹는 것도 네 마음에 그 모
두의 인연이 없으며, 네가 먹는 것보
다도 나의 법전을 만드는 것을 더 영
광으로 생각하며 그 일에 매진할 수
있는 네가 되고 싶으며,
6 잠자는 것도 아까워 낮에도 네가 그를
다 버리고 오로지 나의 법전을 만들

수 있으며,
7 너희들의 세상사에 살아가는 그 즐거
움이요, 향락이요, 인간관계의 그 모
두를 다 접어 두며 세상의 모든 인연
을 다 끊으며,
8 네가 살아가고 네가 행동하는 것은 오
로지 나의 법전을 만들며 이를 만들어
만백성에게 전하는 그것만을 할 수 있
게 너의 마음을 굳게 해 달라는 그 기
도를 네가 드리고자 함을 나는 아느니
라.
9 그러나 사랑하는 나의 아들아, 너로
하여금 네가 깨달음이 없으며 네가 시
련이 없이 모두를 얻을 수 있는 그와
같은 기도를 나에게 드린다면 그것은
네 욕심이니라.
10 그 모두는 네가 스스로 찾아서 네가
스스로 인내하며 네가 이겨서 그리 가
도록 그리하라.
11 네가 그와 같은 마음을 가지고 있다는
그 자체도 네가 변할 수 있으며 네가
역사할 수 있음이니라.
12 "전지전능하시며 창조주이신 아버님!
13 저는 정녕 모두를 다 버리고 오로지
그 길만을 가고 싶사옵나이다.
14 먹는 음식이요, 그 모두도 싫으며, 잠
자는 것까지도 싫으며, 그리고 세상사
에 나가 만백성을 접하는 것도 싫사오
며,
15 어떠한 것도 소중한 것이 없으며, 다
그저 하나의 물건처럼 보이는 그와 같
은 마음의 생각이 저를 지배하고 있으
나, 행동이 그리하지 못하고 있사옵나
이다.
16 아버님께서 말씀하시기를, 생각이 아
무리 높고 생각의 경지가 아무리 높다
해도 행동을 하지 아니하며 선한 행동
을 하지 아니할 때, 그는 다 여호와 하
나님을 기만하는 것이며 모두를 다 속
이는 행위라 하셨사옵나이다.
17 마음과 생각은 지금 잠자는 것도 싫으
며, 먹는 것도 싫으며, 세상사의 아름
다운 것도 싫으며, 즐겁고 좋은 것이
아무것도 없이,
18 오로지 기도만 드리며 기도로써 아버
님께 성령을 받아 법전을 만들어 만백
성을 구하는 그 모두에 저를 바치고
싶은 생각이 간절하오나,
19 제 육을 가지고 있는 그 행동이 그리
하지 못하니,
20 아버님! 그런 저를 다스려 주옵시고
벌로 다스려 주옵소서.
21 아버님! 더 심한 고통으로써 더 심한
시련으로써 제가 그를 다 이길 수 있
는 그와 같은 기회를 주옵소서.
22 감히 아버님께 저에게 용기와 힘을
달라 기도 드리고 싶사오나,
23 그 모두는 모든 백성과 똑같이 시련과
고통을 딛고 일어서는 것이 제가 해야
할 길이며 제가 갈 길이라 말씀을 하
옵시니, 저는 어쨌든 그 길을 가겠사
옵니다.
24 어쨌든 모두를 다 버리고 조용히 눈을
감고, 오로지 기도와 경배를 하는 것
이 행복이요, 즐거움이라는 그 길을
위하여 갈 수 있도록,
25 마음과 생각은 그리 가고 있으나 따르
지 못하는 이 행동에 아버님께서 말씀
하신 대로 잘못해서 썩어 가는 것을
한 부분을 잘라 내서 그 몸통을 살리

라 했던 그 말씀처럼, 행동으로 가겠
사옵나이다.
26 저의 죄를 용서하여주옵소서.
27 다만, 아버님께서 더한 고통과 시련을
저에게 내려 주시옵소서.
28 예수의 죽음보다 더한 것이 없사오며
욥의 시험보다도 더한 것이 어디 있겠
사옵나이까?
29 저는 그보다는 편안하며 그보다는 안
일하기에, 제가 아버님께 어떠한 역사
에 힘과 용기를 주기를 바라며 스스로
노력하지 못하는 저의 죄를 용서하여
주옵소서.
30 마음을 따르지 못하는 이 행동을 바
로잡을 때까지 아버님 저를 보아 주옵
소서.
31 그리고 저에게 기회를 주옵시고, 많은
체벌로써 일찍이 깨달을 수 있도록 저
에게 그 지혜를 내려 주옵소서."

4,967 번째 하나님 말씀

2003년 2월 13일 07시 02분

1 사랑하는 나의 아들아!
2 나의 피조물 만백성 너희들이 살아가
는 길에 착하고 아름다운 행위를 하며
선행을 베풀며 사는 것은 나 여호와로
부터 반드시 은혜를 받을 것이며, 그
은혜를 입게 되어 있으며, 내가 너희
들을 사랑하고 기억함이니라.
3 너희들이 악한 일을 한다 할 때 나 여
호와로부터 버림을 받는 것이며, 내가
너희들에게 은혜를 내리지 아니하며,
4 너희들은 나의 아들과 딸이 되지 아니
하고 사탄이요, 사악한 자의 자식이
되는 것이니, 나와 관계없다 하였음이
니라.
5 그러니 너희들이 나 여호와에게 기쁨
을 주고자 하는 행위는 너희들이 천
국에 사는 것이요, 내가 버릴 행위를
하는 것은 지옥에 산다 하였음이니,
6 너희들 자신은 지금 육에서 지옥과 천
국의 그 선택의 기로에서 살아가는 것
이며,
7 또한 너희들이 죽어 나에게 왔을 때
너희들은 영원히 그 지은 죄의 대가를
치르는 지옥이 있는가 하면,
8 영원히 나의 낙원에 와 사는 천국에
오르는 길이 세상에 존재해, 너희들이
세상의 삶이 끝나고 난 다음에 그 심
판을 향해서 너희들은 그 길을 간다는
것을 먼저 깨우치라.
9 이는 곧 천국과 지옥이 존재하며, 너
희들은 그를 거치지 아니할 자 없다는
것을 먼저 깨우쳐 그리 살도록 하라.
10 너희들이 지상의 삶에서 천국의 삶을
사는 길,은 선한 것은 작다 하여 중단
하지 말며, 선한 것은 큰 것만을 찾아
서 한다는 그런 생각을 하지 말라.
11 선과 악은 작고 큰 것을 가리지 말며
선한 것은 작다 하여도 주저하지 말며
너희들이 행할 것이며, 악한 것은 작
다 하여도 행해서는 아니 되는 것이
너희임을 알아야 할 것이니라.
12 그러니 너희들이 미래의 어떠한 현상
이요, 어떠한 일이 이루어지는지를 모
르기에, 너희들은 선한 것이 아무리
작고 미미한 것이라도 그 일을 하기에
주저해서는 아니 되며, 그를 하지 아
니해서는 아니 되는 것이니라.

13 작은 선함이라도, 짐승이 먹이를 물듯
이 그와 같이 행할 수 있는 마음의 자
세를 갖고 사는 것이 나 여호와에게
기쁨을 주는 것이며,
14 나 여호와에게 기쁨을 주는 것은 너희
들이 지상에서 육의 세상에 사는 것이
천국에 사는 삶이니라.
15 너희들이 그저 작다 하여 악이라는 것
을, 남이 보기에 추하고 더러운 짓을
서슴없이 행한다는 것은 너희들에게
그 죄만 쌓임이니,
16 너희들이 지상의 이 육의 세상에서 악
의 구렁텅이에서 악의 세상에서 사는
것이니라.
17 악의 세상에서 사는 악습은 너희들이
죽어 심판을 받을 때 나에게 천국의
역사를 이룰 수 없음이니라.
18 오로지 악은 악대로 감이니, 너희들은
이를 잊지 말라.
19 나 여호와의 뜻에 의한 심판의 기본이
작은 악함을 행하는 것과 작은 선행을
하는 것, 너희들이 어떠한 것을 행하
고 사느냐에 따라서 그것이 바로 심판
의 기본이요, 기준임을 알라.
20 이는 흔들림이 없으며 변함이 없는 것
이니라.
21 작고 작은 것으로부터 너희들이 다 심
판을 받게 됨이니,
22 그러니 나로부터 선택된 백성 너희들
은 작다 하여 선행을 중단하지 말며,
작다고 악한 일을 하는 그와 같은 어
리석은 삶을 살지 말라.
23 내가 이것을 너희들에게 깨우쳐 전하
고자 법전에 기록하여 전함이니,
24 이를 읽고 난 백성 너희들은 반드시
이리 행하여야 할 것이며,
25 이를 행하지 아니하는 자 너희들은 나
로부터 나의 뜻을 거역하며 순종하지
아니한 백성이니, 심판받을 자격도 없
음을 알아야 할 것이니라.
26 내가 일찍이 전했듯이, 너희들이 살아
가면서 이 세상에 너희들이 선함을 행
하는 것이 정해져 있다 생각한다면,
너희들은 그 선행에 목마르듯 그를 찾
아서 행하여야 할 것이니라.
27 만 개라는 선한 일이 정해져 있다 하
면, 이 수십억 인구 중에서 그 만 개의
숫자 중에 네가 과연 몇 개의 선행을
베풀고 살아가야 하는가?
28 선행이 스스로 너희들에게 돌아와 너
희들이 하기를 기다리는 것은 어리석
은 자이니라.
29 너희들은 사막을 여행하는 자가 오아
시스를 발견한 것처럼, 선행을 찾아
하는 것을 그보다도 더 강한 마음으로
찾아 하는 그와 같은 삶을 살라.
30 너희들이 선행을 찾아서 하지 아니한
다면 선행은 너희들을 기다리고 있지
아니함이니라.
31 이미 너희들이 기다리는 그 선행은 다
른 백성이 먼저 하며 그를 실천하고
살아감이니, 선한 행위를 하고자 해도
할 기회가 없음을 너희들은 알아야 할
것이니라.
32 너희들이 천국에 오고 못 오는 것은
너희들이 하루를 사는 것을 어찌 살았
느냐 그것을 육의 기준으로 살펴보면
아는 것이니라.
33 너희들은 나에게 와 큰 심판을, 마지
막 시대의 심판을 받기 전에, 너희들

이 하루의 사는 그 일과를 선행과 악
행을 적어 기록해 보라.
34 그리하여 너희들이 하루의 삶을 매일
같이 반성하는 그와 같은 삶을 살며,
너희들의 악과 선을 금 저울보다도 더
정확한 저울에 달아 너희들 자신을 너
희들이 심판하며 다스려 나가도록 그
리하라.
35 너희들이 하루 일과를 살면서 그 하루
의 삶에서 선과 악의 그 하루 일과를
기록해 봤을 때,
36 선이 많으면 나에게 오르는 백성이요,
천국에 오르는 백성이요, 지상의 천국
에서 사는 것이요,
37 너희들이 악한 것이 더 많으며 악한
것이 무게를 갖고 있을 때, 너희들은
인간 세상의 지옥에서 사는 것이며,
그것은 연장되어 너희들이 죽어 나에
게 와 심판을 받고 갈 때 너희들은 악
으로 가는 것이니 그리 알라.
38 이 이치의 하늘의 뜻을 내가 너희들에
게 가르치고 전함이니, 이를 보고도
너희들이 바로 서는 길을 선택하지 아
니한다면 너희들은 스스로 악으로 감
이니, 나에게 와 핑계 댈 일이 없으며
나를 원망하지 말라.

4,968 번째 하나님 말씀

2003년 2월 13일 07시 08분

1 사랑하는 나의 아들아!
2 "네, 아버님! 말씀하옵소서."
3 너희가 살아가면서 선한 마음과 선한
행동을 게을리하고 살아간다면, 그 모
든 악한 마음이 스스로 너희들의 마음
속에 자리를 잡아 너희들이 악함에 잠
식되어 가는 것이 너희들의 형태임을
알아야 할 것이니라.
4 너희들이 악한 행동을 하고 산다면 선
한 마음이 너희들 가슴에 자리를 잡을
수 없으며, 나 여호와의 성령 또한 임
할 수 없다는 그 무서운 사실을 너희
들은 깨우쳐야 할 것이니라.
5 선한 행동은 너희가 열심을 내어 행하
고, 악한 일에 대해서는 뜨거운 물에
손을 대 그리 놀라는 것처럼 그를 생
각조차 해서도 아니 되는 그와 같은
삶을 살아가야 너희들이 나를 볼 수
있다 하였음이니라.
6 그와 같이 선과 악의 행함에 따라 선
을 행하는 자는 악이 그 마음에 뿌리
를 잡을 수 없으니 선함을 갖게 되고
선함이 쌓이게 되며, 그리하여 나에게
오르게 되어 있는 것이니라.
7 그러나 너희들은 여기서 하나 깊이 깨
우쳐야 할 것이니라.
8 선함을 행하는 것은 아무리 근사한 행
위요, 좋은 선행을 했다 하더라도, 남
에게 알리며 남에게 자랑하며 남에게
알리고자 선행을 하는 것은 아무런
가치도 없다 내가 너희들에게 전하였
음이니라.
9 오로지 선행을 하는 것은 남이 모르
게, 너희 스스로 너희 자신도 오른손
이 하는 것을 왼손이 모르게 그와 같
이 은밀한 가운데 행하며, 너희 자신
을 내세우지 아니하며,
10 너희를 내보이고자 하는 그와 같은
행위는 아니 됨을 알아야 할 것이며,
그와 같은 마음으로써 하는 선행은 아

무런 가치가 없다 내가 말하지 아니하
였던가?
11 그렇다면 너희들이 세상을 살아가면
서 보통 선행을 했으며 착한 일을 했
다 생각함이 아무런 가치가 없다는 것
을 이제 알아야 할 것이니라.
12 너희들은 아무도 모르게 남들에게 내
세우지 않으며 자랑하지 아니하며 나
여호와만이 아는 그와 같은 선행을
평생 과연 얼마나 행하고 있는가 다시
한 번 너희 자신을 점검해 봐야 할 것
이니라.
13 나 여호와가 너희들에게 깨우쳐, 오른
손이 한 그 착한 선행을 왼손이 모르
게 하라 했듯이, 선행을 베푸는 것을
과연 하루에 얼마나 하며 그와 같이
행하고 있는가?
14 이를 중시하지 아니하면 너희들 스스
로 지옥으로 가는 그와 같은 삶을 산
다는 것을 알아야 할 것이니라.
15 너희들이 평생 선행을 하는 것은 무조
건 나로부터 선행의 점수를 받으며 사
랑의 은혜를 받는다 하여,
16 수다 떨며 남에게 보여 주기 위한 선
행이요, 남 앞에 과시하기 위한 선행
이요, 너희들을 내놓으려고 내보이기
위한 선행을 베푼다면, 그것은 선행이
아니라는 엄연한 사실을 알라.
17 선행이 그리 어려우니라.
18 아무도 모르게 남들에게 이야기하지
아니하며 스스로 하는 그 선행, 그것
만이 나에게 와 점수로써 받을 수 있
으며,
19 내가 너희들의 선과 악을 다루고 바로
그 점수를 매길 때 선행의 점수에 속
한다 함을 알라.
20 과연 너희들은 지금 얼마나 선행을 베
풀고 살아가는가 다시 점검해 보라.
21 그를 점검하지 못하면 너희들도 모르
는 사이에 너희 자신이 무너지고 있다
는 사실을 알라.
22 그러나 악은 그러하지 아니하니라.
23 악은 너희들이 행하는 그 순간부터 죄
로 쌓임이니라.
24 하나도 버려지는 것이 없으며 흘러감
이 없음이니,
25 선은 남들이 모르게 행해야 하며, 악
은 남들이 알게 하든 모르게 하든 그
악은 악대로 그대로 점수로 기록되어
그 무게가 나감이니,
26 너희들이 과연 그와 같은 악의 무게를
선의 무게로써 벗어날 수 있으며, 그
보다 더 선이 악보다 무거운 자세로써
너희들이 과연 살아갈 수 있는가?
27 그 길을 선택하여 살아가도록 하라.
28 그것만이 나에게 오를 수 있는 가장
영광된 길이라는 것을 잊지 말라.

4,969 번째 하나님 말씀

2003년 2월 13일 09시 21분

1 사랑하는 나의 아들아!
2 "네, 아버님! 말씀하옵소서."
3 너희들은 몸을 닦으며 입 안을 매일같
이 닦느니라.
4 그러면서 입 안을 닦지 아니하여 나는
악취는 맡으나, 입에서 나오는 그 고
운 말이 악취를 내며 악한 말로 둔갑
하여 나오는 그것은 맡지 못함이니,
5 이제 너희들이 너희 자신의 몸을 닦

는 것보다도 너희들의 마음을 닦으며
입으로 나오는 말을 아름다운 언어로
사용하며 그 언어만 나올 수 있도록
그리해야 할 것이니라.
6 너희들은 매일같이 입에서 나는 악취
를 맡지 않으려고 입은 닦고 있으나,
막상 그 입을 통하여 나오는 말은 아
름답게 닦을 줄 모르며 다스릴 줄 모
르는 바로 그와 같은 것이 너희들의
삶이니라.
7 너희들의 입에서 나는 악취는 무섭고
더러운 줄 알면서, 어찌하여 너희들이
닦은 그 아름답고 깨끗한 입에서 나오
는 말은 썩어 냄새가 나는 것을 모르
는가?
8 이제는 너희들의 몸을 닦는 것보다도
너희들의 마음을 닦으며 너희들이 세
상에 전하는 말을 닦는 그와 같은 깨
달음의 경지를 봐야 할 것이니라.
9 너희들이 육을 닦는 것은 육의 세상에
서 살아가는 그 생활을 영위하며, 나
오는 말을 다스리며 마음을 다스리는
것은 다음의 세상이요, 영혼의 세상을
위해서 살아가고 행함임을 너희들은
알아야 할 것이니라.
10 그와 같은 현명함을 얻고 살아야 하는
것이 너희들의 깨달음이거늘,
11 지금의 너희들의 모든 삶은 보이는 것
에만 연연하며 보이는 것에만 악취를
맡음이니, 이와 같은 형국으로 살아가
서는 아니 됨이니라.
12 바로 서야 할 것이며 바로 깨우쳐야
할 것을 잊지 말라.
13 너희들이 몸을 닦지 아니하여 나는 그
악취보다, 너희들의 생각이 잘못되고
마음을 잘못 먹으며 그리하여 너희들
이 발산하는 아름답지 못한 생각이요,
말이요, 또 행동이요, 또 글로써 표현
하는 것이요, 모든 남을 해하는 그와
같은 글로써 표현하는 것이 얼마나 악
취가 나며 썩은 것인가 그것을 모름
이니라.
14 너희들은 육의 삶의 정해진 시간에,
정해진 목표를 위해 달려가는 것이라
했으며, 이미 한계가 정해져 있는 것
이니라.
15 그러나 너희들은 정해지지 않는 영의
세상이요, 영의 삶이요, 다음의 세상
을 사는 데 역점을 두어야 함을 잊지
말라.
16 사랑하는 나의 아들아!
17 오늘, 네가 책표지에 기록한 그 아름
다운 나의 전함을 네가 또 기록하여
만백성에게 다시 한 번 읽는 그와 같
은 계기를 만들어 주도록 그리하라,
사랑하는 아들아!
18 "네, 아버님! 알겠사옵나이다."
19 "여보게,
20 지옥 불을 향하여 달려가는 당신,
21 뒤를 돌아 나를 보시오.
22 이 법전 '하나님! 말씀하옵소서'를 읽
고 깨달음을 가지시고,
23 지옥 불을 보고 달려가는 발걸음을
24 천상에 오르는 발길로 돌리시오.
25 여보시오,
26 어찌하여 하나님의 심판의 무서움을
모르고
27 그리도 사악한 마음으로 죄를 짓고
28 회개와 용서를 받지 않고 가시오!
29 여보시오,

30 가던 발길을 잠시 멈추시오.
31 그렇게 지옥 불로 달려가면 어찌합니
까?
32 이 법전을 보고
33 잠에서 깨어나 구원을 받고 가시오."
34 내가 이리 기록하여 전했듯이, 너희들
은 육의 삶이 얼마나 소중한가를 알아
야 할 것이니라.
35 내가 너희에게 가던 발길을 멈추고 지
옥 불로 달려가는 것을 멈추라 하였음
이니,
36 너희들이 지금 여기서 어찌 살아가느
냐에 따라서 바로 너희들이 지옥 불로
달려가는 것이요, 천국의 길로 달려가
는 것이라 하였음이니라.
37 그러니 너희들이 육의 세상의 삶에서
천국에 사는 그와 같은 삶을 살라 간
곡히 내가 부탁하고 또 부탁함이니,
이를 명심하여 지키도록 그리하라.
38 이를 모르는 자, 나로부터 영원히 구
원을 받을 수 없으며 나에게 오를 수
없는 그와 같은 삶을 산다는 것을 너
희들은 알아야 할 것이니라.
39 남이 보지 않는 데서 너희를 알아주
지 않는 마음을 향하여 살라 하였으
며, 남들에게 보여 주는 그와 같은 삶
을 살지 말라 내가 너희들에게 말하여
깨우쳐 주었음이니라.
40 지금 보이지 않는 삶을 또한 아름다운
쪽으로 돌리는 그와 같은 삶을 살지
아니하면 너희들은 결코 살 수가 없음
이니라.
41 너희들은 내가 보지 아니한다 하여 남
이 보지 아니한다 하여 아름다운 행위
를 하지 아니하며, 남이 보지 않고 볼
수 없다 하여 악한 행위요, 악한 행동
을 하며 사는 것이 너희들이니, 그게
바로 다 지옥 불로 달려가는 것이니라.
42 너희들은 남이 보지 않는다 하여 선함
을 행하지 아니하여서는 아니 됨이니
라.
43 그를 내가 다 보고 있음을 너희들은
어찌 모르는가?
44 너희들의 하나에서부터 열까지 모두
를 놓치지 않고 보고 있는 나 여호와
가 있음을 너희들은 어찌하여 그리 무
서움을 모르는가?
45 남이 보지 않는다 하여 남들이 듣지
못하게 욕을 하며 악한 말을 하며 사
악한 행동을 하는 것, 그 모두를 나는
다 보고 있으며 심판관인 내가 보고
있음이니라.
46 많은 백성이 너희들을 보고 안 보는
그것은 관계없느니라.
47 그들은 너희들을 심판할 자격이 없으
며 너희들을 심판하는 자가 아니니라.
48 가장 중요한 것은 너희들을 심판하는
자격을 가진 나 여호와가 너희들이 보
는 곳에서 하든, 안 보는 곳에서 하든,
남들을 속여서 하든, 볼 수 없는 은폐
되어 있는 곳에서 하든,
49 너희들의 선한 행동과 악한 행동을 내
가 다 보고 있으며 내려다본다는 것을
너희들은 잊어서는 아니 될 것이니라.
50 이제 너희들이 선행을 중단하지 말라.
51 그리고 너희들이 악함을 행해서는 아
니 됨이니라.
52 이 모두는 나 여호와가 하나도 놓치는
것이 없으며 흘려버리는 것이 없이 다
기록되어 있음이니라.

53 너희들은 나에게 와 심판을 받을 때, 너희들이 기억하지 못한 죄목들이 수천수만 가지가 그 죄의 무게에 올라감이니, 악을 행한 그 죄에 대한 무게가 그래서 무거워짐이니라.
54 너희들이 선한 것을 한 것처럼 선함의 그 무게가 많다 생각하나, 너희들이 남에게 보여 주기 위하여, 남에게 자랑하기 위하여, 남들이 보지 않는 곳에서 선행하지 않는 그와 같은 이중적인 마음을 가지고 사는 그 행동이 다 죄로써 그 무게를 가중한다는 것을 잊지 말라.
55 이제 너희들은 남들이 안 보이는 곳에서 더 아름다운 선행을 하며,
56 남들이 보지 않는 곳에서 악함을 행하지 말라.
57 그리고 남들이 듣지 않는 곳에서 남을 욕하지 말며 남을 비방하지 말라.
58 너희들의 그 아름다운 입에서 더러운 말이 나오며 썩은 이야기가 나오는 그것이 다 나에게 죽어 와 선과 악을 다룰 때 그 모두가 가차없이 악의 무게를 짓누르니, 너희들의 악의 무게가 지옥으로 내려가 그저 흘러내려 가는 것이 너희들의 영혼임을 잊지 말라.
59 내가 너희들을 사랑하기에 나의 뜻을 이리 간곡히 기록하여 전함이니, 이를 보고 깨우쳐 하늘에 오르는 그 역사의 길을 얻도록 그리하라, 사랑하는 나의 아들딸들아!
60 남들이 보지 않는 곳, 남들이 볼 수 없는 그곳에서 선행을 베푸는 것은 너희들의 선행의 점수가 배로 늘어난다는 것을 잊지 말라.
61 또한, 남들이 볼 수 없고 보지 아니한다 하여 악한 행위를 하는 것은 그 죄가 배로 늘어나는 이와 같은 엄연한 사실이 있음을 알라.
62 그러니 남들이 보지 아니하고 남들의 칭송을 들을 수 없다 하여 선한 일을 중단하지 말며 그 행함을 중지하지 말라.
63 그리고 보지 아니하고 듣지 아니한다 해서 너희들이 함부로 남을 평가하며 악한 행위를 하지 말라.
64 그것이 얼마나 무서운 죄로써 너희들에게 돌아오는지를 알 날이 머지않았음이니라.

4,970 번째 하나님 말씀

2003년 2월 13일 09시 29분

1 사랑하는 나의 아들아!
2 "네, 아버님! 말씀하옵소서."
3 나로부터 선택된 백성이요, 나의 법전을 읽고 깨우친 만백성 너희들은 살아감에 그 방향을 바로잡아 가야 함이니라.
4 나로부터 선택된 백성 너희들은 너희들을 욕하는 자, 너희들을 시기하는 자, 그리고 너희들을 비방하는 자, 그와 같은 모두를 사랑해야 하는 것이 진정한 사랑이며,
5 또한 너희들에게 선행을 베푸는 자, 너희들을 사랑해 주는 자, 아껴 주고 너희를 기억하는 자, 그 또한 사랑함이 다 같이 똑같이 그들을 사랑하는 마음으로 살아가는 것이 나의 법전을 읽고 깨우친 백성이요, 나로부터 선택

된 백성 너희들이 가야 할 길이며 행
하여야 할 길임을 잊지 말라.
6 너희가 선행한 그 은혜가 보이지 아니
하며 지금 너희들이 직접 얻지 못한다
하나, 너희들이 선행을 베풀고 아름답
게 사는 마음은 내가 반드시 상을 내
리듯이,
7 너희들이 남을 용서하는 마음과 사랑
하는 마음으로써 그와 같은 마음을 갖
고 산다 하면 그 상과 은혜가 나에게
서 반드시 있음을 너희들은 알아야 할
것이니라.
8 그리하여 너희를 미워하고 또 저주하
는 자, 그와 같은 자를 다 사랑하며 악
을 버리라 함이니라.
9 너희들이 선한 마음으로 너를 미워하
고 저주하는 자, 욕하는 자를 사랑하
는 마음이요, 또한 악한 자를 사랑하
는 마음을 가지고 살 때,
10 또한 악과 선을 구분하여 선택할 때
악을 버리고 선을 선택하는 것, 그와
같은 일들이 얼마나 위대한 것인가를
모를 것이니라.
11 너희들이 악을 행하지 아니할 때 아무
것도 얻어지는 것이 없다 그리 생각하
나, 그렇지 아니함을 너희들이 알아야
할 것이니라.
12 미워하고 저주하는 자 사랑하며 악을
행하지 아니할 때, 너희들이 악을 막
고 일어설 때, 너희들은 스스로 그 악
을 막은 것만큼 너희들에게 그 불행의
모두를 막아 주는 역사가 나로부터 있
으며 스스로 상을 받게 된다는 것을
잊지 말라.
13 너희들이 악을 행하지 아니한 만큼,
악을 막은 것만큼 너희들에게 닥쳐오
는 그 불행을 막을 수 있으며 너희들
이 쓰러지는 것을 막을 수 있는 그와
같은 은혜와 상이 나로부터 반드시 내
려짐이니, 너희들은 그것을 모르고 있
을 뿐이니라.
14 너희들이 인간 세속에서 살기에 하늘
에서 나 여호와가 아름답게 사는 자에
게 상을 내리며 은혜를 베푸는 것을
모르고 있으며,
15 악을 막고 악을 행하지 않을 때 너희
들의 불행을 거둬 주는 나 여호와의
그 사랑이요, 내가 너희들을 기억하고
있음을 너희들이 모르고 있음이니라.
16 이는 너희들이 죽어 내 앞에 와서 심
판을 받을 때 그 모두를 알게 될 것이
니라.
17 너희들이 악을 행하지 않고 악을 뽑아
버릴 때, 그만큼 네 앞에 오는 크나큰
불행을 막고 살아가는 것이요,
18 너희들이 악을 행하고 사악한 마음으
로 살아갈 때 너희들은 그 불행에서
벗어날 수 없으며 불행을 막을 수 없
음을 알라.
19 이제 나의 사랑하는 아들딸들이요, 너
를 따르는 제자 너희들에게 간곡히 내
가 이름이니, 이를 명심하여 지키도록
그리하라.
20 내가 나의 법전에 수없이 기록하여 전
했느니라.
21 십계명을 철저히 지키며, 내가 법전에
기록한 내용을 다 지키라 하였으며,
22 내가 나의 아들을 통하여 지키라 명
한, 그리고 아름답게 살라 명한 그 모
두를 너희들이 과연 얼마나 지키고 있

는가?
23 악습을 하나씩 버렸을 때 너희들이 원
하는 상을 다 준다 하였음이니라.
24 너희들이 진정 악습을 다 버렸는가?
25 버리지 못하고 있으면서 너희들이 나
에게 무엇을 얻고 무엇을 이루기를 바
라는 것은 꿈에도 생각해서는 아니 됨
을 알라.

4,971 번째 하나님 말씀

2003년 2월 13일 10시 12분

1 사랑하는 나의 아들아!
2 "네, 아버님! 말씀하옵소서."
3 사랑이 없는 곳에서는 어떠한 새로운
생명도 태어날 수 없으며, 어떠한 역
사도 이루어질 수 없으며, 변화 역시
이룰 수 없는 것이니라.
4 그만큼 사랑이 소중하고 귀함을 너희
들은 알아야 할 것이니라.
5 모든 인간 세상에 살아가는 너희들의
근본이 사랑이니라.
6 그리하여 내가 너희들에게 사랑을 하
라 함이요, 사랑이 나의 뜻이라 하였
으며,
7 나에게 오르는 것이 곧 너희들의 마음
에 사랑이요, 행동으로 사랑을 베풀고
행하고 사는 것이 가장 중요하다 그리
말하지 아니하였던가?
8 사랑이 없는 곳에서는 어떠한 질서도
지킬 수 없으며 질서가 지켜질 수 없
으며 이 세상의 질서가 존재할 수 없
음을 너희들은 알아야 할 것이니라.
9 사랑이 무너지고 사랑이 없는 곳에서
는 도덕적인 것이 지켜지지 못하며 윤
리마저 지탱하지 못하는 것이니라.
10 세상 모든 것이 다 무너짐이 사랑이
없음임을 너희들은 알아야 할 것이니
라.
11 사랑이 없는 속에 모든 죄악의 씨앗이
거기서 나오며, 모든 사악한 죄악이
다 사랑이 없기 때문이니라.
12 너희들이 도적질하는 것, 간음하는
것, 사기하는 것, 그리고 살인하는 것,
나의 십계명에 이루어진 그 모두를 지
킬 수 있는 것은, 사랑이라는 것을 알
며 사랑하는 마음을 가진 자는 아주
쉽게 지킬 수 있으며,
13 내가 말하는 대로 너희들이 차 한 잔
을 마시는 수고로움보다도 더 쉬운 것
이 나의 십계명이요, 내가 나의 아들
을 통하여 새로 내리는 성경의 지킴이
니라.
14 너희들이 사랑이 없기에 그 모두가 어
려우며, 그 길을 가기가 힘들며,
15 인간이기에 지킬 수 없다는 그와 같은
허무맹랑한 소리로써 나의 피조물 만
백성을 너희들이 지옥 불로 이끌어 가
는 것이 그러니라.
16 너희들이 그 사랑이 있다 하면 모두는
다 행할 수 있는 것이니라.
17 그리 사랑이 중요함을 너희들은 알아
야 할 것이니라.
18 이웃과의 불화도 사랑이 없는 것이요,
가정의 불화도 사랑이 없기 때문임을
너희들이 알아야 할 것이니라.
19 그리하여 사랑이 없이는 이 세상에 아
무것도 존재할 수 없다는 것을 너희들
이 알라.
20 사랑이 없는 세상은 곧 죽음의 세상이

요, 암흑의 세상이요, 황폐한 세상임
을 너희들은 알아야 할 것이니,
21 지금이 바로 나의 사랑하는 백성이 수
천 년 동안 흘러오는 그 세월 속에 사
랑이라는 그 자체를 말로써는 풍요로
우나, 행함이요, 실천함에는 사랑이
없는 삶을 사니,
22 지금 나의 아름다운 이 지상이요, 이
지상의 낙원이 썩어져 가는 그와 같은
형국으로 되어 있으며 썩은 냄새로 이
세상이 덮이고 있음이니라.
23 그 모두가 다 무엇인 줄 아는가?
24 사랑이 없기 때문이니라.
25 그리하여 모든 종교 집단이요, 많은
가르치는 선생들이 너희들을 어찌 가
르쳤는가?
26 모두가 다 사랑으로써 구원을 받으며
구원의 역사를 이룬다 그리 가르치면
서 너희들은 이기적인 심성이요, 저만
을 생각하며 저만을 사랑하는 그와 같
은 발상으로써 나의 피조물 만백성을
이끌어 왔으며, 그리 너희들이 깎고
다듬어 만든 것이 지금의 나의 피조물
만백성이 살아가는 형국이니라.
27 나의 백성을 무너트려 그들이 이성을
잃었으며 그들이 질서를 파괴하고 있
으며,
28 그들이 자신이 무엇이며 저희들이 인
간이라는 그 자체도 모르며, 인간이
얼마나 소중한 것이며 나로부터 인간
으로 선택되어 생명을 받아 나간 그것
이 얼마나 소중하고 귀한 것인가 그것
마저 잊어버리며 살아가게 하였음이
니라.
29 오로지 이기주의요, 저만 사랑하며 저
위주로 사는 그와 같은 물질 만능의
시대로 나의 피조물 만백성을 만들어
놓았음이니,
30 이대로 백 년, 천 년이 흘러간다면 너
희들이 사람을 보고 서로 인사를 하지
아니하며 아는 체를 하지 아니하며 대
화를 하지 아니하는 그와 같은 세상으
로 변함이니,
31 이것은 사랑이 있을 수 없으며, 아름
다운 나의 지상의 낙원이 이루어질 수
없는 것이니라.
32 그리하여 지금 저만을 의식하고 살아
가며 진정한 사랑을 모르고 살아가는
만백성 너희들을 내가 깨우쳐 주고자
함이니라.
33 그리하여 나의 법전을 내려보내 너희
들이 사랑의 마음이 풍요로우며 사랑
이 풍요로운 세상을 만들어 너희들이
나에게 오를 수 있는 그 눈을 뜨도록
하고자 함이 나 여호와의 뜻임을 너희
들은 알아야 할 것이니라.
34 너희들이 서로 사랑함을 알며 사랑이
무엇인가를 알고 실천하고 따를 때,
나 여호와의 사랑을 알게 되며, 나 여
호와의 마음을 알게 되며, 그리하여
하늘의 이치를 알 수 있음을 알아야
할 것이니라.
35 이제 사랑이 없이는 모두가 탄생할
수 없으며, 사랑이 없는 곳에서는 어
떤 것의 탄생이 이루어진다 해도 정
상적인 그 역사를 이루는 기틀이 될
수 없음을 알라.
36 모든 역사의 기틀이요, 삶의 기초요,
변화는 오로지 사랑으로만이 이루어
진다는 것을 잊지 말라.

37 그러니 진정한 사랑을 하는 마음만이
나를 보는 길이요, 천국의 길에 올 수
있다는 것을 잊지 말라.
38 무엇이든 진심으로 사랑하는 마음, 그
리고 소중히 생각하는 마음을 너희들
의 가슴에 사랑의 싹을 틔우도록 그리
하라.
39 하나의 피어나는 꽃봉오리를 보고, 한
송이의 꽃을 보고 그 모두를 다 사랑
할 수 있는, 그리고 진정한 사랑을 줄
수 있는, 진정한 사랑의 의미를 깨닫
고 살아가는 나의 백성으로서 변화되
도록 그리하라, 사랑하는 나의 아들딸
들아!
40 나 여호와가 너희들을 사랑하는 진정
한 그 사랑을 들여다보도록 그리하라,
영원히 불변의 사랑을 내리는 나 여호
와의 그 사랑을.

4,972 번째 하나님 말씀

2003년 2월 13일 10시 19분

1 사랑하는 나의 아들아!
2 "네, 아버님! 말씀하옵소서."
3 누가 너희들에게 참진리를 가르치며
사랑을 실천하는 근본의 인성을 다스
려 나가야 한다 생각하는가?
4 지금의 종교 집단보다 더 방대한 조직
이요, 방대한 물질적인 능력을 갖춘
집단은 없음이니 그들이 바로 실천하
고 행하여야 할 것이니라.
5 또한, 그들은 말로써 그리 말하느니라.
6 참진리를 깨우쳐 나의 피조물 만백성
을 나에게 구원받도록 하며 사랑을 베
풀며 산다 하며, 사랑의 노래를 수없
이 눈물로 부르고 있으나,
7 그들이 손으로 지은 그 성전을 돌아
나와 열 발짝도 가기 전에 언제 그랬
느냐는 듯이,
8 다만 금화의 한 닢이라도 손해 보는
것, 너희들이 말하는 지폐 한 장이라
도 손해 보는 것에는 냉혹한 그와 같
은 현실로 변하는 것이 너희들이 아닌
가?
9 너희들은 나눔을 모름이니라.
10 네 물건이요, 네 것을 남에게 줄 때 너
희들은 살점이 떨어지는 것보다도 더
강한 마음으로써 그를 지키려 하며,
사랑이요, 나눔의 행함을 하지 못하는
것이 지금 종교 집단 너희들이 살아가
는 형국이니,
11 너희들이 손으로 지은 성전이 얼마나
허구성을 가지고 있으며 허황된 길을
가고 있는 것인가 알아야 할 것이니라.
12 정녕 사랑이라는 것을 말로만 하며 실
천하지 못함이니,
13 너희들이 지금 구원의 길이요, 나에게
오른다 하는 그 종교 집단들이 나 여
호와의 뜻은 전혀 알지 못하며, 나 여
호와의 뜻을 실천하고 행하는 것이 아
니라, 말로만 가르치는 종교 지도자에
게 기쁨을 주며, 그들로부터 칭송을
받으며, 너희들의 이름 한 번 불러 주
는 것으로 은혜를 받았다 그리 생각하
니,
14 너희들이 진정한 믿음이 아니요, 허황
된 꿈속에서 지금 허구성만 팽배한
그 속에서 암흑의 어두운 세계에서 헤
매고 있다는 것을 알아야 할 것이니라.
15 허구성이 팽배하여 있는 그와 같은 믿

음이 아니요, 나의 뜻을 알고 가고 그
와 같은 믿음으로 너희들이 변화되지
아니한다면, 그리 갈구하는 하늘나라
에 오는 것은 너희들이 감히 생각하지
도 말라.
16 나 여호와와 관계없이 지금의 너희들
이 가고 있는 것이 어떠한 형국인 줄
아는가?
17 너희들 그 모두가 다 기능을 잃어 바
다 위에 표류하여 흘러가는 배보다도
못한 것이니라.
18 방향 감각을 잃었으며 자신을 다스리
지 못하며 자신을 주체하지 못하는 그
와 같은 형국이 되었음이니라.
19 표류하는 배는 물결에 따라서 파도에
따라서 흘러가나,
20 너희들은 인간의 사악한 지도자들이
잘못 가르치는 것에 현혹되어 지금 바
른길을 가는 것이 아니요, 지옥의 불
속으로 달려가는 그와 같은 곳으로 스
스로 흘러가고 있음을 너희들이 모르
고 있음이니라.
21 지금의 모든 종교 집단이 나 여호와의
뜻이요, 내가 원하는 것을 알지 못하
며 그를 깨우쳐 가르치려 하지도 아니
함이니라.
22 너희들 스스로 모르기에 행할 수 없으
며, 또한 안다 해도 너희들 자신의 의
지로는 행하고 실천할 수 있는 그와
같은 굳은 의지가 없기 때문이니라.
23 육의 향락에 젖어 있는 너희들은 재물
과 금화를 모아들이는 데 그 재미를
가지고 있으며, 즐거워하며 그 악습
하나를 버리지 못함이니라.
24 모든 종교 지도자 너희들은 들어야 할
것이니라.
25 나의 아들을 통하여 나의 사랑하는 그
제자들이요, 백성에게 내가 무어라 말
하였더냐?
26 나의 법전을 읽고 너희들이 하늘에 오
르려면 너희들이 좋아하는 가장 못된
악습 하나씩을 버리라 하였음이니,
27 너희들은 지금 나의 피조물 만백성으
로부터 재물을 거둬들이는 그 즐거움
의 악습을 버리지 아니한다면, 너희들
을 내가 기억하지 아니할 것이며, 나
로부터 축복이요, 영광을 받을 수 없
는 백성이라는 것을 알라.
28 지금 너희들이 나의 피조물 만백성으
로부터 물질을 거둬들이는 그 장사꾼
의 장삿속보다도 더 험악하고 사악한
짓을 하는 그 버릇을 버리지 못한다면
너희들은 나에게 오를 수 없음이니라.
29 모든 종교 지도자 너희들은 나의 뜻을
먼저 깨달으라, 그리고 깨우치도록 하
라.
30 너희들은 내가 원하는 뜻이며 내가 이
루고자 하는 것을 안다면, 너희들이
나의 십계명을 정독하여 그 속을 들여
다보며, 내가 새로운 성경이요, '하늘
에 오르는 길'이요, 법전이라 하여 내
려보내는 160권의 '하나님! 말씀하옵
소서' 이 책을 너희들이 단 한 권이라
도 정독하라.
31 그러면 모든 것의 깨우침이 거기 있을
것이니 너희들 스스로 알게 될 것이니
라.

4,973 번째 하나님 말씀

2003년 2월 13일 10시 28분

1 사랑하는 나의 아들아!
2 "네, 아버님! 말씀하옵소서."
3 너와 너를 따르는 제자들이요, 이 법
전을 읽고 깨우친 백성 너희들은 십계
명이 왜 중요한지 그 중요성을 알고
있을 것이니라.
4 그러나 지금 나의 피조물 만백성을 하
늘로 인도한다는 모든 종교 집단이요,
지도자 그들은 십계명의 소중하고 귀
한 그 자체의 뜻도 모르는 것이니라.
5 십계명이 왜 중요하며 소중한 것인가
를 그들에게 깨우쳐 줘야 할 것이니라.
6 그것도 모르는 나의 피조물 만백성이
기에, 너희들이 십계명의 중요성이요,
십계명의 위대함을 모르며 십계명이
왜 존재하는 것인가를 모르기에 지금
십계명대로 인간이 살 수 없으며 지킬
수 없다 그리 망발을 하며,
7 그게 얼마나 무서운 죄이며 나에게 거
역하는 것인지를 알지 못하면서 그 무
서운 말을 너희들이 지금 전하고 있음
을 알라.
8 내가 불로 써 이것을 지키는 것만이
구원을 받는 길이라 전하였으니,
9 그를 너희들이 지킬 수 없다는 것은
나에게 너희들이 도전함이요, 나를 능
멸함이요, 나를 욕보이게 하는 것이
요, 너희들이 나를 짓밟는 것이나 마
찬가지임을 알라.
10 내가 새로운 성경이 세상에 내려가 나
의 성령이요, 내가 같이한다는 나의
법전을 태우고 찢어 버리는 자보다 더
사악한 자이니라.
11 너희들이 나에게 오르는 것이요, 나의
백성이라 말하면서,
12 나 여호와가 직접 불로 써 내린 그 십
계명이 무엇을 의미하며 무엇을 이루
고자 존재하며 그 십계명이 어떠한 역
사를 위하여 너희들에게 내려졌는지
그것을 모르고 깨닫지 못하며, 무서움
과 두려움을 모르기에 너희들은 감히
그를 지키고 살 수 없다 그리 말함이
니,
13 그는 나에게 도전장을 내는 것이요,
너희들이 가르치고 너희들이 만든 계
명이 나 여호와가 내린 계명보다 더
위대하고 소중하다 그리 말하며, 그것
을 따르면 구원을 받으며,
14 나의 십계명이요, 나 여호와의 뜻을
따르면 너희들은 구원을 받을 수 없다
그리 가르친 것과 마찬가지이니라.
15 그러니 너희들은 내가 불로 쓴 십계명
을 인간이 지킬 수 없다 하여 나를 부
정함이니,
16 나의 아들이 세상에 전하며 너희들이
손으로 지은 그 교회의 벽돌 한 장 없
이 그를 다 날려 버리겠다 하는 나의
아들 예수의 말을 너희들이 과연 믿고
따르겠는가?
17 너희들은 그를 역으로 이용했으며 그
를 역으로 지금 사용하고 써먹어 그와
같이 열 발짝을 못 가서 그 교회요, 성
전이라는 것이 지금 세상을 덮으며,
18 이와 같이 하여 아름다운 나의 성전이
요, 이 지상을 오염시켰으며 몸살을
앓게 하고 있는 것이 너희들이 그들의
후손이요, 뿌리이기 때문이니라.

19 그러니 너희들이 예수가 전하고자 하며 예수가 깨우치고자 하는 것의 무엇을 따랐으며 무엇을 지키고 가는 백성이더냐?
20 너희들이 나의 십계명을 지킬 수 없다 하여 나를 공격하며 나를 능멸하며 나를 거부하며 나를 욕되게 하는 자들이요,
21 나의 아들 예수가 원했던 그 힘들고 어려운 길을 다 저버렸으며 그를 행하지 아니하였으며, 너희들이 만든 계명대로 역사가 흘러 지금의 사악한 시대요, 종말의 시대가 되었으니, 그 모두가 다 너희들의 죄임을 알라.
22 십계명이라는 것이 무엇인 줄 알겠는가?
23 그것이 너희들이 하늘에 오르는 길이요, 하늘의 천국에 오르는 그 모든 양식이요, 기본임을 알아야 할 것이며,
24 모든 믿음의 길을 가는 백성 너희들의 중심체가 되는 것이 바로 십계명이니라.
25 그 십계명을 기준으로 하여 그를 따르는 자 구원을 받으며, 그를 따르지 아니하는 자 지옥으로 가는 모든 중심체에서 중심을 잡고 있는 것이 십계명이며, 가장 중앙에 위치하고 있는 것이 십계명임을 너희들은 알아야 할 것이니라.
26 이제 십계명이 중심적인 역할을 하여 너희들을 지키고 받치는 그 속에, 나의 법전이요, '하늘에 오르는 길', '하나님! 말씀하옵소서'라는 이 책이 세상에 내려가 너희들을 하늘로 인도하도록 하는 것이 나의 역사요, 내가 이루고자 하는 뜻임을 너희들은 알아야 할 것이니라.
27 그리하여 십계명이 중요하며 나의 법전이 중요함을 너희들은 알아야 할 것이니라.
28 십계명을 지키지 않는 자, 그리고 나의 법전을 읽고 행하지 않는 자는 하늘의 그 심판대에 인도함도 받지 못함을 너희들은 알아야 할 것이니라.
29 나의 새로운 성경이요, 나의 법전을 정독하고 깨우치는 자, 너희들을 나의 법전이 그와 같은 백성을 인도함이니,
30 그를 접하지 않은 백성은 인도함을 받지 못함이니,
31 하늘의 그림자도 볼 수 없는 것이 지금의 잘못 가고 있는 종교 집단 너희들이 가고 있는 형태임을 알아야 할 것이니라.
32 육의 세상은 너희가 잠시 머물다 가는 것이라 내가 그리하였느니라.
33 그리하여 너희가 지옥과 천당의 심판을 받기 전에 너희들을 깨우쳐 주고자 나 여호와가 한 과정을 겪게 한 것이 육의 세상의 삶이라 내가 그리 말하였느니라.
34 너희들이 나로부터 생명을 받아 세상에 나가니,
35 너희들이 죽어 나에게 오는 날까지 그 중간의 과정에서 너희들의 그 육의 삶이 지탱되고 있으며 그 삶의 역사가 거기서 흐르고 있음이니,
36 그는 하늘의 뜻을 너희들이 알 수 없으며 내가 깨우치고자 하는 것을 너희들이 알 수 없기에, 육의 세상인 중간에서 육의 삶 속에서 너희들이 하늘에

오르는 뜻을 알게 되며, 내가 오르라
는 그 뜻을 깨우치며 연습 기간으로
써 육의 삶을 산다는 것을 잊지 말라.
37 너희들이 인간 세상의 시험이라는 것
을 보고 하나의 직장을 갔을 때, 너희
들은 완벽한 사원이 되기 위해 그 수
습기간의 생활을 당연히 거치며 그 과
정을 걷게 됨이니라.
38 그때부터 책임이 있으며 너희들이 한
일에 대해서 책임을 지는 그와 같은
정식 직원으로서 모습을 드러내며 생
활을 하듯이,
39 너희들이 지금 육의 세상에서 사는 그
모두는 수습 기간이니라.
40 그래서 너희들이 연습을 어찌하여 지
키느냐가 바로 설 수 있는 자이며, 너
희들이 나에게 오를 수 있는 그 기회
를 보게 되는 것이니라.
41 완벽한 사원으로서 완벽하게 나에게
올 수 있는 구원받는 백성으로서 거기
서 다져지고 이루어져야 함을 너희들
은 알아야 할 것이니라.
42 여기서 도태되는 백성이 되지 말며,
내가 기억하고 구원하는 백성이 되도
록 그리하라.
43 나의 아들 예수가 너희들에게 무어라
전하여 가르쳤던가?
44 '진실로 진실로 너희들에게 전하고자
하며 깨우치고자 함이니, 인간 너희들
이 다시 거듭나지 아니하면 나 여호와
의 나라를 볼 수 없다.' 그리 예수가
전하여 말하였느니라.
45 너희들이 지금의 삶에서 다시 태어나
는 그와 같은 삶이며 변화되며 개혁이
요, 혁신이 없이는 너희들이 나를 볼
수 없으며 나의 나라를 볼 수도 없다
내가 너희들에게 그리 말하였음이니
라.
46 이 뜻을 너희들은 깊이 깨우쳐 행하도
록 그리하라.
47 너희들이 거듭나는 그 삶이 아니며 변
화되는 삶이 아닌 다음에는 하늘에 오
르는 길이 없을 것이니,
48 오늘의 종교 집단 너희들은 과연 무엇
이 변하며 어떤 것이 변해야 하던가?
49 가장 큰 집단이요, 가장 큰 물리적인
힘을 가지고 있으며 많은 백성이요,
신도들이 울고불고하는 너희들이 바
로 거듭나는 상태로 태어나지 아니하
면, 이 세상은 바로 설 수 없다는 것을
내가 성경에 기록하여 주었음이니라.
50 그저 말하는 자, 그저 절하는 자, 몇몇
사람 그와 같은 자들이 거듭 태어남이
아니니라.
51 너희들의 집단이요, 지금 잘못 가고
있는 종교 집단의 잘못하는 그 형태를
뿌리째 저버리고, 나의 새로운 성경을
읽고 바로 서지 아니하면 너희들은 나
를 볼 수도 없음이니,
52 오늘의 너희들이 사악하게 살아가는
그 모두를 예언하여 기록된 내용이니,
너희들은 내가 법전에 기록하는 이 뜻
을 깊이 깨우쳐 그리 행하도록 하라.
53 너희가 죽어 심판을 받기 전에 거듭나
는 훈련을 시키는 것이 지금 육의 세
상이요, 지상의 삶이니라.
54 너희들 인간을 거듭나게 할 수 있도록
변하게 하고자 지금 훈련을 시키고 있
음이니,
55 모든 종파 너희들부터 거듭나는 그와

같은 육의 삶의 이 훈련의 현장에서 나의 법전이요, 새로운 성경을 읽고 깨우치며 십계명대로 살며 그대로 지키고 살아가는 고통과 시련이요, 그 훈련을 극복하는 자만이 나에게 올 수 있으며 구원을 받을 수 있다는 그 역사함을 잊지 말라.

4,974 번째 하나님 말씀

2003년 2월 13일 10시 37분

1 사랑하는 나의 아들아!
2 "네, 아버님! 말씀하옵소서."
3 내가 너에게 내려 지금 기록하는 나의
새로운 성경이요, 나의 법전이요, 만
백성의 심판의 기준인 이 책을 너는
두려워하지 말라.
4 너는 나의 뜻을 받아 기록하여 책을
만들어 놓는 것으로 네 임무를 다하는
것이며,
5 만백성이 이를 보고 평가하며 그들이
깨우쳐 하늘에 오르고 못 오르는 것은
그들의 몫임이니라.
6 너는 나의 법전을 만들어 세상에 전하
는 그것으로써 너의 할 일을 다함이
니, 네가 이를 가지고 불안해하며 두
려워하는 마음을 갖지 말라.
7 그는 네가 염려하고 생각할 것이 아님
을 알라.
8 이 세상을 덮고 안 덮는 것은 나 여호
와의 주관이며,
9 이 책을 접하고 구원할 자, 구원받지
못할 자, 그들의 마음이니, 저희 스스
로 선택함에 달렸음이니라.
10 그러니 너와 제자들은 불안해하며 두
려워하지 말며, 법전을 만들어 너희가
전할 수 있는 능력을 너희에게 주었을
때, 그리 전하는 것에 게을리하지 아
니하면 너희들의 소임은 다하는 것이
며, 만백성을 구하는 역사를 이루는
것임을 알아야 할 것이니라.
11 그리하여 나의 새로운 성경이요, 나의
법전이 세상에 전해지며 만백성의 손
에 전해지는 것은 네가 만들 것이며
너의 제자들이 하는 임무이니, 그 백
성이 이를 읽고 안 읽고 그를 깨우치
고 안 깨우치는 것은 그들에게 달렸음
이니라.
12 그들이 이를 보고 깨우치면 나 여호와
가 그들을 구원하고자 할 것이며, 그
와 같이 법전을 읽고 깨우쳐 노력하는
자 구원하고자 하는 것이 나 여호와
뜻이며 내가 행함을 너희는 알아야 할
것이니라.
13 인간 세상에서 말로써 전해도 인간이
하는 말을 믿으려 하지 아니하는 것이
너희들의 속성이며,
14 너희 인간의 지금 삶의 형태며, 너희
들이 서 있는 현주소이니라.
15 말로써 전하면 너희들이 믿지 아니하
며, 그걸 문서로써 작성해야 되며 너
희들이 눈으로 봐야만 그 모두를 믿
고자 하는 것이 지금 인간 세상에 살
아가는 너희들 삶의 현주소니, 너희들
의 불신이 얼마나 팽배해져 있는가?
16 너희들이 인간에게 전하며 보고 들은
것을 바로 전하는 것도 믿지 못하며
그를 믿으려 하지 아니하는 너희들에
게,
17 하늘의 뜻이요, 하늘에 내가 이루고자

하는 그 역사를 말로써 전한다 하면
너희들은 과연 그를 듣겠는가?
18 그리고 너희는 듣지도 아니할 것이며
이해하지도 아니할 것이며 이해를 할
수 없는 것이니라.
19 인간 세상에 이루어지는 것을 너희들
이 믿지 아니하고 같은 백성을 믿지
못하는 너희들의 심성이 지금의 그와
같은 형국이 되어 있으니, 감히 하늘
의 뜻이라 하여 너희들이 말로 전한들
그게 제대로 전해질 것이며 그것이 영
원히 그대로 보존될 수 있다 생각하는
가?
20 절대적 지금의 너희들이 불신이 팽배
한 이 세상, 사랑이 메말라져 있는 이
지구상에서는 그와 같은 말로써 전해
지는 나의 성령이 존속할 수 없으며
전해질 수 없음을 알라.
21 그리하여 나의 성령을 책으로 상세히
기록하여 전함이니,
22 이는 너희들이 세상에서 어떤 것도 믿
지 아니함이니, 너희들이 접하여 눈으
로 보고 손으로 만질 수 있으며 귀로
들을 수 있는 나의 법전을 책으로 만
들어 문자로 기록하여 너희들이 읽고
깨우치게 하고자 내가 마지막으로 너
희들에게 내려보냄이니,
23 너희들은 나의 새로운 성경을 정독하
고 정독해서 너희들이 구원이 무엇인
가를 깨달으라.
24 그리고 너희들의 삶이 무엇인가를 깨
달으며,
25 내가 그리도 부르짖는 사랑의 실천함
이 무엇이며 사랑이 무엇인가 깨달으
며,
26 그리고 너희들이 도저히 버릴 수 없는
악습을, 버릴 수 없는 그와 같은 너희
들의 습성이요, 그 생활 방식을, 나의
법전을 읽고 정독할 때 그 모두를 다
스리며 잘라낼 수 있는 그 가르침이
여기에 있음이니,
27 이보다 더 위대한 스승이요, 훌륭한
선생이 없음을 너희들은 알라.
28 나의 법전이 너희들이 하늘에 오르는
바른 길잡이요, 가장 위대한 선생이
요, 진정한 길의 안내자라는 것을 잊
지 말라.
29 그리하여 너희들이 법전이 소중함을
알며 그 법전을 가슴에 간직하고 정독
하라 하였음이니,
30 너희들이 나의 법전을 가슴에 안고 정
독할 때 나 여호와가 너희들과 같이하
고 있다 함을 잊지 말라, 사랑하는 나
의 아들딸들아!

4,975 번째 하나님 말씀

2003년 2월 13일 10시 41분

1 사랑하는 나의 아들아!
2 "네, 아버님! 말씀하옵소서."
3 너희들이 무어라 말을 하든, 무어라
갑론을박하든 나 여호와의 뜻이요, 내
가 이루는 그 역사는 한 치의 오차도
없음을 알라.
4 나 여호와가 새로운 성경이요, 새로운
법전을 세상에 전함은 너희들의 심판
의 기준이라 하였음이니라.
5 그리하여 나의 법전을 읽지 않는 자,
깨닫지 아니하는 백성은 심판을 받을
수 없다 하였음이니라.

6 내가 나의 아들을 통하여 160권의 기
적의 대장서를 만들어 너희들의 손에
쥐여 주나,
7 너희들이 이를 읽으려 하지 아니하며
이를 읽지 않는 자, 그리고 태워 버리
는 자, 찢어 버리는 자, 짓밟는 자, 그
와 같은 자는 이미 다 심판을 받은 자
라 내가 말하였음이니라.
8 너희들이 나의 법전을 읽는 것만이 심
판대에 설 수 있으며, 너희들이 거기
서 보고 깨우친 자만이 심판대에 서서
너희들이 지은 죄의 대가를 치르며 천
국에 오를 자를 그리 선별한다 하였음
이니라.
9 그러나 너희들이 나의 법전을 읽지 아
니하며 이를 버려 버리는 자는 너희들
이 벌써 너희 자신을 다 심판했기 때
문에 너희들은 나로부터 심판을 받을
기회조차 없다 하였음이니라.
10 이는 바로 무엇이던가?
11 너희들이 나의 법전을 읽고 깨우쳤을
때 너희들이 옳고 그르고 선함과 악함
에 따라 내가 심판한다 하였으나, 선
함의 기준이 무엇인가는 너희들이 나
의 법전을 보지 아니하고 찢어 버리고
태워 버리고 짓뭉개 버렸으니, 너희들
은 지옥으로 가는 표를 이미 다 확보
한 자들이니,
12 스스로 너희들이 지옥으로 가도록 심
판을 내린 자들이니, 너희들은 나에게
심판을 받지 않는 자들임을 알아야 할
것이니라.
13 이제 나의 법전을 정독하고 깨우치고
자 노력하는 자, 그리고 그에 따라서
행하는 자,
14 악과 선의 그 죄의 대가의 심판을 내
가 물으며 그들이 회개하고 반성한 그
척도에 따라서 내가 그들에게 벌을 내
리나,
15 나의 법전을 읽어 깨우치지 아니하고
그저 이를 사탄이요, 사악한 자라 말
하여 찢어 버리고 불태워 버리며 그와
같은 사악한 행위를 하는 자,
16 너희들은 지옥으로 가는 표를 따기 위
해 그 길로 가면 된다 하여 지옥행 열
차를 타고 가고 있음이니,
17 너희들 스스로 심판을 한 것이며 너희
들이 이미 판결을 다 내려 그대로 행
하는 자임을 알라.
18 너희들이 그것이 얼마나 무섭고 잘못
된 길인가를 거기에 당도하여 지옥이
라는 세상의 문을 열고 갈 때 그때야
알 것이니, 불바다가 너희들 앞에 있
으며 끓는 강물이 있으며 너희들이 끓
는 기름 가마 같은 그곳을 건너야 된
다는 그 무서운 생각을 한다면,
19 너희들이 지상에 살아서 지금의 지상
의 천국에서 사는 백성으로 변화되라.
20 지상에서 천국에 사는 백성으로 변화
되지 아니하며 이 아름답고 귀한 세상
에서 너희들이 사악한 짓을 하며 지상
의 악 속에서 사는 자, 그리고 나의 법
전을 읽지 아니하는 자, 그리고 내가
나의 아들을 통하여 내리는 강론을 듣
지 아니하며 그를 비평하는 자,
21 너희들은 스스로 '나는 지옥으로 간
다.' 하며 너희들 자신의 판결을 내려
너희들은 그 준비를 확보를 해 놓은
자들이니,
22 그저 육은 썩고 영혼이 와서 그대로

가면 되는 그와 같은 형국으로 올 수
있는 것이 너희들이니라.
23 지금 너희들이 구원을 받고자 하면 내
가 세상에 내려보낸 법전을 읽으라.
24 세상의 모두는 나의 뜻에 의해 존재하
며 나의 뜻에 의해 역사가 이루어진다
하였거늘, 너희들은 나의 뜻에 이루어
지고 나의 뜻에 내려간 나의 법전을
읽지 않는다는 것은 너희들이 한 입
가지고 두말하는 사악한 자임을 알라.

4,976 번째 하나님 말씀

2003년 2월 13일 10시 48분

1 사랑하는 나의 아들아!
2 "네, 아버님! 말씀하옵소서."
3 나의 법전이 너희들의 마지막 심판의
기준이라 하였음이니라.
4 그리하여 나의 법전을 읽고 깨닫는 자
들은 나에게 와 심판을 받을 기회가
있으며, 나의 법전을 읽지 아니하는
자들은 심판이 이미 끝났다 하였음이
니라.
5 너희들 스스로 지옥의 표를 사 들고
그리 달려가는 백성이기 때문이라 내
가 그리 말하였음이니라.
6 지금의 종교 집단 그들이 너희들을 어
찌 가르치고 있는가?
7 그들은 저희들이 지은 죄가 두렵기 때
문에, 저희들이 하고 있는 그 만행이
잘못됨을 알기 때문에, 나 여호와의
뜻을 거역하고 살아가며 행하는 것을
알기 때문에, 밝은 세상에 나올 수 없
는 자들이기 때문에 그들은 지금 나의
피조물 만백성에게 그리 전하느니라.
8 새로운 말씀이요, 새로운 진리가 세상
에 나와도 그를 접하지 못하게 하며
그를 읽지 못하게 하며 그를 바라보지
못하게 하는 것이 너희들임을 알아야
할 것이니라.
9 그것이 사악한 종교 지도자들이니라.
10 그들이 지은 죄요, 그들의 사악한 행
위는 밝은 세상에 존재할 수 없으며
밝은 세상에 나와서 갑론을박할 수 없
음이니라.
11 밝은 세상에 사는 백성 너희들이 종교
지도자가 이끌고 지금 행하고 있는 그
행위의 옳고 그른 것을 다 알기 때문
이니라.
12 예수가 바른 진리의 참뜻을 가르쳤기
에, 그가 성전을 지어 그 속에서 은폐
된 곳에서만 과연 백성을 가르쳤는가?
13 모든 동식물이 들을 수 있는 자연의
그 나의 성전에서 그는 모두를 갑론을
박하였으니,
14 그 말이 틀린 것이 없으며 그 진리에
어긋난 것이 없기에 누가 들어도 한
점의 부끄러움이 없고 남을 속일 필요
가 없으며 남에게 은폐할 일이 없으며
감출 것이 없기에 나의 아들 예수는
그리 강론하며 만백성을 가르쳤음이
니라.
15 그러나 너희들은 밀폐된 곳으로 끌어
들이느니라.
16 너희들이 손으로 지은 그 성전에 나의
피조물 만백성을 모아 놓고 그곳에서
가르치며 감히 밖으로 나오지를 못함
이니, 모두를 다 열어 놓은 마음에서
행하지 못하는 것이 너희들이니라.
17 밝은 세상에 나올 수 없는 자들이기

때문이니,
18 그는 바로 너희들이 죄를 지으며 나
여호와의 뜻을 거역하며 나와는 관계
없는 그와 같은 길로 가며, 사탄의 자
식이요, 사탄의 후손으로서 사탄에게
힘을 주는 그와 같은 짓을 하고 있으
며 그와 같은 행위를 하면서 저희 스
스로 죄인 줄 모르고 있으니,
19 사랑하는 백성 너희들은 종교 지도자
들부터 먼저 깨우쳐 가르치도록 하라.
20 이제 많은 신도 너희들이 종교 지도자
로부터 배움이 아니요, 종교 지도자를
바로 깨우쳐 그를 바로 세우는, 그리
고 그들을 단죄하는 그와 같은 역사를
이루어야 할 것이니라.
21 지금의 종교 지도자들은 저희들의 육
신의 편안함이요, 안일함에 빠져 있어
썩어져 간 곳에, 이제 썩은 속에서 사
는 것이 만성이 되었기 때문에 그들은
썩은 그 추한 냄새가 나더라도 맡지
못하며, 그 냄새 외에 세상의 밝은 향
기를 맡고는 살 수 없음을 알며 두려
워하기 때문이니라.
22 썩은 곳에 만성이 되어 오래 살았기
때문에 저희들은 거기에 젖어 있으니,
23 그것만이 하늘에 오르는 길이라 하여
지금 사랑하는 나의 백성을 지옥으로
이끌어 가는 그와 같은 자들을 이제
신도 너희들이 깨우쳐 주며 단죄하며,
그들을 잠에서 깨어나도록 하여 불쌍
한 종교 집단의 지도자들을 너희들이
구원하도록 그리해야 함을 잊지 말라.
24 나의 백성을 썩은 구덩이로 오라 하는
저희들의 죄가 무엇이며, 제가 하고
있는 짓이 무엇이며,
25 제가 썩어 있는 구렁텅이에서 허덕이
며 그 냄새를 맡지 못하며 그 모두를
알지 못하기 때문에 사랑하는 나의 백
성이요, 깨끗하고 선량한 백성을 그
구덩이로 들어오라 용감하게 말하는
것은 그들이 모르기 때문이니, 이제
종교 지도자들을 가르치라.
26 이제 신도 너희들이 그들을 깨우쳐 그
들이 바로 설 수 있도록 그리할 것이
며,
27 그들이 나에게 와 죄로 인해 단죄받아
지옥으로 가는 그와 같은 길을 면할
수 있도록 그에게 선처와 사랑을 베풀
도록 신도 너희들이 해야 하며, 나의
법전을 읽은 백성이 해야 함을 잊지
말라.
28 모두는 나의 새로운 성경을 정독하는
자만이 영원히 죽음이 없음을 너희들
은 알아야 할 것이니라.
29 나의 법전을 정독하는 자만이 죽지 않
는 영원한 세상에서 존재한다는 것을
잊어서는 아니 될 것이니라.
30 나의 법전을 읽지 않는 자 심판받을
수 없으며, 나의 법전을 찢어 버리는
자는 이미 자신이 심판하여 지옥의 표
요, 지옥의 열차를 타고 가고 있기 때
문이니,
31 너희들이 이미 너희 자신을 심판한 자
이기에 나 여호와로부터 심판을 받을
필요가 없으며 심판받을 자격이 없는
자라 강조함을 너희들은 알라.
32 나 여호와가 새로운 나의 성경이요,
법전에 너희들에게 깨우친 이야기를
또 기록하며 또 전하며 또 깨우치고
가는 것이 무엇이던가?

33 너희들이 너무나 나의 법전을 읽으려 하지 아니하며, 너무나 중요한 것이며,

34 마지막 시대에 심판하는 것이 얼마나 중요하고 소중하면 내가 너희들에게 반복하여 가르치며 또 깨우치라 가르치며, 십계명을 지키라 가르치며, 내가 한 이야기를 또다시 반복하며 너희들에게 그리해 달라 간곡히 부탁하겠는가?

35 이 뜻은 마지막 심판이 얼마나 무섭고 중요한 것인가를 너희들이 재삼 깨닫게 하고자 함이니, 너희 스스로 깨달아 바로 살도록 그리하라.

4,977 번째 하나님 말씀

2003년 2월 13일 14시 13분

1 사랑하는 나의 아들아!

2 "네, 아버님! 말씀하옵소서."

3 너희들이 지상에 사는 것이 과연 지상의 천국의 삶을 사느냐, 지상의 지옥의 삶을 사느냐 그것으로써 모든 것이 판가름이 난다 하였음이니라.

4 사랑, 사랑, 사랑을 실천하라 내가 너희들에게 그리 부르짖음이니,

5 지상에 사는 너희들이 지켜야 할 사랑이 있으며 가장 소중한 사랑이 있는가 하면, 너희들이 하늘을 향하여 바치는 그 큰 사랑 또한 소중함이니라.

6 너희들을 낳아 주고 길러 준 부모에 대한, 부모가 자식을 사랑하는 그 사랑의 마음이요, 그 사랑의 뜻을 너희들이 부모가 되기 전에 깨닫는 그와 같은 백성으로 살아야 할 것이니라.

7 너희들이 자식으로서 부모를 사랑하는 것을, 자식을 두기 전에 부모의 사랑이요, 부모의 사랑이 과연 어떠한 것인가를 깨닫는 그와 같은 백성으로서 사랑을 깨달아야 함이니라.

8 인간 세속에 살면서 부모가 자식을 사랑하는 것만큼 그보다 더 위대하고 소중한 사랑이 어디 있는가?

9 그 사랑을 지킴으로 인하여 너희들이나 여호와를 사랑하는 눈을 뜰 수 있음을 알아야 할 것이니라.

10 그리하여 내가 십계명에 '네 부모를 공경하라.' 써 놓았음이니, 너희들이 부모를 공경하고 사랑하는 그 마음이 인간의 근본이요, 본바탕임이니라.

11 그리하여 너희들이 자식을 낳아 부모가 되기 전에 너희들이 부모의 사랑을 알 때, 정녕 아름다운 사랑의 의미를 아느니라.

12 그러나 너희들이 자식을 두어 백발이 되었을 때, 이미 부모의 사랑이 무엇인가, 자식이 부모에게 어찌해야 하는가를 알아서 돌아볼 때는 너희들이 그리 바쳐야 할, 그리고 공경하며 사랑해야 할 부모는 세상에 있지 아니함이니, 그 시기와 때를 놓쳐서는 아니 됨이니라.

13 그러니 이제 나의 법전을 읽고 깨우치는 만백성 너희들은, 너희들이 부모가 되어 자식에 대한 부모의 마음을 알기 전에, 부모가 너희들을 사랑하는 그 사랑의 깊이요, 그 의미를, 그리고 무한한 그 사랑을 알고 깨닫는 그와 같은 자식으로서 너희 후손들이 이 세상에 살아가도록 하는 것이 나 여호와의 뜻이니라.

14 바로 너희들이 부모의 사랑이요, 부모
가 자식을 사랑하고 부모가 자식을 소
중히 하는 그와 같은 흐름의 사랑이
요, 어떠한 대가도 없는 사랑이요, 그
리고 그저 주기만 하는 부모의 사랑,
그 사랑을 아는 자식이야말로 나 여호
와를 사랑할 줄 알며 큰 사랑을 볼 줄
아는 것이니라.
15 이 세상에 생명을 내주었으며 너희들
이 살아갈 수 있도록 했으며 모든 은
혜를 다 내려 준 나 여호와의 사랑을
너희들이 느끼고자 한다면,
16 너희들의 부모가 너희들을 낳아 손발
이 저리도록 길러 준 그 사랑의 깊이
를 먼저 알며, 그 사랑의 의미를 알며
부모가 자식을 사랑하는 마음을 알라.
17 그리하면 너희들이 나 여호와를 사랑
할 수 있으며, 나 여호와가 너희들을
사랑하는 그 사랑의 의미가 무엇이며
그 위대한 구원의 영광을 보게 됨이
니,
18 그를 깨닫는 자 세상을 살아가면서 욕
심을 내며 시기하며 질투하고 사는 것
이 얼마나 어리석은 것인지, 정녕 너
희들이 받은 은혜에 보답하지 못하고
사는 그와 같은 사람이라는 것을 알
것이니라.
19 첫째는 육의 세상에서 사는 너희들이
육의 부모의 사랑이요, 고마움을 모름
이니,
20 그것을 깨닫는 자 지상의 낙원에서 사
는 자요, 지상의 천국에서 사는 백성
으로서 살게 될 것이며,
21 부모의 사랑이요, 부모의 은혜요, 부
모의 고마움을 모르는 자는 지상에서
지상의 천국에서 살아갈 수 없음이니
라.
22 그러니 부모의 사랑이요, 감사함을 알
라.
23 그리 살다가 하늘나라에 와서 나로부
터 구원을 받는 것은 부모의 사랑을
깨달아 나 여호와의 큰 사랑을, 그리
고 내가 내리는 사랑의 감사함을 알고
그를 깨달았을 때이니,
24 그 큰 사랑은 곧 무엇이더냐?
25 하늘에 와 영혼의 구원을 받아 영혼이
다시 태어나 영원히 너희들이 나와
더불어 사는 그와 같은 세상의 축복
과 영광을 얻게 되어 있음이니, 이 이
치를 반드시 깨우치라.
26 이 이치를 깨닫지 못하는 백성 너희들
이 부모를 공경하며 부모의 사랑을 모
르는 자는 지상에서 천국에 사는 삶이
아니요, 지옥의 삶을 사는 것이니라.
27 이는 곧 육신에서 낳아 주고 길러 준
부모의 은혜와 그 사랑을 모르는 자는
내가 너희들에게 세상에 내려 준 더
큰 은혜요, 더 큰 영광의 감사함을 모
르며, 그를 사랑할 줄 모르며, 내가 너
희들을 사랑하는 마음을 볼 수 있는
문이 닫혀 있기 때문이니라.
28 이 이치를 깨달아 너희들이 부모를 사
랑하며 부모의 사랑을 너희 가슴에 가
득히 안을 때, 너희들은 지상에서 낙
원의 세상이요, 지상의 천국에서 사는
나의 백성이니,
29 그대로 살다 나에게 올라오는 그와 같
은 영광을 얻게 됨이니, 이를 명심하
고 또 명심해서 너의 제자들과 만백성
에게 전하라.

30 나의 법전을 읽고 깨우친 백성 너희들은 들으라.
31 나 여호와가 눈물로써 너희들에게 부탁하나니,
32 너희들이 지상의 부모의 사랑이요, 부모의 사랑의 마음을 모른다면, 너희들은 결국 나 여호와의 큰 사랑을 알 수 없으니,
33 생명의 구원이요, 하늘에서 받을 수 있는 영혼의 사랑을 얻고자 하며 그 길을 오고자 한다면, 너희들은 육에서 작은 부모의 사랑을 다 깨달으라.
34 그리하면 너희들이 하늘에 오르는 내 사랑을 볼 수 있음이니 그리 알라.
35 그것이 하늘에 오르는 길이요, 근본이요, 기초요,
36 그것을 지키지 못하는 자 나에게 올 수 없음을 너희들은 명심해서 들어야 할 것이니라.

4,978 번째 하나님 말씀

2003년 2월 13일 14시 23분

1 사랑하는 나의 아들아!
2 "네, 아버님! 말씀하옵소서."
3 너희들이 새로 태어나는 인생이요, 새로 태어난 삶을 역사하지 아니하면, 너희들은 구원의 길을 볼 수도 없으며 그를 오를 수 없다 내가 성경에 기록하여 전했듯이,
4 너희들이 새로 태어나는 길은 지금의 구약과 신약 그 성서의 비유의 뜻을 가지고 지금의 종교 집단의 종파 속에서는 정녕 새로 태어날 수 없음을 알아야 할 것이니라.
5 너희들이 새로 태어난 인생으로서 새로 태어난 삶으로 나에게 구원을 받고자 한다면, 나 여호와가 나의 아들을 통하여 내리는 새로운 성경이요, 나의 법전을 정독하고 깨우쳐 다시 태어나는 그와 같은 길을 가지 않고는 정녕 너희들은 다시 태어날 수 없음을 알라.
6 그는 곧 무엇을 말하는가?
7 너희들이 그리 갈구하는 영원히 사는 천국에 올 수 없다는 것을 말함이니,
8 너희들은 절대로 나의 법전을 읽지 않고는 올 수 없다는 나 여호와의 뜻을 알라.
9 이를 너희들이 소홀히 듣고 소홀히 행하여 이를 지키지 아니하면 영원히 구원의 길을 올 수가 없음을 알라.
10 너희들이 구원을 받고자 한다면 다시 태어나는 그와 같은 삶을 살라 하였으니, 너희들이 지금의 삶에서 모두를 방향을 다 바꾸며 새로운 삶의 인생의 길을 채택하여 간다 하면, 그 길이 얼마나 고통스럽고 힘든 길인가 알게 될 것이니라.
11 그러니 너희들이 나에게 오르고자 한다 하면, 새로 태어나는 그와 같은 고통이요, 역경을 이기고 딛고 일어서지 아니하면 오를 수 없음을 알아야 할 것이니라.
12 너희들이 다시 태어나는 그 고통은 시간 속에서 쌓이며 시간 속에서 탈바꿈하는 그와 같은 삶이니, 그보다 더 어려운 길이 없음이니라.
13 그러나 너희들은 다시 태어나는 삶을 가야 하며 이기고 견디어 나가야 함을 알아야 할 것이니라.

14 이제 나의 피조물 만백성 너희들에게
축복의 길을 내가 안내해 주며 그 길
을 가르쳐 주고자 밤과 낮을 가리지
아니하며 나의 아들을 통하여 나의 성
령을 책으로 세상에 내려보내 법전이
라 하여 너희들의 가슴에 전함이니,
15 이를 읽고 너희들이 구원의 길을 얻도
록 그리해야 함을 잊지 말라.
16 죽어 영원히 다시 태어남은 너희들이
지금의 지상의 삶에서 다시 태어나는
역사를 이루지 아니하고는 정녕 영원
히 다시 살 수 없으며 영혼의 삶이 다
시 태어날 수 없다는 이 엄연한 사실
을 너희들은 알라.
17 너희들이 다시 하늘에 오르며 축복이
요, 영광된 나의 천국에 와 산다는 것
은 너희들이 살아가는 이 지상의 육
이 존재하는 이 삶에서 육이 다시 태
어나는 그와 같은 거듭나는 역사를 하
지 아니하면 역사할 수 없음이니라.
18 너희들이 아무리 살고 산다 하여도 지
금의 사악한 마음이요, 죄를 짓는 그
마음을 육에서 털어 버리지 못하며 그
를 행하고 산다 하면 너희들은 정녕
천국에 올 수 없음이니,
19 나에게 오르고자 한다면 지금의 육을
가지고 사는 삶, 용서를 빌 수 있는
삶, 너희들의 삶을 바꿀 수 있는 지금
의 지상의 삶에서 너희들이 거듭나도
록 그리하라.
20 여기서 거듭나는 것이 너희들의 영혼
이 영원히 사는 나의 나라에 오게 함
이며,
21 심판을 받을 때 그 심판의 결과에 따
라서 너희들이 지옥 불로 가 영원히
사는 그 고통은 오늘의 육의 세상에서
다시 태어나는 것보다 천배 만배 더
어렵고 고통스러우며 영원히 산다는
것을 잊지 말라.
22 지금의 영혼의 지옥의 삶을 바꿀 기회
가 지금이니라.
23 지금 이 순간부터 너희들이 두 주먹
불끈 쥐며, 나 여호와가 너희들이 살
아가는 그 사랑을 내려다보며 내가 너
희들에게 베푸는 사랑을 너희들 마음
속에 간직하여 받아들이라.
24 그것이 나의 성령을 받음이니라.
25 그와 같이 변하는 삶을 살라.
26 너희들은 남들이 뭐라 말하든, 이단이
요, 사탄이라 말하든 말든 나의 법전
에 기록한 나의 새로운 성경이요, 나
의 법전을 읽고 깨우치라.
27 그것을 읽고 깨우치면 지금의 믿음이
얼마나 허황된 것이요, 허상을 따라왔
는가 하는 것을 스스로 알게 될 것이
니라.
28 그때 가서 너희가 결정해도 늦지 아니
함이니라.
29 평생 나에게 기도하고 하늘에 오르고
자 하는 자가 단 몇 시간을 내어 나의
법전 한 권을 읽는다 하여 너희들이
지옥 불로 가는 것도 아니거늘, 어찌
하여 너희들은 그리도 우매한 삶을 사
는가?
30 평생 사는 그 시간 중에 단 몇 시간이
라도 너희들이 나의 법전을 읽는 데
눈을 돌리라.
31 그렇지 않고 너희들이 정녕 나의 법
전을 읽을 수 없다면, 너희들이 한평
생을 살아가면서 몇 시간의 시간을 내

서 나의 법전을 읽을 수 있는 그와 같
은 마음이 없으며 그리 아까워 살 수
없거든, 내가 나의 아들을 통하여 내
리는 강론이라도 들으라.
32 그 강론이라도 듣고 깨우치는 자, 너
희들이 구원을 받을 수 있으며 심판을
받을 수 있는 길이니라.
33 이를 행하지 않는 자는 나와는 관계가
없음이니,
34 너희들이 나 여호와의 아들이요, 딸로
서 다시 태어나고자 한다면 나의 법전
을 읽으라.
35 그렇지 않으면 나의 아들딸로서 영원
히 다시 태어날 수 있는 삶이 없으며,
36 너희들은 육으로서 그냥 육의 세상에
서 살다 육은 썩어져 가며, 너희 영혼
은 그 찬란한 하늘의 길에 오르는 것
이 아니요, 지옥으로 간다는 것을 알
아야 할 것이니라.
37 한평생 지상에서 똑같은 삶을 사는
자, 죽어 심판을 받을 때, 누구는 너희
들이 말하는 황금의 비단길을 따라 나
에게 오르는 자가 있는가 하면, 너희
들은 캄캄한 암흑이요, 모든 미물이
득실거리며 도저히 인간으로서는 상
상할 수 없는 지옥 불에 가 너희들의
죄의 대가를 치르는 것을 잊지 말라.
38 지금이 그때이니라.
39 지금의 육의 삶에서, 육의 세상에서
천사로 변하라.
40 그것만이 너희들이 살 수 있음이니라.
41 너희들이 그리 변한다면 나 여호와는
너희들을 사랑하기에, 지금까지 지은
모든 죄를 나 여호와가 덮어 줄 것이
며 용서할 것이니라.
42 그리하여 너희들이 나에게 가벼이 올
라올 수 있도록 그리할 것이니라.
43 지금부터 너희들이 변하여 지상의 천
국에 사는 백성으로 변한다면, 너희들
이 지금까지 지어 온 그 무겁고도 무
거운 죄를 나 여호와가 용서하여 줌이
니 그리 알라, 사랑하는 나의 아들딸
들아!

4,979 번째 하나님 말씀

2003년 2월 13일 14시 32분

1 사랑하는 나의 아들아!
2 "네, 아버님! 말씀하옵소서."
3 인간사에 살아가는 지금의 너희들의
삶이 어떠하던가?
4 사랑과 용서함이 전혀 없는 그와 같은
삶을 사는 것이 너희들이 아닌가?
5 말로써는 모두를 다 주는 것처럼 하나
너희들의 삶은 그러하지 못함이니, 가
장 중요한 행함을 그리 못 하느니라.
6 인간사에 살아가면서 남이 너에게 욕
했을 때, 남이 너희들의 추한 모습을
들춰냈을 때, '네가 나를 그리했으니
나도 너를 그리할 것이라' 하여 너희
들은 그 복수의 칼을 갈며, 반드시 그
와 같은 대가를 치르는 것이며,
7 그리 치러야만 인간의 자존심을 세웠
다 생각하며 승자가 되었다 생각하며,
8 그리하여 거기에는 한 치의 용서도 없
는 삶을 살아가지 아니하는가?
9 그리하여 너희들이 인간사에 살아가
는 것이 이웃의 아이들끼리 서로 장난
으로 시작했던 것이 그것이 또 진화됨
이니라.

10 한 번 건드리면 두 번 건드리고, 세 번
건드리면 네 번 건드리며, 그와 같이
감정이 점점 격화되어 너희들은 가정
의 싸움으로 번지게 되며,
11 이웃 간의 싸움으로 번지게 되며, 이
웃 간에 원수와 같이 얼굴을 접하지
아니하고 살아가는 그와 같은 형국으
로 변화되는 것이 너희들의 마음가짐
이 아니던가?
12 그러나 나의 법전을 읽고 나의 아들을
따르는 백성 너희들이요, 나로부터 선
택된 아들딸들은 그리해서는 아니 되
느니라.
13 너희들이 남으로부터 피해를 봤으며
남으로부터 추함을 당했으며, 감추고
싶은 치부를 드러내 너희들을 흉본다
하여도,
14 '그가 그리했으나 나는 그리해서는 아
니 될 것이다.' 그리하며,
15 그를 네가 더 사랑하며, 그 불쌍한 마
음을 다스려 주며,
16 그는 정녕 나 여호와를 모르며 사랑을
모르기에 말을 함부로 함이니, 그와
같은 자를 너희들이 사랑으로 감싸며
용서하는 마음으로써 그를 더 가까이
하는 그와 같은 생각으로 변하는 나의
백성이 되어야 할 것이니라.
17 그것이 나로부터 선택된 백성이요, 나
의 아들딸이 살아가는 길이며,
18 너희들이 그리 살 때 너희들에게서 빛
이 비침이니, 만백성이 너희들을 보고
따른다 내가 그리 말을 하지 아니하였
던가?
19 그와 같은 마음으로 살아야 함을 너희
들은 알아야 할 것이니라.
20 지금의 세상이 얼마나 각박해졌는지
아는가?
21 '나에게 네가 피해를 줬으니 나는 그
보다 배로 갚겠다'는 것이 너희들의
그와 같은 생각이니,
22 그 마음은 지금 가르치는 모든 지도자
들이 잘못 갔으며 종교 집단에서 이기
주의 심성으로 길러 놓았기 때문이니
라.
23 그리하여 종교 집단들이 지금 어찌 가
고 있는지 아는가?
24 말로는 모두를 다 준다며 그들은 그리
가르치느니라.
25 저희들에게 속하지 아니한 백성은 아
무리 선하고 아름다운 일을 해도 나
여호와가 기억해 주지 아니한다 하며,
26 저희들은 그리 선행을 베풀지 못하면
서 저희들의 추한 모습이요, 그 부끄
러운 것을 그리 변명으로써 얼버무려
가는 것이 종교 지도자요, 그 집단들
이 가고 있는 행위가 아니던가?
27 그러면서 그들은 또 뭐라 말하느냐?
28 저희들이 만든 성전이라는 곳, 재물을
바치며 구원을 받고자 하는, 지상에
내가 만든 이 성전에 죄의 온상의 집
단을 만든 그곳에 와서 기도하고 눈물
의 찬송을 부르고 경배할 때만이 나
여호와가 저희들과 같이한다 또 그리
가르치니,
29 그리하여 나와 같이하기 원하던 백성
이 그것도 모르면서 그저 재물을 바치
며 울고불고 콧물을 흘리면서 그저 광
란의 짓을 하도록 만든 것이 지금의
사악한 자들이니라.
30 그리고 밖에 있는 모든 백성의 집단에

는 나 여호와가 같이 아니 한다 그리
가르치니, 얼마나 너희들이 사악한 자
들이던가?
31 너희들은 알아야 할 것이니라.
32 지금 내가 나의 사랑이 뭐라 말하였느
냐?
33 산소같이 하며 공기같이 전한다 하였
음이니라.
34 그리고 너희들이 성서의 교리를 가르
치기를 뭐라 말하느냐?
35 나 여호와는 너희들의 머리카락 하나
까지도 다 알고 있으며 하나도 놓치는
것이 없다 그리 말하면서, 너희들은
어찌하여 그와 같은 행위를 하는가?
36 저희들 종교 집단 속에 모여 있는 그
집단이 경배하고 찬송할 때만 나 여호
와가 저희들과 같이하며,
37 다른 집단이요, 다른 백성이요, 밖에
있는 집단이요, 그들이 모이는 그들의
행사에는 내가 같이하지 아니하며 내
가 참여하지 아니한다 그리 구분하여
가르침이니, 그들이 바로 그러한 자들
이니라.
38 '네가 나에게 이렇게 했으니 나도 너
에게 복수한다.' 하여 배로 갚고자 하
는 그와 같은 행동을 하는 자들임을
너희들은 알아야 할 것이니라.
39 너희들은 알아야 할 것이니라.
40 육의 행동을 위해 너희들이 사는 것이
아니요, 다음의 영혼의 세상을 위해
살아가는 그와 같은 마음 하나만 깨우
쳤다 해도, 그리고 나 여호와가 이루
고자 하는 것, 나 여호와가 인도하고
자 하는 것, 나 여호와가 역사하고자
하는 것을 너희들이 안다면,
41 너희들이 손으로 지은 성전이라는 그
곳에 와서 기도하고 경배하면 거기에
나 여호와가 같이한다는 그와 같은 말
을 할 수가 없으니,
42 이는 무식한 자요, 우매한 자요, 하늘
의 뜻을 모르는 자이니라.
43 그러면서 그들은 뭐라 말하느냐?
44 진정으로 마음이 하나가 되며 한형제
가 될 수 있는 것은 너희들이 이름을
서로 부르고 이름을 알 수 있도록 하
여야 하며 얼굴을 자주 맞대야 하며
얼굴을 알아야 하는 것이며,
45 그리고 그 사람의 생각을 서로 알아야
하며 그와 같이 자주 만나고 자주 어
울리는 것만이 하늘에 오르는 길이요,
내가 같이한다 하느니라.
46 그러나 이것은 육의 세상의 생각이요,
육의 행동이요, 육의 판단이니라.
47 영혼이라는 것은, 정녕 성령의 깨달음
이라는 것은 보지 아니하여도 알 수
있으며, 멀리 떨어져 있어도 그 심성
을 알 수 있으며, 이름을 몰라도 그 모
습을 보면 어떠한 사람인가를 알 수
있는 것이,
48 그와 같이 서로 보지 아니하고 이름을
외우지 못하며 서로 상대하지 아니하
여도 그 모두를 알 수 있는 것이 하늘
의 세계에서 이루어지는 것이며 영의
세계의 역사함이니,
49 너희들이 그와 같이 나의 백성을 이끌
어 재물을 바치도록 하며 서로 이름을
알며 서로 얼굴을 익히며, 누가 무엇
을 많이 냈다, 더 바쳤다 하는 경쟁심
을 유발하여 재물을 거둬들이는 수법
으로 그리 가르치고 있음이니, 이 모

두가 지옥으로 가는, 나의 뜻을 거역하는 사악한 행동을 하는 것임을 알라.

4,980 번째 하나님 말씀

2003년 2월 13일 14시 44분

1 사랑하는 나의 아들아!
2 "네, 아버님! 말씀하옵소서."
3 너희들에게 전하는 하늘의 뜻이 과연 어떠하던가?
4 너 자신만이 고통받고 세상을 살아가며, 하늘의 뜻에 따라 살며 하늘의 뜻을 전하고 사는 것이 너희들이 손해 본다 그리 생각하며, 손해 보고 산다 생각할 것이니라.
5 너희들이 나의 법전대로 살며 십계명대로 지키고 살아가는 것이, 인간 세속에서 살아가면서 적자를 보며 손해 보는 인생을 살며, 그리하여 그 손해라는 것을 감당하고 지울 수가 없기에 너희들이 그리 살아갈 수 없다 말하는 것이니라.
6 그러나 너희들은 여기서 깨우치고 들어야 할 것이니라.
7 인간 세속에 살면서 부귀와 영화와 권력이 과연 너희들의 행복을 얼마나 지켜 주며, 거기에 행복의 가치를 생각한다면 얼마만큼 가치가 있다 생각하는가?
8 너희들은 깨우치고 들어야 할 것이니라.
9 너희들이 이 세상에 생명을 가지고 존재하며 살아가는 그것 하나만을 가지고 있다 하여도 너희들이 얼마나 나로부터 선택된 백성인가?
10 그리고 너희들이 구원의 길을 바로 볼 수 있고 그 길을 선택해서 살아갈 수 있는 나로부터 받은 은혜요, 영광의 축복을 다 갚지 못할 것이거늘,
11 어찌하여 너희들이 선행을 하는 것에 불평불만이요, 손해를 보고 산다 그리 말하는가?
12 너희들이 선함이요, 아름다움을 행하면서 고통을 받고 사는 삶은 영광이 있지 아니한가?
13 악을 행하며 살다 악에 치우쳐 악한 행위를 하여 거기에 대한 고통을 받으며 그 대가를 치른다면 너희는 어느 길을 선택하겠는가?
14 선을 행하면서 받는 그 고통은 아름다움이요, 사랑임을 너희들은 알아야 할 것이니라.
15 이제 너희들이 부귀와 영화로써 행복을 표시하지 말며, 나로부터 생명을 받아 숨을 쉬고 살아 있는 그것이 가장 소중하며 진정한 사랑이라는 것을 너희들은 알 수 없는가, 정녕 그리 깨닫고 살 수는 없는가?
16 그것이 사랑이요, 진정한 믿음이라는 것을 너희들은 알아야 할 것이니라.
17 고통과 시련을 겪는다 하여 남에게 너희들이 손해 봄이 없음이니라.
18 너희들이 선을 행하고 삶으로 인하여 손해를 본다 하여, 남에게 고통을 주며 피해를 주며 악을 행하며 사는 것이 정녕 인간의 삶이요, 진정한 삶이 아니니라.
19 너희들은 선으로 살며, 시련과 고통이 있다 하여도 그 선행은 반드시 그대로

지워지는 것이 아님을 알아야 할 것
이니,
20 선행을 하면서 고통을 받는 것이 너희
자신이 손해 보는 삶이 아니라는 그
이치를 너의 제자들에게 깨우쳐 주며,
나의 법전을 읽는 백성 너희들은 알아
야 할 것이니라.
21 선행을 하여 얻는 것이 고통을 당하
는 것같이 생각되나, 그것은 고통이
아님을 알라.
22 너희들은 육의 삶을 정리하고 심판대
에 섰을 때, 너희들의 오늘의 삶이 어
떠한 것인가를 알아야 할 것이니라.
23 너희들이 손해 보는 것, 그리고 믿지
는 것 같은 것, 그리고 너희들이 많이
모두를 다 잃는 것 같은 그와 같은 삶
을 사는 것이 억울하다 하여 너희들이
선을 행함에 주저하지 말라.
24 선을 행함에 어떤 불행과 어떤 손해
가 따른다 하여도 너희들이 끝까지 지
키고 가는 것이 선행을 베푸는 자의
도리임을 알라.
25 너희들이 손해 본다고 불평하며, 악을
행하고 선을 행하지 아니한다면, 이는
너희들이 지옥으로 감을 스스로 원하
는 것임을 알라.
26 너희들이 심판대에 섰을 때 어떠한 길
을 선택하느냐,
27 지옥 불로 가는 길을 갈 것인가, 황금
의 비단이 깔려 있는 나 여호와를 향
하여 달려오는 길을 올 것인가, 그 선
택은 너희들에게 달렸음을 알라.

4,981 번째 하나님 말씀

2003년 2월 13일 19시 08분

1 사랑하는 나의 아들아!
2 "네, 아버님! 말씀하옵소서."
3 너희들이 말하기를 창조주 나 여호와
를 아버지라 하며 전지전능한 아버지
라 하여 내가 존재한다 하면서,
4 너희들은 어찌하여 나의 아들 예수를
신격화하며 나와 동등하다 그리 생각
하며 그리 믿고 가는가?
5 그와 같은 믿음의 역사의 전례를 누가
만들었는가?
6 너희들이 그와 같은 형태로 흐르며 그
와 같이 가는 것을 막고자 나의 아들
예수가 성전이라는 것을 용서치 아니
한다 하며 그를 존재치 아니하도록 그
리한다 하였음이니라.
7 그러나 너희들은 지금 성전이라는 것
을 지어 놓으며 교회라는 것을 지어
놓고 그곳에서 무슨 행사를 하며 무슨
역사를 이루는가?
8 나 여호와에게 경배하며 내가 지키라
는 십계명대로 지키고 살며, 율법에
기록되어 있는 것이요, 신약에 기록되
어 너희들에게 깨우쳐 준 것을 그대로
깨우치고 공부하고 연구하면 될 것을,
9 너희들은 어찌하여 나의 아들을 신격
화해 놓으며 나와 동등하다 그리 말
하며 '예수, 주 예수!' 그리 찾으며, 오
로지 그를 통하여 모든 구원을 받는다
는 그와 같은 생각을 지금 하고 있음
인가?
10 그리 생각하는 것이 바로 맞다 할 수
있느니라.

11 그러나 너희들은 나의 아들 예수의 이
름을 그냥 부르짖는 것이 아니요, 그
가 인간 세상에 나가서 행하고자 하고
이루고자 했던 믿음이요, 그가 믿음의
길을 위하여 어찌 왔는가, 그리고 그
가 어찌 행하여 왔는가 그것을 보고
따라야 할 것은 따르지 아니하며,
12 그저 그 이름을 부르는 것으로써 구원
을 받는다 그리 말함이니,
13 내가 나의 아들을 통하여 너희들에게
새로운 성경에 기록하여 전하느니라.
14 예수가 그 고통 속에 죽음을 따라 순
종하여 온 것은 너희들의 죄를 다 사
하여 그 죄를 대신 지고 가고자 함이
아니라,
15 예수가 믿음이 무엇이며 사랑이 무엇
인가 하는 것을 너희들에게 보여 주기
위하여 그리했다 하였거늘,
16 어찌하여 너희들은 그와 같은 예수의
믿음이요, 삶을 보지 아니하며,
17 그저 그의 죽음이 너희들을 위하여 죽
은 것처럼, 그래서 너희들은 감사하며
대신 죽은 예수의 이름을 부르며 그리
함으로써 은혜를 받으며 예수의 고통
을 이해하는 것처럼 그리 생각하는가?
18 너희들이 지금 예수의 고통이요, 그
죽어 간 시련을 생각하는 것도 중요하
니라.
19 그러나 너희들은 예수가 무엇을 전하
고자 했으며 무엇을 역사했는가 그가
역사했던 그것을 너희들이 하나하나
되짚어 보며 그를 연구하며 깨우쳐,
20 그가 이루고자 했던 것, 그가 행했던
그 모두를 그대로 답습하는 것이 너희
들이 하늘에 오르는 길임을 알아야 할
것이니라.
21 그를 아니하고 그리 행하지 아니하는
자, 말로써 어떤 말을 한다 해도 정녕
구원을 받을 수 없음을 알아야 할 것
이니라.
22 나의 아들 예수가 고통스러움 속에서
많은 백성 앞에 비아냥을 당하며 그들
로부터 창에 찔려 피를 흘리며 죽어
가는 그 고통 속에서 그는 뭐라 말하
였느냐?
23 그는 그와 같이 누구도 견딜 수 없는
처참한 죽음의 길에서 나 여호와를 원
망하지 아니하였으며 나를 탓하지 아
니하였음이니라.
24 그리고 그는 자기가 할 일이요, 자기
가 갈 길을 위해서 그저 묵묵히 견디
며, 나에게 기도하고 인내함으로써,
이 모두는 나 여호와요, 창조주의 뜻
이라는 그 한마음으로 그는 그 고통을
모두 참고 인내하였으며,
25 그를 그리 고통스럽게 죽어 가게 한
그 모든 병사들이요, 그를 죽게 한 자
들을 용서해 달라 나에게 그리 기도하
였음이니, 그 마음이 무엇이던가?
26 그가 만백성을 위하여 나에게 저를 죽
이는 그들을 용서해 달라 그리 그들
앞에서 기도하였음이니,
27 너희들은 지금 그 뜻을 다시 한 번 생
각해 봐야 하지 아니하겠는가?
28 나의 아들 예수가 너희들을 위하여 용
서를 빌었던, 그리고 나를 원망하지
아니하며 그리 순종하고 그 죽음을 묵
묵히 참고 견디어 갔던 그를 너희들은
생각해 봐야 할 것이니라.
29 너희들은 어찌하여야 하겠는가?

30 너희들이 지금의 악습을 뿌리치지 못
하며,
31 선과 악의 싸움에서 선을 선택하지 아
니하며 어떠한 길을 선택할까 주저하
며, 선의 선택이 아니요, 사탄이요, 사
악한 자의 유혹에 마음이 흔들리는 그
와 같은 마음 자세로 살아감이니,
32 그것이 과연 너희들이 나의 아들 예수
의 그 죽음의 고통을,
33 그가 순종한 사랑이요, 나에게 복종하
며 따랐던 그 모두요, 저를 죽게 하는
자를 용서해 달라며 그 죽음의 순간까
지도 그리 말할 수 있는 그의 행함이
요, 그의 사랑의 위대함을 너희들은
과연 어찌 보는가?
34 너희들은 여기서 알아야 할 것이니라.
35 내가 너희들에게 악습 하나를 버리라
하였음이니, 그 악습 하나도 버리지
못하는 자가 어찌하여 예수의 사랑을
볼 수 있으며 예수의 그 고통을 볼 수
있는가?
36 그리하여 너희들은 착하고 아름답게
사는 것을 못 하며,
37 나의 계명이요, 나의 십계명대로 살아
갈 수 없으며, 새로 내리는 나의 성령
이요, 새로운 법전대로 살아갈 수 없
다 그리 말함이니,
38 그리고 너희는 정녕 악을 뿌리치고 선
한 일을 행하며 선함 속에서 살아갈
수 없다 그리 말하며,
39 심지어 내가 불로 써 내린 그 십계명
자체를 인간이기 때문에 지킬 수 없다
그리 가르치고 있음이니,
40 너희들은 예수의 그 사랑이요, 예수의
그 순종함이요, 예수의 그 믿음 앞에
너희들이 얼마나 추하고 부끄러우며
창피하고 유치하고 치졸한 믿음으로
너희들이 변했는가를 한번 생각해 보
라.
41 너희들이 악을 뿌리치지 못하며 선을
선택하지 못하는 그 순간에 너희들이
과연 예수와 같은 마음으로써 그를 따
르며 그를 따르고자 한다면,
42 과연 그리 지키지 못하며 악을 뿌리치
지 못하며 선을 선택할 수 있는 그와
같은 마음과 용기가 없겠는가?
43 지금의 종교 집단이 너무나 파멸의 길
로 끌어가고 있음이니라.
44 나의 피조물 만백성 그들을 다 잘못
이끌어 가고 있음이니라.
45 '주여, 주여! 예수여!' 하며 구원자라
그리 부르니,
46 예수가 죽음으로써 모두를 다 항변했
던 그 사랑, 죽음 앞에서 저를 죽이는
자를 사랑하며 나 여호와를 원망하지
아니하며, 그 모두는 나 여호와의 뜻
대로 이루기를 바라며 묵묵히 수행하
는 그 마음이요, 행동의 자세를 너희
들이 바라보고 따라야 할 것이니라.
47 그와 같은 마음 자세로 믿음의 길을
가야 하며, 그것이 하늘을 향하여 올
수 있는 그 마음 자세의 근본이거늘,
48 그를 너희들은 보지 아니하며 그를 실
천하지 아니하며, 작은 것에 연연하며
작은 것에 변하지 못하며, 감히 십계
명을 지킬 수 없다, 그리고 선을 행하
며 살 수 없다 그리 말하니,
49 너희들이 살아가는 믿음이요, 그 모습
이 예수의 삶에 비하여 얼마나 추하고
창피하고 부끄러운가를 알아야 할 것

이 아니던가?
50 그와 같은 부끄러움도 모르고 사는 것
이 지금의 종교 지도자이며, 그러면서
단상에서 이끌어간다 말을 함이니,
51 한 점의 부끄러움이 없이 사는 것은
종교 지도자가 인간이기 때문에 그리
살 수 없다 말하나,
52 나 여호와가 나의 아들을 통하여 인
간이기에 너희들은 깨끗하게 살아야
하며, 한 점의 부끄러움이 있어서는
안 된다 말함은, 예수의 그 마음과 같
이 너희들이 살라 함이니라.
53 나의 아들 예수와 같이 그 목숨을 바
쳐 순종하며 목숨을 끊어 가는 그들을
용서해 주며 그들에게 사랑을 베풀고
자 기도하는 그와 같은 마음으로 산다
하면, 세상에 못 지킬 것이 없으며 못
이룰 것이 없음이니라.
54 그렇다면 종교 지도자는 감히 인간이
기 때문에 실수할 수 있다 그런 말을
할 수가 없을 것이니라.
55 인간이기 때문에 그의 실수를 용서해
준다는 말을 해서도 아니 됨이니라.
56 너희들은 이와 같은 이치를 깨달아야
할 것이니라.
57 그러면서 예수의 그 삶을 따라 하지
아니하며 그대로 살지도 못하며 그와
같이 생각하지도 못하는 너희들이 구
원을 받아 천국에 올랐다 그리 말하지
말라.
58 예수가 그 사랑을 실천하며 예수가 구
원을 받았듯이,
59 예수가 사랑을 실천하는 것같이 너희
들이 그리 행하지 아니한다면 나에게
올라올 수 없음을 알아야 할 것이니라.
60 죽음의 길에서 나 여호와를 원망하지
않으며 순종하고 기도하는 그 예수의
사랑, 그리고 그를 죽게 하는 그 백성
을 위해 기도하며 그를 용서해 달라
한 예수의 큰 사랑, 너희들은 이것을
보고 따라야 할 것이니라.
61 너희들이 그와 같은 것을 따르고 배우
는 것이 아니요, 그저 예수의 죽은 그
피로써 보혈로써 구원을 받았다 그리
소리만 지르고 있으니, 너희들은 어찌
하는가?
62 너희들은 어떠한 작은 봉사를 하나 했
을 때, 희생을 조금 했을 때, 남에게
무엇을 조금 베풀었을 때, 그를 자랑
하며 그것이 봉사요, 사랑이요, 사랑
을 실천했다 하는 것은 너희들 스스로
부끄러움을 알아야 할 것이니라.
63 너희들 인간사에 전하는 말이 있느니
라.
64 '코끼리라는 동물에게 작은 과자 하나
를 던져 주고 생색을 낸다'는 말이 있
듯이,
65 지금 예수의 그 사랑에 비교한다면 너
희들이 어찌 살아야 할 것인가?
66 그 큰 사랑을 따라야 하늘에 오를 수
있다는 것을 잊지 말라.
67 예수는 모두를 순종함으로써 내 옆에
와 있음이니, 너희들이 내 옆에 오고
자 하면 예수와 같은 큰 사랑을 하라.
68 그와 같은 큰 사랑을 하지 못하면서
너희들이 구원을 받았다, 구원받은 백
성이라 그리 말하는 그 부끄러움과 추
함을 너희들은 더 이상 더 그리하지
말라.
69 이제는 여기서 중단하라.

70 너희들이 그와 같이 작은 것을 행하면
서도 세상 것을 다 하는 것처럼 행동
하는 모습,
71 악을 고칠 수 없다는 너희들의 말, 종
교 지도자도 인간이기 때문에 한 점의
부끄러움이 없이 살 수 없다는 말,
72 그리고 인간이기 때문에 십계명대로
살 수 없다는 그와 같은 말을 하는 너
희들이 얼마나 추하고 더러운 것인가,
너희들이 창피하고 부끄러움을 알라.
73 이제 너희들은 사랑을 실천하라.
74 예수가 실행했던 그 크나큰 사랑을 실
천하라.
75 그것만이 너희들이 내 우편에 올 수
있으며 내 나라에 올 수 있다는 것을
잊지 말라.
76 그와 같은 예수가 사랑을 베푼 그 큰
사랑보다 힘들고 어려운 일이 있거든,
너희들에게 인내하며 참고 견디라 말
하지 아니할 것이니라.
77 그러나 그보다 작은 사랑을 베풀면서
하늘에 올라오는 길을 얻었다며 천국
에 오를 수 있는 열쇠를 얻은 것처럼
그리 말하지 말라.
78 너희들이 베푸는 것, 너희들이 사랑하
는 것이 과연 얼마나 그 예수의 고통
이요, 큰 사랑에 비교할 수 있는가 한
번 견주어 생각해 보면 너희들 스스로
부끄러워 고개를 들지 못할 것이니라.

4,982 번째 하나님 말씀

2003년 2월 13일 19시 23분

1 사랑하는 나의 아들아!
2 "네, 아버님! 말씀하옵소서."
3 나의 법전이 세상을 덮어 만백성을 깨
우치는 역사를 이루나, 너희들이 법전
을 선택하여 보고 안 보는 것은 너희
들 자신의 몫이며 너희들의 복이니라.
4 다만, 너희들이 나의 법전을 읽고 깨
우쳐 선이 무엇이며 하늘에 오르는 길
이 무엇인가를 깨우쳐 그리 사는 자는
내가 너희들을 구원할 것이며 너희들
을 기억할 것이니라.
5 그러나 이를 접하지 아니하여 정답의
길을 모르고 가는 자는 정녕 구원을
받을 수 없음을 알라.
6 너희들이 이 세상을 살아가는 모든 것
에는 규칙이 있느니라.
7 거기에는 방법이 있고 그 길이 있으
니, 기초를 다져서 가는 것이 지름길
임을 알아야 할 것이니라.
8 바른 가르침이요, 바른길을 모르고 가
는 자는 항상 우왕좌왕 헤매게 되어
있느니라.
9 정도의 선생으로부터 정도로써 정확
히 배우는 자는 바로 깨달음을 얻을
것이며, 너희들이 상식이라는 그 지식
을 머리에 쌓을 수 있음이니라.
10 그러나 정답을 모르는 선생에게 배웠
을 때 너희들은 오리무중 헤매게 되어
있는 것이 아니던가?
11 그와 마찬가지로 너희들이 하늘에 오
르는 길의 정답이요, 바른길은 나의
법전을 접하며 그를 읽고 깨우쳐 그대
로 행하는 것이 바로 정답이요, 정확
한 구원의 길을 가는 것이니,
12 너희들이 나의 법전을 선택하여 보고
안 보는 것은 다 너희들의 몫이며 너
희들의 복이니라.

13 다만, 너희들이 나의 법전을 깨우쳐
읽고 악을 행하지 아니할 때, 너희들
의 가슴속에는 선함이 쌓이게 됨이니
라.
14 그러나 너희들이 그를 읽지 아니하며
선이 무엇이며 악이 무엇이며 내가 원
하는 것을 모르는 자, 악을 행하면서
죄인 줄 모르고 살아간다면 너희들의
가슴속에는 악의 씨앗만이 쌓이게 되
니,
15 스스로 너희들이 구원받을 수 없으며
구제될 수 없음을 알아야 할 것이니라.
16 너희들이 선을 행하는 것은, 나의 법
전을 읽고 깨우쳐 그대로 살아가고자
한다면 육의 세상에서 당장은 손해를
보는 자요, 어리석은 자요, 이해관계
에서 항상 뒤지는 자라 그리 생각하
며, 손해 보는 인생을 사는 것이라 그
리 생각할 것이니라.
17 너희들은 그렇지 아니하니라.
18 너희들이 나의 법전을 읽고 그와 같이
살아갈 때 너희들의 모든 불행은 나
여호와가 막아 주며, 너희들은 불행에
서 헤어날 수 있는 그와 같은 축복과
영광을 받는다 내가 기록하지 아니하
였던가?
19 반드시 너희들에게 내가 상을 내림이
니라.
20 그러니 너희들이 선을 베푸는 것은 닥
쳐올 미래의 불행을 막는 것이며, 또
한 너희들이 나로부터 은혜요, 상을
받게 됨이요, 그는 또 구원의 길이요,
하늘에 오르는 그 역사를 얻는 길이라
는 것을 잊지 말라.
21 그 일이 다 너희들을 위하여 이루어지
며 너희들을 위하여 역사하는 것이니
라.
22 그러니 너희들이 악을 행하는 것과 선
을 행하는 것이 얼마나 하늘과 땅의
차이가 있는가?
23 그런 것을 너희들이 안다면 어찌 감히
악을 행할 수 있겠는가?
24 오로지 선을 행하고 선을 따라서 살아
가기도 바쁜 너희들의 짧은 인생의 삶
에서 얼룩진 삶을 살지 말라.
25 이것이 내가 너희들에게 간곡히 원하
며 부탁하는 것이니라.
26 너희들이 선을 행할 때 나 여호와가
같이하며 나의 아들딸이요, 선행을 하
지 않는 것은 사탄의 자식이니 나와
관계없다 하였으니,
27 내가 나의 자식을 잃는 그와 같은 슬
픔을, 나의 가슴 아픔을 너희들이 어
찌 그리도 모르는가?
28 나 여호와의 아픈 가슴을 들여다보는
그와 같은 마음을 가져라.
29 너희들은 내가 이리 간곡히 부탁하고
너희들에게 애절하게 사정을 하는 이
와 같은 나의 마음이요, 너희들에게
간곡히 간곡히 바라는, 악을 버리고
선을 선택하여 나의 아들딸이 내 품에
돌아오라는 나 여호와요, 아버지의 아
픈 마음을 너희들이 헤아려 주기를 바
라는 것이 나 여호와의 뜻이니라.
30 이것 하나만 너희들이 헤아려 준다 하
여도 감히 악한 짓, 사악한 짓을 하지
못할 것임을 알라.

4,983 번째 하나님 말씀

2003년 2월 13일 19시 31분

1 사랑하는 나의 아들아!
2 "네, 아버님! 말씀하옵소서."
3 하늘에 오르는 길이요, 선을 베풀고 사는 것이 어렵고 힘든 길임을 나 여호와도 아느니라.
4 너희들이 악을 행하는 그 죄는 악을 행하는 순간에 그 죄가 쌓이며, 알면서 하는 그 악은 배로 그 죄가 쌓인다 하였음이니,
5 그 죄의 무게는 점점 쌓이고 눈덩이가 불어나듯이 그리 불어나나, 선을 행하는 것은 그리 늘어 가지 아니함이니, 얼마나 힘들게 선행을 하여야 하겠는가?
6 너희들이 선을 베풀면서 남에게 자랑하며 남에게 그 선행을 알린다 하면, 그는 아무런 가치가 없이 무효가 된다 하였음이니라.
7 남에게 베풀면서 말하지 아니하고 남에게 자랑하지 아니하며 보이지 않는 그와 같은 선행만이 너희들에게 선의 행함으로써 그 무게가 된다 하였음이니, 너희들이 얼마나 힘들고 어려운 길을 가는 것인가?
8 그러기에 내가 너희들에게 깨우쳐 전하여 줌이니라.
9 선행을 하는 너희들은 보상을 바라며 상을 바라고 하는 것은 선행이 아니라 하였음이니, 그리하여 선행을 베풀고 살아가기가 그리도 어렵고 힘든 길이니라.
10 그러나 너희들은 가야 함을 알아야 할 것이니라.
11 예수가 그 목숨을 바쳐 그들을 사랑했듯이, 그와 같은 큰 사랑이요, 가슴을 여는 사랑으로써 너희들이 변화되면 그 모두를 이루며 갈 수 있음을 너희들은 알아야 할 것이니라.
12 사랑이요, 선을 베푸는 것은 어떠한 결과를 바라고 그를 생각해서는 아니 되는 것이니라.
13 아무리 어렵고 힘든 길이라도 행복한 마음으로써 가는 것이 선행하는 자요, 선행을 하는 자의 기본이요, 근본임을 알라.
14 너희들이 이 세상에서 살아가면서 선을 베푸는 것이, 그리고 나의 새로운 성경대로 사는 것이 손해를 보는 삶이라 그리 이야기하며 법전대로 살 수 없다 그리 말하는 자, 그와 같은 말을 두 번 다시 나로부터 선택된 백성 너희들은 해서는 아니 됨이니라.
15 너희들은 예수보다 더 큰 사랑을 실천하는 마음으로 살라 하였음이니, 예수가 사랑했던 것처럼, 너희들이 그보다 더 큰 사랑을 가지고 살 수 있는 그와 같은 마음으로 바꾸고 생각을 바꾸라.
16 그러면 사랑이 목숨보다 더 소중하며, 하늘에 오르는 길에 육의 삶이 목숨보다 더 소중한 것이라는 것을 너희들이 안다 하면, 너희들은 감히 선을 베풀기에 주저해서는 아니 될 것이며 주저하지 아니할 것이니라.
17 아무리 작은 선행이라고 해도 아무리 고통이 수반한다 해도 너희들은 선행을 해야 하는 것을 잊지 말라.

18 모두는 나 여호와 하나님이요, 나의
뜻에 이루어지는 것이며, '하나님 뜻
대로 하옵소서.' 하는 그와 같은 기도
의 마음으로써 살아가라.
19 그 마음만을 너희 가슴에 깊이 심는다
하면 너희들이 무엇을 못 이루겠는가?
20 '이 모두는 여호와 하나님의 뜻이며,
하나님의 뜻으로 하옵소서. 하나님의
뜻에 따라 이 목숨을 바쳐 그 길을 가
겠나이다.' 그리 정성스럽게 기도 드
리는 마음으로 살라, 사랑하는 나의
아들아!
21 그러기에 너희들은 나 여호와의 마음
을 정녕 실현하며 살라 내가 그리 말
하는 뜻이 여기 있음이니라.
22 너희들이 내가 원하는 것을 행하고 사
는 그것이 너희들이 흉물시하고 있는
그것으로써 그 노래에도 그 노래를 없
다 생각한다면 너희들은 나의 뜻에 따
라서 아름다운 마음으로 살 수 있을
것이니라.
23 선을 베풀고 살아가는 그 모든 은혜
를 너희들이 이 세상에 존재하는 것,
너희들이 숨을 쉬며 나 여호와에게
'저의 죄를 용서하여 주옵소서.' 기도
를 할 수 있는 그것만 있다 하면 그보
다 큰 영광이요, 축복이 없다 하였음
이니,
24 세상사 무엇이 두려우며 무엇이 그리
소중하기에 너희들이 손해 보는 인생
의 삶이라 생각하며, 손해 보는 삶을
살 수 없다 그리 말하는가?
25 너희들이 무엇을 잃는 것이 손해 보는
것이며, 무엇을 저버렸을 때 손해를
보는 것인가?
26 너희가 부귀와 영화를 잃은 것이 손해
보는 것인가, 권력을 남들처럼 잡지
못한 것이 손해 보는 것인가?
27 그것은 육의 세상에, 인간의 세상에서
이루어지는 것이니라.
28 너희들은 그 모두를 다 초월한 것이니
라.
29 너희들이 손해 보는 삶을 사는 자는,
나 여호와를 등지며 나 여호와를 능멸
하는 자며, 하늘에 오르는 길이 무엇
인가를 모르고 사는 백성, 그러면서
하늘에 오르는 길을 위해 모두를 다
바치며 울며불며 살아가나 지옥 불로
달려가는 그와 같은 백성이야말로 정
녕 사는 것이 손해를 보는 것이요, 억
울한 삶을 사는 자이니라.
30 너희들은 정도의 길을 가고 있음이니
그보다 더 큰 영광이 없다 함을 알라.
31 너희들은 지금 더 무엇을 얻고자 하지
말라.
32 너희들은 구원의 길에 들어서 있으며
나에게 오르는 길을 알고 있으며, 내
가 너희들을 가슴에 거두어들이는 그
보다도 더 큰 영광이 없다는 것을 너
희들은 가슴에 깊이 새겨 두어야 할
것이니라.
33 너희들이 명예요, 부귀요, 인간 세상
에서 이루는 그것 때문에, 너희들이
물질을 잃었다 하여 손해 본다는 그와
같은 생각으로 사는 것은 너희들이 바
로 욕심을 버리지 못하며 육의 욕심이
너희들의 가슴에 차 있기 때문이니,
그 욕심을 버리라.
34 물질로써 모두를 잃고 얻는 것을 계산
하지 말라.

35 그렇다면 지금의 종교 집단이 재물을 바쳐 구원의 길을 사겠다는 것과 무엇이 다르던가?

36 너희들은 마음속으로 다짐을 굳건히 하라.

37 이 시간 이후부터 너희들의 목숨을 해하는 자, 너희들의 목숨을 거둬 가고자 하는 자, 그들을 위해서 너희들이 그들을 용서해 달라 유언을 남길 수 있는,

38 너를 죽게 해 네 생명을 끊어 가는 그와 같은 사악한 자를 위해서 그를 용서해 달라는 그 말을 유언으로써 남기고 살아갈 수 있는 위대하고 크나큰 사랑으로써 변하는 백성이 되어야 할 것이니라.

39 너희들을 죽이고자 하는 자, 너희들에게 가해를 하는 자, 너희들 육의 삶의 종말을 거두고자 환란을 주는 자, 그와 같은 자를 용서해 달라 기도할 수 있는 큰 사랑의 마음으로 살아가는 그와 같은 위대한 변화가 아니면, 너희들이 예수와 같이 내 우편에 내 나라에 올 수 없음을 알라.

4,984 번째 하나님 말씀

2003년 2월 13일 19시 43분

1 사랑하는 나의 아들아!

2 "네, 아버님! 말씀하옵소서."

3 나 여호와가 너희들에게 전하는 이 뜻을 가슴에 깊이 새겨 너희들이 하늘에 오르는 길을 바라보도록 그리하라.

4 나의 아들 예수의 큰 사랑의 의미를 너희들은 깨달아야 할 것이니라.

5 그의 고통과 그가 지금까지 그 모두의 역사를 이루기 위하여 행했던, 그리고 그가 그 길을 선택했던 그 모두를 저 스스로 죽을 그 십자가를 짊어지고 가는 그 고행으로부터 그가 죽어 가는 그 순간까지 그가 얼마나 크나큰 사랑의 의미를 부여하고자 했는가를,

6 너희들이 나의 아들 예수가 그와 같이 큰 사랑의 의미를 부여하고 너희들에게 깨우치고자 했던 것을 안다면,

7 감히 너희들이 광란의 짓을 하며 너희 손으로 지은 성전이라는 죄의 온상에서 거기에 오는 자, 나의 아들의 그 소중한 보혈로써 구원받았다 말하는 것, 너희들이 그와 같은 사악한 행동을 하지 말라 전하라.

8 그들이 얼마나 사악한 자이며 얼마나 부끄러운 행동을 하고 있는 것인지,

9 그곳에 구원을 받고자 하는 신도라는 백성 너희들이요, 그리고 그 집단에 종교 지도자라 하는 자, 그들이 예수의 큰 사랑을 알며 그의 숭고한 사랑을 알며 그가 이루고자 했던 그 뜻을 안다면,

10 그리 그가 가시 면류관을 쓰며 십자가를 짊어져 스스로 못 박혀 죽을 때까지 그가 나에게 기도했으며 그들을 용서해 달라 한 그 애절한 기도 소리를 너희들이 생각한다면,

11 아직도 그 음성이 그 고통이 나 여호와의 귓전을 때리고 있거늘, 어찌하여 너희들은 나의 아들 예수의 크나큰 그 위대한 사랑을 보려 하지 아니하며,

12 그저 보혈로써 구원을 받았다 하며, 사악한 짓을 하며 광란의 짓을 하며

눈물을 흘리며 찬송을 하며 너희들이
인간 세상에 살아가면서 사악한 죄를
짓고 몇 번의 기도로써 다 용서를 받
았다 함이니,
13 그 용서를 받지 아니하고 살아가는 아
름다운 백성보다 못한 자가 사악한 너
희들이니라.
14 너희들은 용서를 받았기에 다음에 죄
를 지을 수 있으며 또 너희들이 사악
한 짓을 할 수 있으나, 그 용서를 받는
다는 것을 모르고 사는 나의 백성은
그 죄가 무서워 그들이 너희보다 얼마
나 아름답고 착하게 살아가는 것인가
를 보라.
15 그러한 자들을 매도하는 것이 지금 종
교 집단 너희들이니라.
16 그들은 내가 사랑하지 아니하며 그들
은 기억하지 아니한다 너희들이 그리
매도하고 착각 속에 헤매고 있으니,
너희들이 어떠한 어리석은 백성인 줄
알고 있는가?
17 그것이 얼마나 추하고 사악한 행위인
가 너희들 자신을 보라.
18 나의 아들 예수의 보혈로써 너희들이
사함을 받는 것이 아니요, 예수의 그
사랑의 의미를 깨닫는 그와 같은 깨달
음으로써 가르치는 것이 나로부터 선
택된 백성이요, 나로부터 선택된 지도
자가 가야 할 길임을 알라.
19 예수의 죽음은 큰 사랑을 너희들에게
본보기로 역사하고자 하였음을 너희
들은 알아야 할 것이니라.
20 욥이 죽음 직전까지 그 모든 고통을
이기고 견딘 것은 무엇이던가?
21 너희들이 믿음의 길을 가는 백성은 욥
과 같이 그리 견디고 이겨야 한다 하
여 그를 본보기로 하여 내가 성서에
기록하였으며, 그 역사의 한 구절에
한 단막을 이루었음을 너희들은 알아
야 할 것이니라.
22 노아의 방주는 과연 무엇이던가?
23 사악한 백성을 벌주기 위하여 그 노아
의 방주가 이루어진 것이 아니니라.
24 너희들이 나의 뜻을 듣지 아니하고 사
악해졌을 때, 내가 너희들에게 재앙을
내릴 때 바로 그와 같은 역사의 재앙
이 내려질 수 있다는 것을 교훈으로써
너희들의 본보기로 그 역사를 했음이
니,
25 모두가 내가 너희들을 깨우쳐 주며 너
희들을 바로 가르치기 위하여 그 모든
희생을 치러 가면서 내가 본보기로서
너희들에게 교훈을 가르치기 위해 그
역사를 했음이니라.
26 나의 아들 예수의 큰 사랑의 본보기
요, 그 교훈을 너희들이 본받으라.
27 그를 보지 아니하고 그와 같이 행하지
아니하면서 너희들이 구원을 받았으
며, 나의 아들 예수의 보혈로써 천국
의 문에 들어설 수 있는 자격을 받았
으며, 너희들은 당연히 들어오는 것처
럼 그 어리석은 꿈에서 깨어나라.
28 너희들이 발붙일 자격이 없음이니라.
29 천국에 사는 나의 모든 백성은 너희들
같은 자가 하나도 없음이니라.
30 너희들 같은 자가 나의 천국에 하나도
없으니, 너희들이 하늘을 오염시킬 수
가 없으니, 너희들은 한 명도 구원받
을 수 없음이니라.
31 지금 성전에서 너희들이 문을 박차고

뛰쳐나와, 밖에 나와서 만백성을 구원하며, 스스로 나의 법전을 너희들이 접하고 깨우치고 정독하고 읽어서 그 속에서 나의 뜻이요, 내가 이루고자 하는 역사를 바라보는 자, 그들만이 구원을 받을 것이니 그리 알라.

32 이것이 나 여호와가 이루고자 하며 내가 역사하고자 하는 뜻이라는 것을 알라.

33 너희들은 예수의 큰 사랑의 의미를 가슴에 깊이 새겨라.

34 나의 아들을 따르는 제자들과 나의 법전을 읽은 만백성 너희들은 예수의 큰 사랑이요, 그가 행한 교훈을 가슴에 새기고,

35 너희들이 구원을 받았다는 그 추하고 더러운 소리를 하거든 귀를 막으라.

36 듣지도 말며 그들과 같이 겸상하지도 말라.

37 그 사악한 자들의 말에 너희들의 귀를 더럽힐까 두려움이니라.

4,985 번째 하나님 말씀

2003년 2월 13일 19시 47분

1 사랑하는 나의 아들아!

2 "네, 아버님! 말씀하옵소서."

3 너를 따르는 만백성, 나의 사랑하는 선택된 백성에게 전하라.

4 너희들의 행복이 무엇이며 너희들의 기쁨이 무엇인가?

5 그는 나에게 오르는 길을 찾아 정도의 길로 달려오는 것, 그리고 내가 이루고자 하는 그 역사를 하는 것보다 더 큰 행복은 없음이니라.

6 그러나 지금 많은 종교 집단들이 갈 길을 모르며 지금 방황하고 있음이니라.

7 그리하여 그들은 너희들에게 말하느니라.

8 안식일이요, 재물을 많이 바치는 자 구원을 받는다 그리 말하며, 저희들이 손으로 지은 성전에 와 기도하고 눈물로 회개하는 자 구원을 받는다 그리 말하며, 저희들과 더불어 행하지 않는 자, 내가 너희들을 기억하지 아니한다 그리 더럽고 추한 말을 하거든, 너희들은 당장 돌아서서 귀를 씻으라.

9 너희들이 오염될까 봐 나 여호와가 두려움이니라.

10 인간이기 때문에 너희들은 나의 법전이요, 나의 계명대로 살 수 없다 말하는 그들의 말소리가 너희들의 귓전에 들려오지 않도록 귀를 막을 것이며,

11 너희들은 그와 같은 추하고 더러운 소리를 들으면 그것은 사탄의 음성이니 너희들의 귀를 막고 씻으라.

12 그와 같이 하는 자는 그 더럽고 추한 마음이 너희들 마음속과 귓속에 들어오지 못할 것이니, 그것은 너무나도 잘못된 길이며 사악한 자들의 행위임을 알라.

13 종교 지도자는 믿음의 길을 지금 어찌 가고 있는가?

14 그들은 모르기 때문에 성서에 복음이라는 것을 재탕하고 또 재탕하여 죽을 때까지 그것을 가지고 단상에 서서 교리라 하여 그리 가르치느니, 고인 물은 썩는다 하였음이니라.

15 그를 재탕하고 또 가르치니, 가르치는

자마다 해석이 다르며 가르치는 자마
다 방법이 다르니, 이것이 뒤죽박죽이
되어 지금 질서가 없는 것이며, 빛이
없는 암흑의 세계에서 허덕이고 있음
을 너희들은 알아야 할 것이니라.
16 썩은 가르침을 하고 있음이니라.
17 그러나 지금 나의 아들을 통하여 너희
들에게 가르치는 지금의 그 강론은 무
엇이던가?
18 창조주 나 여호와가 선생으로서 나의
아들에게 그 명령을 내리며, 나의 성
령을 전하며, 새로운 하늘의 뜻을 너
희들에게 계속 부어 주고 심어 줌이
니, 그것이 바로 어떤 것인 줄 알겠는
가?
19 하늘에 오르는 길이요, 천사가 되는
길이요, 천사로 변화될 수 있는 것을
알아야 할 것이니라.
20 그리하여 나의 법전을 보고 깨닫는 백
성 너희들이 선택된 백성이요, 은혜와
축복이 거기에 있다 함이니라.
21 너희들보다 더한 축복이요, 행복이요,
기쁨이 없다는 것을 알라.
22 그러니 너희들은 나의 법전을 읽고 정
독하고 깨우쳐 너희들 것으로 만들어
만백성을 깨우치는 그와 같은 역군으
로서 전사로서 굳게 바로 서야 함을
알라.
23 이제 모두를 너희들의 가슴에 안아야
할 것이니라.
24 나 여호와가 너희들에게 내려 준 세
상의 모든 은혜에 감사하는 마음이요,
25 나의 아들 예수를 교훈으로 죽게 하여
그가 큰 사랑을 베풀며 죽어 갔던 그
큰 사랑을 너희들 것으로 만들어 그리
행하도록 하라.
26 너희들이 사람이기에 그리할 수 있으
며, 나로부터 지혜를 받은 너희들이기
때문에 할 수 있으며, 나의 법전이요,
길잡이요, 하늘에 오르는 빛이 있기에
너희들은 할 수 있음이니라.
27 또한, 나의 아들이 변해 가는 모습이
요, 그가 살아가는 형태를 바라보며
너희들이 더불어 그를 따라 하늘에 오
를 수 있는 선택된 백성이니, 그보다
축복과 영광과 은혜가 없음을 알라,
사랑하는 나의 아들딸들아!

4,986 번째 하나님 말씀

2003년 2월 13일 19시 57분

1 사랑하는 나의 아들아!
2 "네, 아버님! 말씀하옵소서."
3 너를 따르는 제자들이요, 선택된 나의
백성, 그리고 나의 법전을 읽은 사랑
하는 백성, 너희들은 육의 영화를 더
바라지 말며, 육의 영광을 더 이상 바
라지 말며, 더 이상 무엇을 이루고 얻
고자 생각하지 말라.
4 정녕 지도자라는 것은 희생이 따르며,
희생의 길을 감을 알아야 할 것이니라.
5 가르치는 지도자요, 선생이라는 자가
감춰 놓는 것을 배우며 더 배불리 먹
는 것을 배우며 호화로움을 배우며 부
귀영화를 추구하는 그와 같은 선생이
라면,
6 그 밑에서 배우는 학생들은 그 선생을
뺨치는, 그보다 열배 백배 더 얻는 것
에 능란한 방법으로써 챙기며 숨겨 놓
으며 저축하며, 호화로움과 부귀영화

에 젖어 살아가는 것이 그 제자들이니,
7 바로 지금의 종교 집단들이 그와 같은
형국으로 왔음이니라.
8 그저 갖다 바쳐라, 그리고 갖다 바치
는 자 구원을 받는다,
9 하늘에 많이 쌓아 놓는 자 그 영광이
있을 것이다 그리 가르쳐 그저 거둬들
이고 바치는 것밖에 모르니,
10 많이 쌓아 놓고 영광을 받고자 하니
그들은 사악한 방법으로 물불을 가리
지 아니하고 거두어들이기에 급급하
여져 있음이니, 그리하여 사랑이 메마
르며 이웃을 보지 못하게 되어 있음이
니라.
11 선생이요, 지도자는 희생의 길을 가는
것이니라.
12 그가 희생의 길을 갈 때 그 제자들이
요, 그를 보고 따르는 백성이 희생을
알며 사랑을 알며 나눔을 알게 되어
있음이니라.
13 가르치는 자가 지금의 종교 집단처럼
구원을 받았다, 저만이 구원을 받는
길이요, 영광이요, 축복이라 그리 가
르치며,
14 저를 낳아 주고 길러 준 부모, 형제,
이웃 할 것 없이 나 여호와가 존재한
다는 저희들이 지은 죄의 온상인 성전
에 와서 열배 백배 하면 부모에게 하
지 아니하여도 은혜와 축복이 다 있다
그리 사기를 치며, 가장 사악하며 악
마요, 사탄의 짓을 하고 있음이니,
15 이를 보는 나 여호와의 분개한 마음을
어찌하겠는가?
16 이들을 다 부수며 이들을 태워 버리며
이들의 뿌리를 뽑는 것은 너희들이 하
여야 할 일이니, 너희들은 희생의 길
을 가는 지도자의 바르고 고운 길을
가야 할 것이니라.
17 그러하니 너희들은 지금의 삶을 배부
름으로 알며 행복으로 알며, 즐거우며
기쁨으로써 살아가는 그와 같은 마음
으로 받아들여야 할 것이니라.
18 그 모두를 다 나 여호와의 뜻이요, 나
에게 감사하는 마음으로 오늘의 삶에
남들이 모르는 배부름과 행복함을 느
끼고 살아가는 그와 같은 마음의 자세
로 돌아서라.
19 그리하여 너희들이 희생과 더불어 감
을 기쁨으로 갈 때, 많은 지도자를 양
성할 수 있으며, 또한 나의 피조물 만
백성이 너희들을 따르게 될 것이니,
20 지금 나의 아들을 따르는 제자 너희들
이 지도자를 육성해야 하며, 그들로
하여금 만백성을 구원하는 그 역사를
이루어야 할 것이니라.
21 사랑과 자비라는 것이 과연 무엇이더
냐?
22 모든 종파가 가지고 있는 그들의 뜻은
다 같으며, 나 여호와를 향하여 그들
이 달려오는 것이니라.
23 사랑이라는 것이요, 자비라는 것이요,
덕을 베풀며 윤리 도덕을 지키며 가는
것이 인간의 삶이라 가르치는 모든 집
단이요, 종파들은 다 그들이 나의 뜻
을 위하여 움직이며 나를 향하여 오
고 있음이니라.
24 다만, 그들이 수행하는 방법이요, 가
르치는 방법이요, 그들의 방법이요,
행함이 다른 것뿐이니, 그 참뜻은 다
같음을 알라.

25 참진리를 위하여 그 길을 깨닫는 것은
어떠한 종파든 어떠한 집단이든 다 그
길을 위해 달려가는 백성이나, 너희들
이 그 방법과 그 격식을 중요시하며,
26 진리를 행함을 중요시 아니 하고 의식
이요, 끌고 가는 관행이요, 관습만을
위대하다 생각하며, 관습과 관행에 젖
어 있어 너희들이 진정한 참진리를 보
지 못함이니라.
27 너희들이 이제 그 모두를 뛰어넘을 수
있는 것은 나의 법전을 읽고 정독하고
깨우치면, 모든 종파요, 모든 진리를
부르짖는 것이 나 여호와를 향하여 달
려오는 것임을 알게 됨이니,
28 그 하나의 문턱을 넘는 것이 너희들
이 세상의 이치를 다 깨달으며 하늘의
이치를 보게 됨이니라.
29 모든 종파를 사랑하며, 모든 종파는
하나의 진리를 위해 달려가고 있다는
것을 너희들이 깨닫는 그 하나의 문턱
을 뛰어넘는 것은 나의 법전을 가슴에
안고 정독하고 또 정독하는 자만이,
인간 세상의 지금의 삶의 한 고개를
넘어 육의 세상을 벗어나 천국에 그
하늘의 뜻과 영들의 세상을 너희들이
들여다보는 그 문턱에 들어서게 됨이
니라.
30 그 선을 넘지 못하는 자는 아무것도
이룰 수 없으며, 축복이요, 영광의 길
의 하늘의 뜻을 알 수가 없음이니라.
31 너희들이 여기서 좀 더 깨우치고 나의
법전을 읽고 깨우치고 또 정독하여 너
희 것으로 만들어 세상을 바라본다면,
너희들은 인간 세속에서 지금의 살아
가는 그 삶의 문턱을 넘으니, 모든 종
파요, 그들이 의식 속에 헤매는 그 모
두가 한갓 어린이의 장난이요, 흘러가
는 물줄기요, 그것이 부질없는 것이
요, 그저 물이 흐르며 하나의 낙엽이
떨어져 가듯이, 그냥 종이배가 물길에
따라 출렁대며 흘러가는 것처럼 다 허
무하며 아무런 의미가 없으며 다 부질
없다는 것을 알 것이니라.
32 너희들의 깨달음이 그 문턱을 넘어서
모든 종파는 나 여호와를 위해 행하고
달려오는 것이라는 것을 깨달을 때,
너희들은 같은 길동무요, 같은 벗이
며, 손잡고 나에게 달려오는 그와 같
은 너그러운 마음으로써 너를 끌어안
고, 남을 끌어안고, 이웃을 끌어안는
그와 같은 너희들의 마음의 문이 열릴
것이니라.
33 나의 사랑하는 아들딸이 소중한 것이
요, 너희들이 어떤 종파의 옷을 입었
는지는 소중하지 아니함이니, 그 문턱
을 넘는 것은 나의 법전을 읽는 길밖
에 없음이니라.
34 나의 법전을 읽어서 너희들이 그 문턱
을 넘었을 때, 나 여호와의 뜻을 알며
하늘의 뜻을 알며, 모든 백성은 나를
향해 달려오는 어렵고 힘든 길을 가는
길동무니,
35 서로 이끌어 주고 밀어주고 서로 위로
하며 같이 휴식하며 같이 즐기며 오는
그와 같은 길동무라는 것을 잊지 말라.
36 서로 핍박하며 서로 경원시하며 서로
욕하며 시기하고 질투하면, 너희들이
어렵고 힘든 그 고비를 혼자 넘을 수
없을 때 그 장애물을 너희들은 넘지
못하니, 같이 죽음으로써 지옥으로 가

는 그와 같은 형국이 됨이니라.
37 너희들이 길동무로서 같이 오다 보면
힘을 합쳐야만 넘을 수 있는 산이 있
으며 그리 넘어야 할 강이 있으며 바
다가 있으며, 너희들이 그 장애물을
뛰어넘을 때 모두의 힘을 합쳐야만 그
를 넘을까 말까 하거늘,
38 너희들이 힘을 합치지 아니하고 서로
잘났다, 저희들 것만이 최고라 하며
저만이 건널 수 있다고 몸부림치며 물
속에 뛰어들어 본들 너희들이 그 보이
지 않는 바다를 건널 수 없으며, 길이
없는 험준한 산을 넘을 수 없는 것이
니,
39 너희들은 길동무니 손을 잡고 같이 노
래 부르며 즐거운 마음으로 사랑하는
마음으로 나에게 올 수 있는 그와 같
은 역사의 변화를 이루는 것, 하나의
마음으로 이루는 것은 오로지 나의 법
전을 읽고 또 읽고 정독하여 내가 원
하는 그 뜻을 알 때, 모두 그 선에 이
루어지며 도달함을 알라.

4,987 번째 하나님 말씀

2003년 2월 14일 0시 34분

1 사랑하는 나의 아들아!
2 "네, 아버님! 말씀하옵소서."
3 내가 너를 나의 아들이라 불렀음이니,
네가 누구라 내가 너에게 말하여 주었
으나 네가 겸손한 마음으로 너 자신
을 말하지 아니하며 밝히지 아니하며
남에게 전하고자 아니 하는 네 마음
을 나 여호와는 알고 있음이니라.
4 그러나 너는 당당한 나의 아들로서 나
로부터 선택되어 만백성을 구원하는
그 대명을 이루는 자이니,
5 너 자신이 불안해하며 두려워할 것이
없음이니라.
6 나의 아들 예수는 어떻게 세상에 태어
났던가?
7 그 또한 육을 가지고 세상에 나갔음이
니, 한 여인의 몸으로부터 그가 세상
에 나와 육을 갖고 세상에 살았음이니
라.
8 그리하여 그가 행한 것은 나의 뜻을
거역하지 아니하고 순종하였으며, 그
또한 만백성을 구하고자 세상에 나가
그리 살았음이니, 지금 내가 너를 나
의 아들이라 부름이니, 네가 지금 나
의 성령을 받아 나의 법전을 기록하여
만백성을 구원하고자 책으로 만드는
그 역사 또한 아무나 할 수 없으며 아
무나 이 일을 해 나갈 수 없음이니라.
9 너의 제자들과 너를 따르는 백성 너희
들은 나의 아들이 오늘의 역사하는 그
모두를 바라봐야 할 것이니라.
10 너희들은 그저 한 인간이 나에게 성령
을 받아, 나의 음성을 받아 책으로 만
들어 내는 보통의 선지자요, 선택된
자라 그리 생각하는 마음을 너희들 자
신이 바로잡는 그와 같은 깨달음을 얻
어야 할 것이니라.
11 나는 나의 아들이 누구이며 어떠한 역
사를 띠는 것인가를 내가 그에게 말하
여 주었으나,
12 나의 아들은 그 스스로 변하지 못하며
완벽한 예수와 같은 삶을 살지 못하는
자신을 알고 있기에 너희들에게 내놓
으려 하지 아니하며 생색 내려 하지

아니하며 누구라 말하지 아니하나, 그
는 나의 아들임이니라.
13 내가 예수를 나의 아들이라 불렀으며,
또한 지금 나의 법전을 만들어 만백성
에게 전하는 나의 아들을 내가 나의
아들이라 부름이니, 그는 나의 아들임
을 너희들이 알아야 할 것이니라.
14 이 시대에 너희들이 더불어 살아가며
그 하나의 역사를 이루는 길에 동참한
너희들이 어떻게 선택되었으며 얼마
나 위대한 백성인가를 스스로 자신을
알 때,
15 나의 아들 또한 대명을 받아 그 누구
도 이룰 수 없는 그 대업을 이루고 있
음을 너희들은 알아야 할 것이니라.
16 내가 나의 아들에게 무지렁이와 같은
아들이라 하며, 질그릇이 깨지며 도자
기가 깨진 것같이 쓸모없는 사람인 너
를 내가 사람으로 만들어 이 대명을
이루었다 그리 말하나, 그는 내가 너
를 다스리기 위함이요,
17 네가 오늘의 그 역사를 이루는 길을
갈 수 있도록 네가 나의 성령을 들어
완벽한 나의 자식으로 너는 갈 수 있
으며 네가 그리 갈 수 있는 나의 아들
이며, 그리하여 내가 너를 바로 세우
고자 그와 같은 말을 했으나,
18 정녕 네가 무지렁이요, 질그릇이 깨진
것같이 쓸모없는 네가 아니니라.
19 다만, 내가 그를 꾸짖고 그를 다스려
깨우치고자 하는 것이거늘, 너희들 자
신이 그와 같이 생각해서는 아니 될
것이니라.
20 스승이 제자를 혼낸다 하여, 혼나는
제자를 너희들이 스승처럼 나무라는
그와 같은 마음을 가지고 살아간다면
이는 스승을 욕되게 하는 것이니라.
21 스승이 그 제자를 나무랄 수 있으며
꾸짖을 수 있으며 매를 들 수 있다 하
여, 너희들이 나와 동급같이 매를 들
고 그를 핍박하는 그와 같은 마음의
자세로 갖는다 하면, 그것은 제자의
도리가 아님을 너희들은 알며,
22 선생의 자리를 넘보는 자며 선생에 버
금가는 흉내를 내고자 하는 것이니,
그것이 어떠한 죄인가를 알아야 할 것
이니라.
23 나 여호와가 나의 아들을 책망함을 너
희들이 그와 같이 보고 바라보는 생각
을 가져서는 아니 될 것이니라.
24 내가 보는 나의 아들이 너희들이 보는
나의 아들과는 다름을 너희들이 알아
야 할 것이니,
25 너희들은 오늘 이후부터 나의 아들의
그 변화되는 모습이요, 그가 가고자
하는 것이요, 나로부터 선택된 나의
아들이 대명을 역사하는 그는 반드시
이룰 수 있는 자라는 것을 너희들이
알아야 할 것이며,
26 이 역사를 그 누구도 이룰 수 없다는
것을 알아야 할 것이니라.
27 너희들이 오늘의 나의 아들과 더불어
한 시대의 역사를 이루는 것이 얼마나
위대한 일이며, 너희들이 다시는 받을
수 없는 영광의 그 길을 가고 있음을
알아야 할 것이니라.
28 내가 하늘에 오르는 백성의 삶이 뭐라
말하였느냐?
29 지상에서 지상의 천국에 사는 자가 하
늘에 오를 수 있다 하였음이니, 내가

하늘에 오르는 지상의 천국에 사는 백
성의 근본이요, 기본의 가르침이 무엇
이라 하였더냐?
30 나의 법전이라 하였음이니라.
31 나의 법전을 읽고 깨우치지 아니하는
자는 지상의 천국에서 살아가는 백성
이 될 수 없다 하였음이니,
32 너희들은 나의 법전을 접하며 나의 아
들을 통하여 내리는 강론을 직접 들으
니, 너희들은 지상의 천국에 지금 살
아가고 있으며, 그 길을 향하는 은혜
와 영광을 너희들이 나로부터 받았음
이니,
33 너희들이 그 은혜와 영광을 받은 것으
로써 무엇을 행하여야 할 것인가?
34 나의 심성대로 변하는 것이 너희들이
해야 할 일이요,
35 나의 아들이 160권의 법전을 세상에
낼 수 있는 그 역사를 이루도록 하며
너희들이 버팀목이며 받쳐 주는 자들
이니, 너희들이 그 대명이 있음을 알
아야 할 것이니라.
36 이를 너희들이 착각하고 주객이 전도
되는 그와 같은 마음의 자세로써 나의
아들을 대하며 나의 법전을 대하며 오
늘의 살아가는 자세가 그와 같이 흔들
려서는 아니 됨이니,
37 너희들이 겸허한 자세요, 겸손한 마음
의 자세를 먼저 다스리며,
38 오늘의 나의 아들과 이 역사를 이루는
너희들이 같이 살아가는 그 영광이요,
축복을 나로부터 받은 것을 너희들이
나에게 그 은혜를 돌려줄 수 있고 나
에게 그 은혜에 감사를 드린다면, 나
의 아들을 보는 너희들의 마음이요,
자세를 바로잡아야 할 것이니 그리 알
라.
39 내가 이와 같은 말을 너희들에게 일찍
전하여 깨우쳐 주고 싶었으나, 나의
아들 또한 바로 서기가 그와 같지 못
했으니,
40 이제 너희들이 나의 아들을 그와 같이
봐도 너희들이 보는 눈빛에 조금도 손
색이 없을 것이며, 부끄러움이 없는
나의 아들로서 성장하여 변해 있음을
나는 알고 있음이니,
41 이제 변한 나의 아들이요, 나의 아들
로서 그 책무를 다하고 있음이니, 그
를 바라보는 너희들의 마음의 자세를
이제는 고칠 때가 되었음을, 나의 아
들이 그 입으로 스스로 너희들에게 말
하지 아니하니, 내가 너희들에게 일깨
워 전해 줌을 명심하여 너희들이 살아
감에 매사에 열과 성의를 다하며,
42 오늘의 대명을 이루는 그 선택된 나에
대한 은혜요, 영광에 보답하는 길은
160권을 나의 아들이 바로 세상에 낼
수 있도록 너희들이 어떠한 희생과 어
떠한 고통과 시련이 있다 하여도 행
복하고 즐거운 마음으로써 행하는 그
와 같은 자세로 살아가야 함을 잊지
말라.

4,988 번째 하나님 말씀

2003년 2월 14일 0시 40분

1 사랑하는 나의 아들아!
2 "네, 아버님! 말씀하옵소서."
3 나의 피조물 만백성에게 전하라.
4 그리고 몇천 년 동안 믿음이라는 그

세월에서 살아오는 그 종교 집단 그들
에게 반드시 기록하여 전하여야 함을
잊지 말라.
5 지금의 모든 믿음의 길을 가는 백성
너희들이 나 여호와가 나의 아들 예수
와 같다는 그와 같은 생각, 나의 아들
예수가 나와 똑같은 신이라 하며 나와
똑같은 동급에 있다는 그와 같은 과대
망상의 그 생각의 틀에서 벗어나지 못
하고 그를 버리지 못한다면, 너희들은
정녕 구원의 길을 볼 수 없는 자임을
알아야 할 것이니라.
6 나 여호와는 보낸 이요, 나의 아들은
나로부터 보냄을 받은 자요, 나의 명
을 받아 세상에 나가 만백성 너희들을
깨우쳐 주고자 그가 역사했음을,
7 너희들이 지금 그 뜻을 알며, 그 행함
이요, 그 순리를 알지 못하는 자는 기
초를 알지 못하며 기본을 알지 못하는
자이기에, 너희들의 믿음이요, 너희들
이 가는 것이 잘못되었다 함이니라.
8 나의 아들 예수는 나 여호와의 뜻에
따라 나의 중심적인 그 역할로써 살아
가며 나의 뜻에 순종하며 나의 뜻에
따라 만백성을 구원하는 그와 같은 역
사를 나의 명에 의하여 이루었으며,
9 그리하여 그는 나의 뜻에 따라 모두를
구하는 그 역사의 길을 가고 있었음이
니라.
10 그리하여 너희들은 그 예수가 나의 아
들로서 나에게 순종하며 믿음의 길을
갔던 그 삶을 너희들의 믿음의 기초
로 삼아야 할 것이며,
11 예수가 행했던 그 모든 마음 자세를
가지고 가야만 너희들이 구원을 받을
수 있으며 하늘에 오르는 영광을 얻을
수 있다는 것을, 너희들은 그 소중함
을 보지 못하며 그를 깨닫지 못함이니
라.
12 너희들은 나의 아들 예수가 모든 그
고통 속에서 저를 죽인 사람을 용서해
달라는 기도를 드리는 그 넓은 사랑의
마음이요,
13 그와 같은 사랑의 마음을 너희들이 보
고 그와 같은 사랑을 실천하는 것으로
써 너희들을 깨우치고자 나의 아들이
그와 같은 어려운 고통의 길을 갔음이
니,
14 그가 너희들에게 전하는 그 사랑의 큼
이요, 그 사랑의 뜻이요, 그가 모두를
사랑하는 그와 같은 마음의 자세로써
너희가 예수를 바라봐야 할 것이며,
15 너희들이 그와 같은 마음을 버리고 나
의 아들 예수를 바라보는 믿음을 간다
하면, 너희들은 정녕 소중한 내가 너
희들에게 가르치고자 하는 것을 얻을
수 없음을 알아야 할 것이니라.
16 나의 아들이 그리 죽음으로써 내가 너
희들에게 보여 준 것은, 너희들이 교
훈으로 삼아 너희들을 바로 서게 하고
자 하는 것이 나의 뜻이었음을 알아야
할 것이니라.
17 너희들은 예수를 나와 동급이라 그리
생각하며 나의 아들 예수의 이름을 부
르면서 구원을 받는다 생각하지 말며,
18 예수가 나에게 복종하며 순종하며 나
의 뜻에 행하며 살아왔던 그 믿음의
그를 보라.
19 그것을 너희들이 보고 배우는 것이 하
늘에 오르는 길이요, 예수가 흘린 보

혈로써 구원을 받는다는 그 생각 자체
를 하지 말라.
20 예수가 죽어 가면서 그가 사랑을 베풀
었던 것, 내가 기록하여 전했듯이 나
여호와를 원망하지 아니하며 저를 죽
이는 그 모든 백성 그들을 용서해 달
라 그가 마지막 죽을 때까지 그리 남
겼던 그 유언의 한마디가 얼마나 위
대한 사랑인지,
21 그것이 진정한 사랑이라는 것을 너희
들에게 깨우쳐 주고자 함이니,
22 예수의 그 위대한 사랑을 너희들이 생
각한다면 그를 보고 배워 변하고자 하
는 생각을 해야 할 것이지,
23 감히 예수가 흘린 보혈로써 구원을 받
았다 그리 생각하는 것이 아님을 너희
들은 알라.
24 그 자신이 얼마나 추하기에 너희들이
욕심을 버리지 못하는 그 사악한 생각
에서 나오는 행동인가를 알라.
25 예수가 살아가는 삶의 소중함을 너희
들은 배워라.
26 그것이 너희들이 배워야 할 길이며 그
와 같은 길을 오는 자만이 나에게 오
를 수 있다는 것을 알라.
27 진정한 예수의 삶을 보고 배우는 그것
만이 나에게 오르는 길이며, 예수가
나의 우편에 와 앉아 있듯이 너희들이
내 앞에 와 앉아 있을 수 있다는 것을
잊지 말라.

4,989 번째 하나님 말씀

2003년 2월 14일 0시 47분

1 사랑하는 나의 아들아!
2 "네, 아버님! 말씀하옵소서."
3 내가 생명을 주어 세상에 내보낸 백성
이 나를 어버이라 부르며 창조주 아버
지라 너희들이 부름이니,
4 모든 백성은 나의 품에 있어야 할 것
이며 내 품 속에 너희들이 거하는 것
이 당연한 것이 아니던가?
5 그러나 지금 나의 피조물 만백성 너희
들은 나의 품에 있는 것이 아니요, 나
를 떠나 있는 것이니라.
6 그리하여 나의 백성이 나의 품을 떠나
있도록 한 그 중죄인이 과연 너희들은
누구라 생각하는가?
7 지금 잘못 가고 있는 종교 지도자요,
그 집단의 책임이라는 것을 너희들은
알아야 할 것이니라.
8 그리하여 온 세상이 죄악으로 그득히
차 있으니 진정한 사랑과 영혼의 구원
의 길에 등 돌리고 있음을 너희들은
알아야 할 것이니라.
9 모든 백성이 나로부터 등을 돌리고 있
으며 오로지 저희들 개인이 구원을 받
는다는 그 열망에 젖어 있는 그 욕심
을 버리지 못하고 있는 백성이요, 그
와 같은 마음을 가지고 있는 것이 지
금의 종교 집단임을 너희들은 알아야
할 것이니라.
10 나의 백성이 나로부터 등을 돌리게 했
으며 나의 품에서 떠나게 한 너희들로
하여금 지금 이와 같이 험악한 세상이
되어 있으며, 온 세상이 죄악이요, 사
악한 것으로써 덮여 있음을 알라.
11 그리하여 이를 바로잡고자 내가 이 새
로운 시대를 열어 감이니,
12 여기에 나로부터 선택된 자요, 나로부

터 명을 받은 너희들이 얼마나 위대하
고 소중한 자인가를 알아야 할 것이니
라.
13 지금 내가 새로운 성경을, 선택된 나
의 아들딸들이요, 나의 아들을 따르는
제자 너희들에게 내가 다시 만져 볼
수도 없으며 세상에서 볼 수도 없는
가장 귀한 보석이요, 보물을 세상에
내려보내 너희들의 손에 쥐여 주었으
니,
14 내가 내린 누구나 볼 수 있는 이 소중
한 보화요, 보물을 만백성에게 나누어
주는 그와 같은 역사를 너희들이 해야
함을 잊어서는 아니 될 것이니라.
15 내가 내린 새로운 성경이요, 나의 법
전이요, 이는 무엇과도 바꿀 수 없는
보화요, 보물이니,
16 이 보물을 만백성에게 나눠 주는 그
대명을 맡은 너희들이 얼마나 한 시대
의 역사에서 선택된 백성이며 영광된
백성인가를 알아야 할 것이니,
17 너희들만이 이를 전할 수 있으며 이
역사를 이룰 수 있는 것임을 잊어서
는 아니 될 것이니라.
18 너희들은 남들이 뭐라 말하든지 지금
의 종교 집단이 너희들을 어찌 핍박하
든 나 여호와로부터 세상에 내린 둘도
없는 가장 위대한 보물이요, 보화임을
알고 백성의 가슴에 나누어 주는 그와
같은 대명을 이루도록 하라.
19 지금의 모든 종교 집단이요, 많은 세
월 속에 온 그들이 지금의 수억의 종
교 지도자가 이 세상에 존재하나 진정
한 종교 지도자를 내가 한 사람도 찾
을 수가 없으며, 거기서 구원할 수 없
는 것이 지금의 형태이니라.
20 그들이 나 여호와의 뜻에 따라 바로
살아왔으며 진정한 그 길대로 살아왔
다면, 지금 많은 종교 지도자들이 나
의 명을 받아 이 세상의 만백성을 구
하는 자가 되어야 할 것이니라.
21 수억의 종교 지도자가 있으나 단 한
명도 진정한 종교 지도자요, 나의 뜻
을 대변하며 나의 뜻을 전하는 지도자
가 한 명도 없음이니,
22 이는 저희들이 뭐라 말하든 한 명도
없는 것이 엄연한 사실임을 알아야 할
것이니라.
23 이제 그들이 변화의 역사 속에 스스로
깨우쳐 변하지 아니한다면 그들로 하
여금 이 세상은 점점 사악한 사탄의
세상으로 넘어짐이니,
24 나의 사랑하는 백성이 자기 자신이 어
디로 가는지도 모르면서 지옥 불로 가
는 그것을 더 이상 내가 볼 수 없어 오
늘의 이와 같은 대심판의 역사를 시작
하였음이니, 너희들은 이를 만백성에
게 전하도록 그리하라.
25 그리하여 너희들이 심판을 받고 구원
의 길을 받고 못 받는 심판대에 서고
못 서는 그 자체도 나의 법전을 접하
는 자만이 가당하다 하였음이니, 너희
들에게 이 얼마나 소중한 보물인가?
26 이를 만백성에게 나눠 주는 데 너희들
이 무엇이 두려우며 무엇을 아끼며 무
엇을 게을리하는 것인가?
27 무엇보다도 이 역사보다 소중함이 없
음을 너희들은 알아야 할 것이니 그리
알라.

4,990 번째 하나님 말씀

2003년 2월 14일 0시 51분

1 사랑하는 나의 아들아!
2 "네, 아버님! 말씀하옵소서."
3 너를 따르는 내가 사랑하는 그 제자들
이요, 나의 법전을 읽고 깨우친 만백
성 너희들은 들으라.
4 이제 너희들은 나의 법전이 세상에 전
하여져 밤과 낮을 가리지 아니하고 많
은 백성이 깨우쳐 나 여호와의 품에
돌아올 수 있도록 그 역사의 한 시대
를 이루어야 하는 것이 너희들이 하여
야 할 일임을 알아야 할 것이니라.
5 너희들 자신을 다 바쳐 나 여호와가
사랑하는 그 종을 멀리 울리고 또 울
려 그 소리를 듣고 나의 백성이 구원
의 길을 올 수 있도록 힘차게 나의 종
을 멀리 울려야 함을 잊어서는 아니
될 것이니라.
6 너희들은 밤과 낮을 가리지 아니하며
나의 법전의 종소리를 멀리 울리고 널
리 퍼져 울려 가도록 힘차게 울려 너
희들이 만백성을 구원하는 일에 앞장
서야 할 것이니,
7 지금 잘못 살아가 지옥 불로 가는 나
의 아들딸이 죽어 가는 형국을 보는
나 여호와의 아픈 그 고통을 너희들만
이 덜어 줄 수 있는 것을 알라.
8 선택된 너희들이 이 일을 위하여 이
역사를 위하여 고통의 세월을 가며 시
련 속으로 가나,
9 오늘의 고통이요, 오늘의 시련을 견디
지 못하고 너희들이 견디어 살아갈 수
없는 그와 같은 고통과 시련이 너희들
을 밀어닥친다 하여도 너희들은 두려
워하지 말라.
10 너희들은 나의 법전을 세상에 전해 만
백성을 구하며 나의 음성을 만백성에
게 울리는 그 종을 힘차게 울리는 너
희들이 아무리 힘들고 고통스럽고 어
려운 길이라 하여도 그 모두는 나에
대한 사랑으로써 너희들이 비춰 줌을
알라.
11 너희들이 밤과 낮을 가리지 아니하고
나의 법전을 전하며 나의 음성의 종을
널리 울려 만백성을 구하는 길이 어렵
고 힘들다 하여도,
12 너희들이 고통이 있으면 고통만큼 너
희들이 나 여호와를 사랑하는 나의 아
들딸임을 나는 아느니라.
13 너희들이 나를 사랑하기에 오늘의 고
통을 견디고 살아감을 아무도 몰라도
나 여호와는 아느니, 내가 너희들을
사랑하지 아니할 수 있겠는가?
14 너희들을 사랑함이니라.
15 지금처럼 사악한 시대가 없었음을 너
희들은 알라.
16 예수가 살아 있던, 예수를 죽게 했던
그 당시 2천 년 전의 백성이요, 그 당
시 상황이 오늘같이 사악하며 오늘같
이 사탄들이 우글대며 영원히 구원의
길을 갈 수 없는 지금의 많은 백성이
세상을 다 덮은 이와 같은 형국은 아
니었음이니라.
17 그 당시만 해도 일부의 백성이 그와
같이 사악한 행위를 했으며 나의 아들
예수를 핍박하는 백성이 있었으나, 구
름이 하늘에서 지상을 덮듯이 이 지상
을 사악한 것이 덮은 지금과 같은 형

국은 되어 있지 아니함이니라.
18 모두가 다 덮여 있느니라.
19 악의 씨앗이요, 악의 싹으로써 잘못된
믿음의 그 싹이 지금 사탄이 되어 이
세상을 다 덮은 때처럼 사악한 때는
없었음이니라.
20 이처럼 사악해진 시대요, 썩어져 가는
나의 지상의 낙원을 바로 세우고 바로
역사하는 것이 너희들이니,
21 새로운 시대를 열어 가는 나의 선택된
백성으로서 너희들이 나의 뜻을 따라
살아감이니,
22 너희들이 고통과 시련이 강하면 강할
수록 그것은 너희들이 나를 사랑하는
마음이니,
23 너희들이 나를 사랑하는 마음을 나 여
호와는 알고 있음이니 그리 알라.
24 오늘의 너희들의 시련과 고통이 나 여
호와를 경배하며 나를 사랑하는 너희
들의 애절한 마음임을 나는 알고 있느
니라.
25 내가 너희들을 사랑함을 잊지 말라.

4,991 번째 하나님 말씀

2003년 2월 14일 0시 56분

1 사랑하는 나의 아들아!
2 "네, 아버님! 말씀하옵소서."
3 나의 피조물 만백성이요, 내가 그리
사랑하는 너희들이 지옥의 벼랑을 향
하여 달려가는 너희들의 형제를 구원
하라 내가 너희들에게 대명을 내림이
니,
4 지옥의 벼랑을 향하여 달려가는 백성
을 구할 자들은 너희들밖에 없음을 알
아야 할 것이니라.
5 그 길은 오로지 너희들이 나의 법전을
읽고 깨우쳐 나의 법전이 소중함을 알
아 나의 법전을 가지고 세상을 덮는
길뿐임을 알아야 할 것이니라.
6 이를 위하여 역사하는 너희들이 무엇
이 두려우며 무엇을 어떻게 해야 할
것인가를 생각지 말라.
7 너희들이 나의 법전을 가지고 동서남
북으로 뛰며 이 세상에 눈이 내려 모
두를 다 덮듯이 너희들만이 나의 법전
을 세상에 다 전할 수 있음이니라.
8 그리 너희들이 나의 법전으로 세상을
덮었을 때, 나의 백성이 그를 보고 깨
우치며 스스로 그들이 나에게 오르는
길이 무엇인가를 알 것이며,
9 저희들의 오늘까지의 믿음이 얼마나
잘못되었으며 우매한 백성으로서 살
아왔으며 스스로 저희들이 재물을 바
치며 눈물을 흘리며 울고불고 광란의
찬송을 부르며 살아왔던 저희 자신의
부끄러움을 알게 되며 그것이 지옥을
향하여 달려가는 아우성이라는 것을
깨우쳤을 때,
10 그들로 하여금 모든 문을 닫게 할 것
이며 그들로 하여금 모두를 단죄하는
그와 같은 역사를 이룰 날이 머지않았
음이니라.
11 이 세상을 다 태우는 것도 하나의 불
을 붙이는 씨앗이 있어야 하듯이, 너
희들이 바로 불을 붙이는 불의 씨앗과
같음이니라.
12 그리하여 너희들이 소중함이니라.
13 너희들이 불의 씨앗을 붙임으로 이 지
상의 세상 모두를 다 태워 새로운 새

싹이 움트는, 새로운 새싹이 세상에
고개를 들고 나오는 그와 같은 위대한
역사의 그 발판을 만드는 것이 나로부
터 선택된 너희들임을 잊지 말라.
14 그리하여 내가 너희들을 선택하였음
이니라.
15 너희들이 찾아서 이 역사를 이루는 그
행동을 하도록 하고 실천을 하도록 하
라.
16 그 모두는 너희들이 노력하고 생각하
며 행동에 옮기고자 할 때, 나 여호와
가 너희들에게 그 길을 열어 줄 것이
니라.
17 무엇이 두려워 너희들이 행동하지 못
하며, 무엇이 두려워 나의 법전을 세
상에 내지 못하며, 무엇이 두려워 모
두를 다 바쳐 나의 법전을 세상에 전
하는 그 역사를 못 하는가?
18 너희들에게 그와 같은 은혜와 영광의
축복이 있음을 어찌하여 모르는가?
19 이제 너희들이 행할 때가 되었음이니
라.
20 너무 늦기 전에 너희들이 나의 성령인
나의 법전을 세상 구석까지 전하여,
21 지금 벼랑 끝을 향하여 지옥으로 가는
길로 달려가는 너희들의 형제를 구원
할 것은 너희들밖에 없음이니 이를 명
심하여 행하도록 하라.
22 육의 세상의 부모도 자식이 잘못되는
것을 바라보는 그 부모의 가슴이 천
갈래 만 갈래 찢어진다는 말이 있듯이,
23 영원히 사는 살 수 있는, 나에게 올 수
있는 나의 사랑하는 아들딸들이 영원
히 나와는 인연이 없는 돌아올 수 없
는 지옥의 벼랑길로 달려가 떨어져 가
고 있음이니, 그를 바라보는 나의 마
음이 얼마나 아프겠는가?
24 그 모두를 막을 수 있으며 그 모두를
중단할 수 있는 것은 너희밖에 없으며,
25 나의 법전을 세상에 뿌려 이 지상에서
사는 너희들이 지상의 천국에 사는 백
성으로 스스로 변화되는 대변화의 환
란을 맞지 아니하면 지옥으로 가는 행
렬이 끊어지지 아니할 것이니,
26 이를 명심하여 너희가 거둬들이며 행
하도록 그리하라, 사랑하는 나의 아들
딸들아!
27 무엇이 두려우며 무엇이 아까워 무엇
이 그리 너희들의 소중한 마음을 역사
하지 못하게 하는 것이며 너희들의 마
음을 잡고 있는가?
28 아무것도 너희들을 잡을 것이 없음이
니라.
29 너희들이 권력이 필요한 것이며 재물
이 필요한 것이며 부귀영화가 필요하
던가?
30 그 모두는 인간 세속에서 이루어지는
것이며 너희들의 생명이 정해진 그 죽
는 순간까지만 소유되는 것이니, 그것
은 인간 세상에서만 존재하는 것이며
인간 세상에서만 남아 있음이니라.
31 너희들이 영원히 사는 세상을 바라보
지 못하며 육이 죽어 가는, 그 시간이
정해져 있는 그 죽음의 세상에서 그를
위하여 너희들의 모두를 다 바치는 것
은 용감하나,
32 영원히 사는 길을 위해서 너희들은 어
찌하여 그리도 우매한 생각을 하고 있
는가?
33 두려워하지 말며 지옥의 벼랑으로 달

려가는 그 만백성을 구하는 데 너희들
이 모두를 다 바치고 모두를 다 던져
라.
34 그리하여 그 역사를 이루도록 하라,
사랑하는 나의 아들딸들아!
35 무엇이 두려워 무엇을 어찌할까 생각
하지 말라.
36 행동으로 하도록 그리하라.
37 그리하면 내가 너희들에게 길을 열어
줄 것이니라.

4,992 번째 하나님 말씀

2003년 2월 14일 01시 03분

1 사랑하는 나의 아들아!
2 "네, 아버님! 말씀하옵소서."
3 지금 수천 년 동안 흘러오는 모든 종
교 집단 그들은 나의 아들 예수가 전
하고자 한 그 뜻을 받음이 아니요, 그
를 거역하며 그를 역행하는 그와 같은
믿음으로 온 것이 지금의 종교 집단이
니,
4 그들은 썩을 대로 썩었으며 폐쇄될
대로 폐쇄되어 있음이니라.
5 그리하여 그들이 지금 구원의 길이 아
니요, 영원한 죽음의 길로 달려가니,
6 그들이 가는 그 발걸음을 미쳐 중단하
지 아니한다면 저희들은 구원을 받을
수 없다 함을 알아야 할 것이니라.
7 그들이 지금의 가고 있는 믿음에서 돌
아서지 아니하는 자는 구원은 영영 없
으니, 그들에게는 그와 같은 길이 없
음을 너희들이 확실히 전하도록 하라.
8 어떠한 형태든 지금의 믿음에 변화를
이루지 않는 한, 가던 발길을 멈춰 나
의 법전을 보고 깨우치는 역사를 이루
지 아니한다면 그 누구 한 사람도 구
원을 받을 수 없는 자임을 너희들이
확실히 그들의 가슴에 심어 주도록 그
리하라.
9 그들의 실태가 어떠하던가?
10 그들의 지금의 형국이 너무나 타락되
어 이대로는 바로 깨우쳐서 세울 수가
없는 현실이니라.
11 어떠한 형국이든지 지금의 종교 집단
을 바로 세울 수 없으며 달려가는 그
지옥행의 열차를 막을 힘이 없으며 막
을 자가 없음이니라.
12 무섭게 달려가는 그들의 지옥행을 어
떠한 힘으로써도 막을 수가 없음이니
라.
13 아무리 좋은 나의 성령이요, 나의 법
전이요, 나의 뜻을 갖고 전한다 하여
도 귀를 막고 들으려 하지 아니하며
눈을 감고 보지 아니하려 하는 것이
그들의 심성이니, 그들을 어찌 가르쳐
야 하겠는가?
14 그저 '주 예수'요, '구주 예수'요, '예수
천국, 불신 지옥'이라는 그 구호를 가
지고 지금 발버둥치며 구원을 받았다
그리 말함이니,
15 그 어리석은 백성을 어찌 깨우쳐 이끌
어 가야 하겠는가?
16 사랑하는 나의 아들아!
17 "네, 아버님! 말씀하옵소서."
18 지금 구원의 길이라 달려가는 그 백성
의 모습을 나 여호와가 바라보는 그
형태가 어떠한지 아는가?
19 아무것도 모르면서 도살장으로 끌려
가는, 도살장 문 앞에 쭉 서 있는 짐승

의 모습과 조금도 다름이 없는 것이
지금의 종교 집단이 가고 있는 그와
같은 형국이니라.
20 너희들의 형제요, 나의 아들딸들이 도
살장 앞에 죽음을 기다리는 짐승처럼
지옥으로 그리 달려감이니, 그들을 너
희들이 구원해야 하지 아니하겠는가?
21 그들을 구원하는 것은 너희들이 바로
서는 것이며,
22 너희들의 삶이 바로 섰을 때 그것으로
써 그들을 깨우치고 전할 수 있는 것
이니라.
23 나의 법전 160권을 세상에 내어 구석
구석 가지 아니하는 곳이 없게 나의
법전을 전하여 이 세상을 다 덮으며,
그리하여 그들이 나의 법전을 뚫고 세
상에 나오지 아니하면 아니 되도록 그
모두를 덮으니,
24 그들이 덮여 있는 나의 법전의 위대함
을 보고 그 뚜껑을 열어 보게 될 것이
니라.
25 그들은 지금 저희들의 믿음이 세상을
다 덮어 태양을 가렸듯이 그 위대함
속에 지금도 지옥 불로 가는 것을 지
옥이라 생각하지 아니하고 달려감이
니, 그들의 사악한 믿음이 세상을 덮
었듯이
26 나의 법전이 세상을 덮어 그들을 짓누
를 때, 그들이 그 고통에 견디지 못하
여 저희들이 그를 뚫고 나오고자 발버
둥칠 때 그 법전을 만지게 될 것이며
그 법전을 접하게 되니,
27 그 법전의 위력에 의하여 그들이 그
뚜껑을 열고 깨우치는 백성이 될 것이
니,
28 그와 같은 역사를 했을 때 그들이 귀
를 열며 눈을 뜨며 법전을 접하며 깨
우침을 얻는 그와 같은 변화의 역사를
이룰 것이니라.
29 이것이 내가 이루고자 하는 것이며 이
길만이 만백성을 구원하는 그와 같은
길임을 알라.
30 이제는 너무나 타락되어 이대로는 누
구도 변화시킬 수 없으며 지옥으로 달
려가는 그 열차를 감히 잡을 수 없음
이니라.
31 저희들의 그것이 천국에 가는 길이요,
영원히 사는 길이요, 하늘나라에 오는
길이라 하여 지금 그들이 광란의 짓을
하고 있으니, 그 광란의 짓을 하는 그
백성을 무엇으로써 다스리겠는가?
32 우상을 섬기며 우상 앞에 절을 하며
광란하는 백성보다도 더 무서우리만
큼 그 길을 향하여 달려가는 그들에게
그 누구도 그 어떤 방법으로써도 그를
막을 수 없음이니라.
33 불이 타면 물로 막을 수 있음이니라.
34 아무리 진하고 무섭게 타는 그 불도
물로 막을 수 있음이니, 너희가 대홍
수요, 물난리가 나도 세월이 지나며
시간이 지나면 막아질 수 있으나,
35 지옥으로 달려가는 그 열차는 가면 갈
수록 그 숫자가 늘어나며 난폭하기가
더 광폭해져 가고 있음이니,
36 이는 무엇으로써 막을 수도 없으며 다
스릴 수 없는 것이 지금의 형국임을
알아야 할 것이니라.

부 록

【하나님께서 가르쳐 주신 운동】

천재지변이 일어날 때, 동물이나 미물들은 미리 알고 대피하지만, 인간은 알지 못하고 큰 화를 당합니다. 하나님께서 인간에게 가장 높은 지혜를 주시고 완벽하게 창조해 주셨기에 동물들보다 더 잘 알 수 있지만, 욕심으로 마음이 혼탁해져서 한 치 앞을 보지 못하는 것입니다.

마찬가지로, 인간은 누구나 스스로 필요한 운동을 해서 건강을 지킬 수 있도록 하나님께서 만들어 주셨습니다. 우리의 머리에서 우리 몸에 필요한 동작을 해 달라고 끊임없이 신호를 보내지만, 인간이 혼탁하게 살아서 그 신호를 알아채지 못합니다. 그러니 자연스럽게 자기 몸이 원하는 그 신호를 따라서 운동하는 것이 하나님께서 가르쳐 주신 운동 방법입니다. 바로, 우리의 영이 육을 이끄는 운동입니다.

▶ 하나님 운동법

1. 눈을 감고, 발을 어깨너비로 벌리고 바르게 선다.
2. 몸에 힘을 풀고, 허리를 숙이면서 손과 머리를 아래로 내린다.
3. 허리를 펴고 싶을 때, 천천히 펴면서 하고 싶은 동작을 하면 운동이 시작된다. (사람마다 다르다.)
4. 멈추지 말고, 어떤 동작이든지 자기 몸의 느낌대로 계속 이어서 한다.

▶ 참고 사항

① 눈을 감은 상태로 아무 생각 하지 않고, 자기 몸의 느낌대로 움직입니다.
② 마음을 비우고, 욕심을 버리고, 지난날의 잘못을 반성하면서 몇 차례 시도하다 보면, 자기도 모르게 하고 싶은 동작이 끊임없이 생깁니다.
③ 운동 장소는 방 안이든 운동장이든 관계없으며, 걷거나 달리고 싶을 때는 눈을 떠도 됩니다.
④ 매일 40분 이상, 주 4회 이상, 3개월 이상 하면 음식 조절에 들어갑니다.
- 음식으로 생긴 병은 음식으로 치료하게 되며, 어떤 음식을 먹어야 하는지 스스로 알게 됩니다.
(자기 몸에 필요한 음식만 먹고 싶어집니다.)
⑤ 사랑하는 사람과 함께 운동하면 서로 치료해 주기도 합니다.
⑥ 운동을 하다가 몸의 어느 한 부분을 계속 손으로 자극한다면 그쪽에 이상이 있는 것이니, 의사에게 상담을 받고 적절한 치료를 받으면 됩니다.
⑦ 다이어트 및 기타 건강관리에 효과적입니다.
⑧ 꾸준히 운동하여 영이 맑아지면, 자신의 과거와 미래를 스스로 보게 됩니다.

누구나 스스로 하실 수 있습니다.

간 행 사

《새로운 성경》은:

· 새로운 성경은, 하나님께서 선량하고 선한 자를 선택하여 십계명을 암송하도록 하시고, 십계명을 암송한 다음에 음성으로써 들려주시는 말씀을 듣고 그대로 카세트테이프에 녹음해서 받아쓴 책입니다.

· 90분짜리 녹음테이프 700여 개에 달하는 말씀으로, 1999년 8월부터 2004년 7월까지 총 160권(권당 288쪽)을 완성하였으며, 그 이후에도 현재까지 계속 말씀을 내려 주고 계십니다.

· 새로운 성경은 "하늘을 두루마리 삼고 바닷물을 먹물 삼아 쓰고 써도 다 못 쓴다"는, 끝없이 방대한 하나님의 말씀이 두루마리로 직접 내려오는 것입니다. 이러한 새로운 성경은 구약과 신약을 폐하려는 것이 아니라 "인봉된 성서의 비유의 뜻"을 상세히 설명하여 완성하고자 하나님께서 직접 내려 주신 말씀입니다.

《새로운 성경》의 구성:

· 제 목: 2013년, 160권 모음집을 발간하면서, 본 도서의 제목을 "하나님! 말씀하옵소서"에서 《새로운 성경》 으로 명해 주셨습니다.

· 단행본: 각 권당 288쪽(신국판) 책이 160권까지 시리즈로 출판됩니다.
(모음집은 단행본을 16권씩 묶어서, 총 10부로 구성됩니다.)

《새로운 성경》의 성경적 근거:

· 신약 성경 [요한복음] 16장 13절에 "진리의 성령이 오시면 그가 너희를 모든 진리 가운데로 인도하시리니 그가 자의로 말하지 않고, 오직 듣는 것만을 말하며" 하신 말씀처럼 하나님의 음성을 들은 것만 기록하였으며,

· "장래 일을 너희에게 알리시리라" 하신 말씀과 같이 개인, 나라, 인류의 "장래"일을 하나님께서 알려 주시는 것만 기록하여 책으로 만들었습니다.

《새로운 성경》의 기록 방법:

- 1999년 8월부터 하나님께서 저에게 들려주시는 음성을 기록하였습니다. 처음에는 제가 들은 말씀을 불러 주면 저의 아내가 기록하여, 2000년 1월 29일에 1권 초판이 세상에 나왔습니다. 2000년 4월부터는 주시는 말씀을 받아 녹음기에 기록하여 시리즈로 출간하기 시작하였습니다.

- 녹음을 시작하면서 하나님의 말씀을 받는 데 가속도가 붙었고, 2001년 5월 3일에 1부(1~16권까지)를 인쇄하여 출판하였으며, 2004년 7월까지 총160권 분량의 말씀을 받아 기록하였습니다.

하나님께서 저에게 주신 것은:

- 첫째, 만백성을 상대로 내려 주시는 "기도", 둘째, 수시로 내려 주시는 "묵상", 셋째, 개인의 과거, 현재, 미래를 알려 주시는 "개인 기도", 넷째, 개인의 건강을 위해서 내려 주시는 "음식 처방", 다섯째, 하나님께서 가르쳐 주신 "운동"등이 있습니다. 이 중에 첫 번째, "기도"를 책으로 편찬하였습니다. 사람의 생사, 개인의 미래에 관한 천기는 수록하지 말라 하셨습니다.

강론 안내:

- 하나님께서는 지금도 매일 저에게 새로운 하늘의 비밀의 말씀을 내려 주고 계십니다. 수시로 내려 주시는 말씀을 정리해서 제자를 육성하라는 말씀에 따라 매주 강론을 하고 있습니다. 누구나 무료로 들으실 수 있습니다. (book160.com)

《새로운 성경》을 읽는 분들에게 드리는 선물:

- 개인 기도: 개인의 과거, 현재, 미래에 관하여 말씀을 내려 주십니다.

- 음식 처방: 사람은 음식을 먹고살다가 건강을 잃으니, 음식과 운동으로 건강을 되찾는 방법을 알려 드립니다. 단, 하나님이 계심을 믿고, 십계명을 지키겠다고 진실로 서약하는 분들께 알려드립니다.

《새로운 성경》의 은혜와 기적:

- 새로운 성경 전160권은 16권씩 묶어서 총 10부의 모음집으로 구성됩니다. 모음집 한 부를 읽고 깨우치는 자에게 하나님께서 다음과 같은 기적이 있다고 하셨습니다.

· "첫째, 그가 죽어 하늘에 갔을 때 그의 죄를 묻지 아니하며, 구원을 받는 위대한 은혜가 있으며, 둘째, 그의 소원과 소망이 이루어지고, 셋째, 죽은 자(부모, 형제, 자식, 사랑하고 은혜 입은 분)의 이름으로 구입한 책을 읽고 누군가 한 사람이 깨우칠 때, 그 죽은 자가 지옥에서 천국으로 구원을 받게 되며, 넷째, 유산, 중절 수술 등으로 태어나지 못한 아이를 위하여 구입한 책을 보고 한 명이 깨우쳤을 때, 그 아이가 사람으로 다시 한 번 태어나는 은혜를 받는다."

· "새로운 성경"을 3회 이상 정성을 다해 정독하는 자, 성서의 비밀을 알게 되고, 세상의 이치를 알게 되며, 세상을 지배하고 통제할 수 있는 지혜를 다 얻게 된다고 하셨습니다. 이 책은 만백성이 정독하고 이웃에게 전하여, 평생 가슴에 묻은 슬픔과 고통의 짐을 벗고 미래를 위한 힘찬 삶을 살아가도록 하는 책입니다.

끝으로

· 하나님께서는 흰 눈이 세상을 덮듯이 새로운 성경을 온 세상에 전하라고 하셨습니다. 《새로운 성경》을 각국어로 번역해서 온 인류에게 구원의 길을 깨우쳐 주고, 그 수익으로 가난하고 어려운 백성을 구제하여, 만백성의 영과 육을 함께 구원하는 선지자의 임무를 수행하라고 저에게 명하셨습니다.

· 하늘에서 내려 주신 말씀의 보화를 만백성에게 나누어 주는 것이 선지자의 임무라고 하셨습니다. 새로운 성경을 통해서 얻는 재물을 사용할 곳도 하나님께서 일일이 명해 주십니다. 모든 재물은 저의 자의로 쓸 수 없고, 하나님께서 명하시는 대로만 쓰여집니다.

· 어떤 명분으로든 십일조나 각종 헌금을 거두어들이지 말라 하셨으며, 국내뿐 아니라 각국에 성전과 단독 서점을 운영하며, 한국의 많은 젊은이들을 전 세계에 지도자로 내보내라고 하셨습니다.

· 우리는 세계적으로 새로운 성경을 보급하며 어려운 이들을 돕는 역사를 해 나갈 것입니다. 지금까지 비록 몇 명 안 되는 제자들과 함께 이러한 일을 역사했지만, 앞으로도 계속 하나님께서 기뻐하시는 일들을 해 나갈 것입니다. 부족한 저희에게 여러분들의 지혜와 성원을 보내 주시기를 바랍니다. 많은 분들의 참여와 도움을 간절히 기다립니다. 감사합니다.

한국어로 내려온 《새로운 성경》 단행본을 출간하며
2016년 4월 10일

발행인 **김 용 철**

한국어로 내려온

새로운 **성 경** · 5부 · 제67권

지은이 하나님 말씀
대역자 김용철

초판인쇄 1쇄 2017년 4월 3일

펴낸 곳 도서출판 하얀마음
등록번호 제 10-2107호 (2001년 2월 14일)
주소 서울시 노원구 덕릉로86길5, 2층
전화번호 02) 313-1114
팩스 02) 393-5554
전자우편 book160@hanmail.net
편집위원 조나영 김미향 이석교
제작지원 김창현 김지영

도서상담 1600-7527
ISBN 978-89-5875-167-0 (04230)
978-89-5875-100-7 (세 트)

값 10,000원
잘못된 책은 구입하신 곳에서 바꾸어 드립니다.

※이 책은 10부로 제작되며, 각 부 16권씩 총160권으로 구성됩니다.※

1부	2부	3부	4부	**5부**	6부	7부	8부	9부	10부
1권	17권	33권	49권	65권	81권	97권	113권	129권	145권
2권	18권	34권	50권	66권	82권	98권	114권	130권	146권
3권	19권	35권	51권	67권	83권	99권	115권	131권	147권
4권	20권	36권	52권	68권	84권	100권	116권	132권	148권
5권	21권	37권	53권	69권	85권	101권	117권	133권	149권
6권	22권	38권	54권	70권	86권	102권	118권	134권	150권
7권	23권	39권	55권	71권	87권	103권	119권	135권	151권
8권	24권	40권	56권	72권	88권	104권	120권	136권	152권
9권	25권	41권	57권	73권	89권	105권	121권	137권	153권
10권	26권	42권	58권	74권	90권	106권	122권	138권	154권
11권	27권	43권	59권	75권	91권	107권	123권	139권	155권
12권	28권	44권	60권	76권	92권	108권	124권	140권	156권
13권	29권	45권	61권	77권	93권	109권	125권	141권	157권
14권	30권	46권	62권	78권	94권	110권	126권	142권	158권
15권	31권	47권	63권	79권	95권	111권	127권	143권	159권
16권	32권	48권	64권	80권	96권	112권	128권	144권	160권